実存哲学物語

―人生の道標―

堀　栄造

東京図書出版

はじめに

この物語の主人公《しゆじんこう》の名前は、日高一路《ひだかいちろ》である。一路《いちろ》は、日高家《ひだかけ》の長男として、再婚《さいこん》の四十六歳の父と初婚《しよこん》の三十歳の母との間に生まれた。父と母が結婚して数年間はなかなか子宝《こだから》に恵まれず、諦《あきら》めかけていたところに一路が誕生したものだから、父と母は、大変《たいへん》な喜びようだった。ましてや、父は、既《すで》に四十六歳という高齢だったので、父と子の間《あいだ》柄《がら》は、おじいさんと孫のようなものであり、それだけに父の子に対する可愛《かわい》がりようは、猫可愛《ねこかわい》がりの強度《きようど》のものだった。

一路は、物心《ものごころ》が付《つ》く頃《ころ》から、物事《ものごと》についてあれこれと深く考えるようになった。一路は、標高《ひようこう》五百メートルの山間《やまあい》の田舎町《いなかまち》で生まれ育ったのだが、周囲の子供たちよりも物事を深く考えていたと言えるかもしれない。それというのも、一路は、〈一人《ひとり》っ子《こ》〉だったから、話し相手《あいて》の兄弟もなく、たいてい静かな環境《かんきよう》に置かれていたので、じっくりと物事を思い巡《めぐ》らすことになったのだろう。それに、父母《ふぼ》は、どちらも第二次世界大戦前に恵まれない環境の中で生まれ育ったために、小学校までの教育しか受けられず、我《わ》が子にあれこれと物《もの》を言うほどの教養《きょうよう》も無かったので、一路《いちろ》は自《おの》ずと何《なん》でも自分の頭で考えることになったのだろう。

物事《ものごと》について考える事が深まって学問になるとその学問が〈哲学《てつがく》〉と呼ばれるものになることを一路が知ったのは、高校二年生の十七歳の時で、〈倫理《りんり》〉という授業科目を通じてのことだった。そういうわけで、一路は、大学では〈哲学〉を専攻《せんこう》した。哲学と一口《ひとくち》に言っても、哲学の種類は、大きく分けて、西洋哲学と東洋哲学に分かれる。一路の大学の哲学科は、西洋哲学のみだったので、一路は、必然的に西洋哲学を学んだ。

西洋哲学は、時代区分によって、古代哲学・中世哲学・近代哲学・現代哲学に分かれるし、現代哲学を取り上げても、当時としては、分野別に、実存哲学《じつぞんてつがく》・言語分析哲学《げんごぶんせきてつがく》・マルクス哲学に分かれた。そこで、一路が主《しゅ》として学ぼうとしたのは、現代哲学の〈実存哲学〉だった。実存哲学とは、〈人間とは何か？〉とか〈いかに生きるべきか？〉とかといった〈人間や人生を主題とする哲学〉である。一路がなぜ実存哲学を学ぼうと決意したのかと言えば、物心《ものごころ》が付《つ》く頃から一路が深く考えて来たことは、まさに実存哲学的内容だったからである。物事についてあれこれと深く考えるということは、〈思索《しさく》する〉ということである。思索とは、物事の筋道《すじみち》を立てて深く考え進むことである。物心が付く頃から、一路は、誰《だれ》から教《おそ》わるわけでもなく、自《みず》ら思索し続けて来たのであり、〈思索するように運命づけられていた〉と言えるかもしれない。

では、一路《いちろ》は、なぜ〈思索《しさく》する〉のか。それは、一路が〈悔《く》いの無いように真剣《しんけん》に生きようとする〉からである。そして、一路は、〈思索によって生きる勇気と自分の生き方の正当性を獲得《かくとく》する〉からである。思索とは、物事《ものごと》の筋道《すじみち》を立てて深く考え進むことであるが、筋道を立てて深く考え進む能力は、人間にのみ備《そな》わっている〈理性〉という能力であり、言い換えれば〈思考力〉である。人間がこの世に生まれて死ぬまでの〈人生行路《じんせいこうろ》〉は、〈筋書《すじがき》の無いドラマ〉であり、自分の歩む道がまだ作られていない所に自分で自分の歩む道を作って行く過程《かてい》である。自分で自分の歩む道を作るという作業は、〈自己決定〉の作業である。自己決定の際《さい》に決定する能力が、〈理性〉であり、〈思考力〉である。自己決定の際に決定の基準となるものは、自己決定の結果として作り上げられる自分の人生が幸せなものであるのかどうかということであり、自己決定の結果として作り上げられる自分の人生が納得《なっとく》のいくものであるのかどうかということである。〈理性〉ないし〈思考力〉は、自己決定の結果として作り上げられる自分の人生が幸せなものであり納得のいくものであるのかを判断するのだ。〈理性〉ないし〈思考力〉の判断の結果として作り上げられる自分の人生は、思い通りに成功するかもしれないし、思い通りにならずに失敗するかもしれない。しかし、人間にのみ備わっている能力である〈理性〉ないし〈思考力〉を用《もち》いた方《ほう》が、成功の確率は高くなる。そして、それだけではなく、〈理性〉ないし〈思考力〉を用《もち》いた決断によって未来へ向けて足を踏み出そうとすれば、〈理性的にじっくり考え抜いた〉ということが、未来へ挑《いど》む〈勇気〉を湧《わ》き起こさせるであろう。さらに、〈理性〉ないし〈思考力〉を用いた後《あと》の結果であれば、成功にせよ失敗にせよ、その結果は、〈自己正当化《じこせいとうか》しうるもの〉であり、〈悔《く》いの無いもの〉であろう。

〈人生行路《じんせいこうろ》〉は、〈筋書《すじがき》の無いドラマ〉であり、その筋書は、〈理性〉ないし〈思考力〉によって自分で作るものである。〈理性的決断〉の際《さい》に、たとえ他人のアドバイスを受けようとも、最終的に決断するのは、自分である。人生行路を一歩一歩歩んで行くということは、〈一寸先《いっすんさき》は闇《やみ》〉と言われるように先の見えない暗闇《くらやみ》の中を未来へ向けて足を踏み出して行くことであり、〈理性〉ないし〈思考力〉というサーチライトで行《ゆ》く手《て》を照らし出しながら前進して行くことである。裏《うら》を返せば、何《なに》も考えずにのほほんと生きて行くことは、盲目《もうもく》的無自覚的に生きて行くことである。そうした生き方は、おそらく自己正当化しえないものであろうし、自信をもてないものであろうし、真《しん》に納得《なっとく》しうるものではないであろうし、悔《く》いの無いものにはならないであろう。

自己決定によって作り上げられる自分の人生が幸せで納得のいくものになるのかどうかを決断するのは、〈理性〉ないし〈思考力〉であるが、〈理性〉ないし〈思考力〉の働きの根源《こんげん》は、〈僕《ぼく》という自我《じが》〉であり、〈僕という生命〉である。〈理性〉ないし〈思考力〉の働きの意義は、〈僕という自我〉ないし〈僕という生命〉をより一層生き生きと生かすことにある。〈僕という自我〉ないし〈僕という生命〉をより一層生き生きと生かすことは、天《てん》から授《さず》けられた〈僕という自我〉ないし〈僕という生命〉に対する〈天命《てんめい》〉であり、〈使命《しめい》〉である。だから、僕たちは、〈僕という自我〉ないし〈僕という生命〉を粗末《そまつ》にすることなく、〈僕という自我〉ないし〈僕という生命〉に誠実《せいじつ》に向き合わなければならない。そこから生まれてくる〈幸福感〉や〈悔《く》いの無さ〉は、〈自然の理《り》〉というものなのだ。〈僕という自我〉ないし〈僕という生命〉がより一層生き生きと生きられるということは、どういうことなのか。それは、〈僕という自我〉ないし〈僕という生命〉が〈本来《ほんらい》の自分〉として生きられるということである。それでは、〈本来の自分〉とはどういうものなのか。それは、〈自分らしい自分〉・〈自分で自分を好きになれる自分〉・〈そうありたいと思う自分〉・〈自分で誇《ほこ》りに思える自分〉・〈自信をもてる自分〉・〈自己正当化《じこせいとうか》しうる自分〉・〈悔《く》いの無い生き方をする自分〉である。

　万人《ばんにん》は、個々人《ここじん》として〈個性《こせい》〉を持っており、皆異《みなこと》なる。だから、個々人が生きた足《そく》跡《せき》としての〈人生行路《じんせいこうろ》〉も、皆異なる。〈個性〉とは、先天的《せんてんてき》な性格・後天的《こうてんてき》な教養《きょうよう》・能力・気力・体力等々《とうとう》の個人《こじん》ないし個体《こたい》を特徴づけるものである。無数の個性を備《そな》えた個人は、歴史上《れきしじょう》最初で最後の自分ならではの人生行路を創造《そうぞう》するのであり、しかも、その過程でそのつど孤独《こどく》な決断《けつだん》を迫《せま》られる〈掛《か》け替《が》えの無《な》い一回限《いっかいかぎ》りの人生の主人公《しゅじんこう》〉である。そのように重い意味をもつ〈人生の主人公〉は、〈本来の自分〉でありたいものだ。

〈本来の自分〉のことを、実存哲学《じつぞんてつがく》の用語では〈本来的自己《ほんらいてきじこ》〉という。悔《く》いの無い幸せな人生を創造して行くためには、人生行路のそのつどの過程で〈本来的自己〉を実現するように努力しなければならない。そして、〈本来的自己〉を実現するためには、人生行路のそのつどの過程で〈本来的自己〉を探《さが》し出すように努力しなければならない。そうすると、悔《く》いの無い幸せな人生を創造して行くためには、人生行路のそのつどの過程で〈本来的自己を探し出すという自己探究《じこたんきゅう》〉の努力をしなければならないことになる。つまり、〈人生行路のそのつどの過程で自己探究に努める生き方〉こそ、〈実存哲学的な自分の生き方〉なのだ。

著者《ちょしゃ》は、もうすぐ七十歳を迎えることになる。残りの人生も、そう多くはない。そこで、後世《こうせい》の人々が〈いかに生きるべきか?〉を考える際《さい》の参考になればと思い、〈人生の道案《みちあん》内《ない》〉の役割を担《にな》う〈一路《いちろ》の生き方〉を後世の人々への遺言《ゆいごん》として残しておこうと思う。人生行路には無数のさまざまな局面《きょくめん》があるが、幾《いく》つかの具体的な局面を取り上げて〈一路の生き方〉について物語《ものがた》ろう。

実存哲学物語
―人生の道標―

目次

（一）　六歳の一路（実存哲学の方法としての反省）

日高一路《ひだかいちろ》は、六歳になると、物心《ものごころ》が付《つ》いて、物事《ものごと》についてあれこれと深く考えるようになった。先《ま》ず、一路が深く考えた主題は、人称代名詞《にんしょうだいめいし》の問題である。話し手を指す第一人称は、〈わたし〉、相手を指す第二人称は、〈あなた〉、第三者を指す第三人称は、〈彼・彼女〉である。一路が気づいたのは、第一人称の人称代名詞についてのことだった。

隣《となり》の家の子供たちは、男二人・女三人の五人兄弟で、一人《ひとり》っ子《こ》の一路とは対照的だったが、当時としては、四人兄弟や五人兄弟は、ごく普通だった。その隣の家の一路と同《おな》い年《どし》の次男坊《じなんぼう》の徳次郎《とくじろう》が、隣の家との間《あいだ》の小道《こみち》で一路に向かって言った。

「あーたは、自分のことを俺《おれ》と言うけど、僕《ぼく》と言う方《ほう》がいいよ。」

一路は、一瞬固《いっしゅんかた》まって、返す言葉が無かった。一路は、それまで確かに自分のことを指して〈俺〉とばかり言っていた。〈僕〉という不慣《ふな》れな言葉を使うのは、一路にとって何《なん》だか気恥《きは》ずかしかった。

その後《あと》、一路《いちろ》は、深く考えた。自分のことを指す第一人称《だいいちにんしょう》の人称代名詞《にんしょうだいめいし》は、〈俺《おれ》〉・〈僕《ぼく》〉の他《ほか》に〈わたし〉・〈わたくし〉・〈あたい〉・〈おいら〉・〈うち〉・〈おら〉等々幾《とうとういく》つもある。一路は、初めて、日常的に何気《なにげ》なく使っている言葉の不思議《ふしぎ》さを感じた。

つまり、六歳の一路は、初めて実存哲学《じつぞんてつがく》に直面したのだ。〈実存《じつぞん》〉とは、〈現実存在《げんじつそんざい》〉の省略《しょうりゃく》である。そして、〈現実存在〉とは、〈現実に生きている生身《なまみ》の人間存在《にんげんそんざい》〉のことである。だから、〈実存〉とは、〈生身の人間〉と同じ意味であり、端的《たんてき》に〈生《せい》〉ないし〈生命《せいめい》〉と言い換《か》えてもよい。それから、〈哲学《てつがく》〉とは、〈深く思考された知識の集積《しゅうせき》〉であり、〈深く思考すること〉は、〈哲学へ向かう作業の開始〉なのだ。さらに言えば、〈実存哲学〉とは、〈人間について深く思考すること〉である。そして、人間について深く思考する際《さい》に最初に出会うものは、〈思考の道具としての言葉〉である。だから、六歳の一路は、言葉の根本機能《こんぽんきのう》を果《は》たす第一人称の人称代名詞の問題に気づき、言葉の問題を通《つう》じて〈言葉を使う生身の人間への問いとしての実存哲学〉の入口《いりぐち》に立ち、〈僕という自我〉ないし〈僕という生命〉に初めて出会ったのだ。それは、〈自分が自分に対面するという自己《じこ》意識《いしき》〉の発見である。

〈実存哲学の方法〉は、徹頭徹尾《てっとうてつび》〈反省《はんせい》〉ないし〈内省《ないせい》〉であり、〈自分が自分で自分の心の中を振《ふ》り返《かえ》ること〉である。そのためには、〈自分が自分に対面するという自己意識〉

が前提《ぜんてい》となる。〈自分が自分に対面するという自己意識〉は、実存哲学の思索《しさく》が遂行《すいこう》される土俵《どひょう》なのだ。実存哲学の思索とは、〈反省される自分〉を〈反省する自分〉が振り返って〈反省される自分〉が〈本来《ほんらい》の自分〉つまり〈本来的自己《ほんらいてきじこ》〉であるかどうかを確認する作業である。もし、〈反省される自分〉が〈本来的自己〉ではないのであれば、〈本来的自己〉を探《さが》し出すという〈自己探究《じこたんきゅう》〉に努め、〈本来の自分ではない自分〉つまり〈非本来《ひほんらい》的自己《てきじこ》〉を〈本来的自己〉へ向けて修正しなければならない。その修正の作業が、〈自己《じこ》革新《かくしん》〉であり、〈自己実現《じこじつげん》〉である。幸せな悔《く》いの無い人生を創造して行くためには、〈自己反省〉に基づく〈自己革新〉ないし〈自己実現〉が不可欠《ふかけつ》なのだ。

（二）　六歳の一路（実存哲学の原点としての不安と恐怖）

日高一路《ひだかいちろ》のうちの家業《かぎょう》は、豆腐屋《とうふや》だった。一路の父母《ふぼ》は、世間《せけん》の人々が寝静《ねしず》まっている夜中《よなか》の二時に起床《きしょう》して、仕事を始める。大豆《だいず》を擂《す》り潰《つぶ》して搾《しぼ》り取った乳汁《にゅうじゅう》状態のものを型枠《かたわく》に流し込んで苦汁《にがり》を加えて重《おも》しをかけて固めるという豆腐製造過程は、重労働である。また、豆腐を薄《うす》く切って油で揚《あ》げたものが油揚《あ》げだが、泡立《あわだ》って煮《に》え滾《たぎ》る油の槽《そう》に向かって長箸《ながばし》で抓《つま》みながら揚げるのは、強烈な熱放射《ねつほうしゃ》を浴《あ》びるようなもので、とりわけ夏場《なつば》は汗《あせ》びっしょりで耐え難《がた》いものだ。

一路の父親は、小学生の時に級長《きゅうちょう》を務《つと》めていたらしい。当時は、学級で成績最上位の者が級長になるのが、慣例《かんれい》となっていた。だから、一路の父親は、大人《おとな》になっても才覚《さいかく》を発揮《はっき》し、近隣《きんりん》の町々《まちまち》を含《ふく》めての広域《こういき》で最もおいしい豆腐と油揚げという評判を得て売れ行《ゆ》きがよかった。それと共に、一路の父親は、豆腐製造の傍《かたわ》らで器用《きよう》に数頭の牛の飼育《しいく》も遣《や》って退《の》けた。豆乳《とうにゅう》を搾った後《あと》の残りのおからを牛の餌《えさ》に混ぜたのが功《こう》を奏《そう》したのだろうが、飼育された牛は、どれも丸々《まるまる》と太《ふと》り、牛の品評会《ひんぴょうかい》ではいつも一等賞を受賞し、市《し》場《じょう》へ出す時には高く売れた。

他方で、一路《いちろ》の母親は、父親より十六歳も若く、小太《こぶと》りで腕力《わんりょく》もあり、辺《あた》り一帯では一番の働き者《もの》との評判を取り、五十ccのカブ号の荷台《にだい》に落ちんばかりの大きな缶《かん》を積んで豆腐と油揚げを配達していた。母親は、虎《とら》のように気性《きしょう》が荒《あら》く、負けず嫌《ぎら》いの根気強《こんきづよ》い頑張《がんば》り屋《や》であった。

一路の父母《ふぼ》は、生真面目《きまじめ》で誰《だれ》もが認める働き者であったから、町中《まちじゅう》の人々《ひとびと》から信頼を得ていた。一路の父母の並《なみ》はずれた働きのおかげで、一路の家は、比較的に裕福《ゆうふく》であった。だから、六歳の一路は、笛《ふえ》の音《ね》に反応して動くバスのおもちゃや鉄砲《てっぽう》・刀《かたな》のおもちゃやいろいろな絵本等々《とうとう》を買ってもらい、近隣《きんりん》の子供たちよりも恵まれた環境にあった。そして、一路も、父親譲《ゆず》りの頭脳の良さと母親譲りの忍耐強《にんたいづよ》さを受け継《つ》いでいたから、おもちゃをただの一つも壊《こわ》すことはなく、絵本をただの一つも破ったり汚《よご》したりすることはなく、何《なん》でも大切に扱《あつか》う子であった。

一路の弱点は、虚弱体質《きょじゃくたいしつ》だったことである。特に、母親からの遺伝《いでん》であろうが、しばしば風邪《かぜ》を引いて扁桃腺炎《へんとうせんえん》となり、三十九度近い発熱を繰《く》り返《かえ》したものだ。一路が発熱で寝込む度《たび》に、一路を猫可愛《ねこかわい》がりする父母は、腫《は》れ物《もの》に触《さわ》るかのように一路に接し、キャラメルやチョコレートや擂《す》り潰《つぶ》したリンゴを与えた。そして、一路《いちろ》が面白半分《おもしろはんぶん》に箸《はし》のような棒切《ぼうき》れを襖《ふすま》にぶすぶすと差し込んで穴《あな》を開《あ》けても、父母《ふぼ》は、遠目《とおめ》に見守りながら、叱《しか》り付《つ》けるでもなく、後《あと》から穴を塞《ふさ》ぐように、美人女優の顔がクローズアップになったカレンダーを貼《は》った。

そのように甘やかされた六歳の一路は、或《あ》る日、風邪《かぜ》で三十九度近い発熱で、町の中心部にある小学校の正門《せいもん》の向かい側《がわ》にある田代医院《たしろいいん》へ母親に連れて行かれた。田代医院の医者は、六十歳台《だい》くらいの白髪《はくはつ》の紳士《しんし》で、いかにもインテリだという風貌《ふうぼう》だった。この上品《じょうひん》な医者は、夜中《よなか》や重症《じゅうしょう》の時には、親が電話で呼ぶと、当時としては珍《めずら》しいハイカラなスクーターで自宅まで往診《おうしん》に来てくれた。当時は、電話と言っても地区に一台ある程度だから、よほど大事な用件《ようけん》の時にだけ、近所の電話を所有している家へ電話を借りに行ったものだ。この日の一路は、重症という程《ほど》ではなかったので、昼間《ひるま》に母親と一緒《いっしょ》にバスに乗って田代医院へ行ったのだった。

一路は、注射《ちゅうしゃ》をされるのが、大嫌《だいきら》いだった。それというのも、一路にとって、普段《ふだん》は感じることのない激痛《げきつう》があるし、自分の身体《からだ》に異物《いぶつ》が刺《さ》さることは、大きな恐怖《きょうふ》であったからだ。注射される寸前《すんぜん》の一路は、イヤイヤと頭を左右に何度も激しく打ち振りながら、真《ま》っ赤《か》になった顔をクシャクシャにして大粒《おおつぶ》の涙《なみだ》を流してワーンワーンと泣きじゃくるのだった。

一路《いちろ》は、白髪《はくはつ》のおじいさん医者に向かって言った。

「注射《ちゅうしゃ》するなら、後《あと》で戦車を持って来て、仕返《しかえ》しにここを滅茶苦茶《めちゃくちゃ》に壊《こわ》してやる。」

おじいさん医者は、笑いながら慈愛深《じあいぶか》い眼《め》で駄々《だだ》をこねる一路を見つめた。そこは、やはり大人《おとな》の力に敵《かな》うわけもなく、最終的には注射を打たれる一路であった。

帰りに薬《くすり》をもらうことになるが、その時も、一路は、泣きべそをかいた後《あと》の涙混《なみだま》じりの甘え声で母親に言った。

「白くて苦《にが》い粉薬《こなぐすり》なら、そんなものは要《い》らん。薄茶色《うすちゃいろ》の瓶入《びんい》りの甘い水薬《みずぐすり》がいい。とても甘い白いシロップの薬でもいい。」

それを聴《き》いて、母親は、にっこり笑顔《えがお》を浮かべながら、一路をなだめるようにウンウンと何度も頷《うなず》いた。

そんな事があって、暫《しばら》くして、一路は、注射の出来事《できごと》を思い出しながらふと思った。

「三十九度近い高熱の中で頭痛《ずつう》や身体《からだ》全体のだるさに苦しんでいる自分を助けてくれるのだから、大嫌《だいきら》いな注射や粉薬も仕方《しかた》がない。あのおじいさん医者は、自分の命を助けてくれたのだ。病気に限《かぎ》らず、自分が危機《きき》に陥《おちい》ると、両親が守ってくれる。そうすると、もし、自分が危機に陥った時に両親が傍《そば》に居《い》ない場合は、どうしたらいいのか。誰《だれ》が自分の味方《みかた》になってくれるのか。」

あれこれと思い巡《めぐ》らした挙句《あげく》の果《は》てに、一路《いちろ》の心に浮かんだのはＮＨＫだった。当時のテレビは、高額《こうがく》であり、百軒《けん》以上あった近隣《きんりん》の家々《いえいえ》の中でもテレビのある家は、ほんの数軒だけだった。なぜ一路の家にテレビが入《はい》ったかと言えば、一路が或《あ》る夕方に近所のテレビのある家へ〈トムとジェリー〉というアニメ番組を見に行った折《おり》に、近所から集まった十人くらいの子供たちが上がり框《がまち》から見ている中で、年少の一路は後《うし》ろへ押しのけられて見られずに泣いて帰ったところ、一路の父親はそれに激怒《げきど》して大切に飼《か》っていた山羊《やぎ》を売ってその代金でテレビを買ったからである。十六インチの小さな画面で薄《うす》らぼやけて映《うつ》る白黒《しろくろ》テレビだったが、子供も大人《おとな》もテレビに夢中だった。或る時は、夕食後の午後七時半頃《ごろ》に放送されるプロレス中継《ちゅうけい》を見るために、知り合いのおばさんが物珍《ものめずら》し気《げ》にわざわざ一路の家へ来たこともある。そんなわけで、一路は、教育テレビでお気に入りの人形《にんぎょう》劇《げき》や〈歌のお姉《ねえ》さん〉の童謡《どうよう》の番組《ばんぐみ》をよく見ていたし、総合テレビで重厚《じゅうこう》な趣《おもむき》でアナウンサーが語るニュース番組も目にしていたので、ＮＨＫは公正なものだと信用していたのだ。だから、一路は、我《わ》が身《み》に危機《きき》が迫《せま》れば、ＮＨＫか警察署《けいさつしょ》へ逃げ込めばよいと漠然《ばくぜん》と信じていた。

しかし、我が身に迫る危機から逃《のが》れられなければ、死ぬしかない。一路は、人の死に立ち会ったことはないが、近所のおばあさんが亡《な》くなった時に、その親族《しんぞく》と近所の大人《おとな》たちが地区のはずれの墓地《ぼち》まで数百メートルの道程《みちのり》を歩いて行く際《さい》に、一路《いちろ》を含《ふく》めた数十人の近所の子供たちも訳《わけ》も分からぬまま付いて行ったことがある。その時に、一路は、その亡くなったおばあさんが生前《せいぜん》に小柄《こがら》で腰《こし》を曲《ま》げて歩いていたさまを思い出した。一路は、おばあさんのあの姿を見ることはもうないのだと思った。そして、一路は、人間は死んだらこの世から消えてしまうのだと思った。それがもし我《わ》が身《み》だったらと思うと、一路は、怖《こわ》くなった。それから、暫《しばら》くして、一路は、夜に寝ている時に、自分がいつかは死ぬかもしれないと思うと、とても不安になった。そして、未来の自分の死が、恐怖《きょうふ》の種《たね》となった。

　六歳の一路が抱《いだ》いたこうした〈不安〉と〈恐怖〉は、実《じつ》は〈実存哲学《じつぞんてつがく》の原点《げんてん》〉なのである。人間は、単調《たんちょう》な日々《ひび》の繰《く》り返《かえ》しの中では、〈不安〉や〈恐怖〉を感じないし、〈不安〉や〈恐怖〉について考えもしない。そもそも、人間は、日常の大半《たいはん》の行動においてはさほど深く考えることもなく、習慣的《しゅうかんてき》に半《なか》ば自動的に振《ふ》る舞《ま》っている。そこには、〈本能《ほんのう》〉や〈衝動《しょうどう》〉も、本人にはっきりと自覚されることもなく、しっかりと貫《つらぬ》かれている。つまり、喉《のど》が渇《かわ》けば水を飲むし、腹《はら》が減《へ》れば何かを食べるし、疲《つか》れれば休息《きゅうそく》するし、眠《ねむ》たくなれば寝入《ねい》る。人間は、食欲《しょくよく》や睡眠欲《すいみんよく》や性欲《せいよく》や所有欲《しょゆうよく》等々《とうとう》のさまざまな欲望《よくぼう》を充足《じゅうそく》しながら、自己《じこ》の生命を維持《いじ》している。欲望それ自体《じたい》は、善《ぜん》でも悪《あく》でもなく、生命と等価《とうか》であり、欲望の適度《てきど》の充足は、健全《けんぜん》な生命維持《いじ》と等価である。欲望が、過度《かど》に減少しても過度に増大しても、生命維持は、不健全《ふけんぜん》なものとなり、遂《つい》には破滅《はめつ》する。例《たと》えば、拒食症《きょしょくしょう》も過食症《かしょくしょう》も病気であり、健康を損《そこ》なう。生命の身体的側面《しんたいてきそくめん》は、〈本能《ほんのう》〉や〈衝動《しょうどう》〉に基づく適度な欲望充足によって健全に維持されるけれども、生命の精神的側面《せいしんてきそくめん》の維持は、単純ではない。人間は、社会活動の中で人間関係においてさまざまな壁にぶつかり、ストレスを溜《た》め込み思い悩む。社会活動が何《なん》の問題もなくスムーズに営《いとな》まれている間《あいだ》は、人間は、半《なか》ば自動的に振《ふ》る舞《ま》っている。しかし、何《なん》らかの問題が生《しょう》じた時に、人間は、問題解決のために考えざるをえなくなる。問題の深刻《しんこく》さが高まるほど、より深く考えざるをえなくなる。そして、深刻さの度合《どあい》が頂点《ちょうてん》に達《たっ》するのが、生命の危機《きき》に関する問題なのだ。自分や自分の愛する人の生命の危機は、極度《きょくど》の〈不安〉や〈恐怖〉を生み出し、当人《とうにん》は、一生懸命《いっしょうけんめい》に全力で考え、最良の解決策《さく》を出そうと努める。とにかく、問題の深刻さの度合はさまざまであれ、人間が問題に直面する時、悔《く》いの無い幸せな人生を創造するために思索《しさく》せざるをえない。だから、〈不安〉や〈恐怖〉は、〈悔いの無い幸せな人生を送る道を模索《もさく》しようとする実存哲学《じつぞんてつがく》の原点《げんてん》〉なのだ。

（三）　七歳の一路（実存哲学の主題としての共同体）

日高一路《ひだかいちろ》は、七歳になる年《とし》に小学校に入学した。一路の父母《ふぼ》は、集団生活に馴染《なじ》ませようと一路を前年度に小学校近くの幼稚園《ようちえん》に通《かよ》わせようとしたのだが、通園を嫌《いや》がり親離《おやばな》れのできない甘えん坊の一路を無理に通わせるのも可哀《かわい》そうだと思い、幼稚園への通園は、わずか一週間で終わった。そんなわけで、一路の父母は、一路が果《は》たして小学校へ通えるだろうかととても心配した。町の中心部に位置する小学校まで一路の家から約二キロメートルの道程《みちのり》を虚弱《きょじゃく》な一路が歩くのは、一路の父母には苛酷《かこく》に思われた。そこで、近所の小学校一年生は皆《みな》歩いて通学するにも拘《かか》わらず、一路だけは、特別にバスで通学することになった。

小学校の南側の正門《せいもん》は、県道に面《めん》していて、正門前にはバス停《てい》がある。一路の家から三十メートルばかりの所に集落の最寄《もよ》りのバス停があったから、バス通学は、一路にとって楽《らく》なものであった。時代は、高度経済成長期の最中《さなか》で、物価上昇は、急速であり、バス賃《ちん》は、短期間のうちに五円・十円・十五円と瞬《またた》く間《ま》に上がっていった。当時は、制服姿で集金用バッグを肩から腰へかけて提《さ》げたバスガイドの若いお姉《ねえ》さんが添乗《てんじょう》しており、バスの降《お》り口《ぐち》でバス賃《ちん》が五円上がったのを知らずに一路《いちろ》が旧料金を手渡すと、バスガイドのお姉さんが、「今度からは新料金でお願いね。」と優《やさ》しく言ってくれた。

小学校の西側の裏門《うらもん》付近は、外側を取り巻く道路沿いに並木《なみき》が植えられ、裏門から入《はい》ると直《す》ぐに講堂《こうどう》があり、その周囲は、桜の樹《き》などの幾《いく》種類もの大木《たいぼく》によってこんもりと覆《おお》われていた。そして、二宮金次郎《にのみやきんじろう》の銅像《どうぞう》もあった。講堂の東側には、二十五メートルのプールがあった。小学校の南側の正門《せいもん》を入ると、西の方に数棟《すうとう》の木造校舎《もくぞうこうしゃ》があり、東の方には広い運動場があった。

小学校に入学したばかりの一路には、教室内の机《つくえ》や椅子《いす》や何《なに》もかもが大きく見えた。そして、一路は、何《なに》よりも集団生活に面食《めんく》らった。一路は、それまでたいてい一人《ひとり》だけの静かな環境で過ごして来たので、一学級四十名の集団の中で行動するのは不慣《ふな》れで、いつも緊張《きんちょう》していた。担任《たんにん》の女の先生である横手政子《よこてまさこ》先生は、一路にとって絶対的権限《ぜったいてきけんげん》をもつ大きな存在であり、一路は、いつも横手先生の話す事にしっかり耳を傾《かたむ》けた。一路は、授業中に私語《しご》をすることもなく、ひたすら先生の指示通りに真面目《まじめ》にノートに書いたりしていたので、先生からも級友からも〈おとなしい子〉と見られていたにちがいない。入学以

（三）　七歳の一路（実存哲学の主題としての共同体）

来数カ月間、一路《いちろ》が級友を観察していると、勉強がよく出来《でき》て発言力の強いリーダー格の男子・勉強が不得意で国語の授業での教科書の朗読《ろうどく》が変《へん》な調子になる男子・体育の授業で運動神経の良さを発揮《はっき》する男子・真面目《まじめ》で善悪《ぜんあく》の分別《ふんべつ》を持っている信頼《しんらい》できる女子・音楽の時間に歌の上手《じょうず》な女子等々《とうとう》、十人十色《じゅうにんといろ》で実《じつ》にいろいろな個性を持った子供たちが集まっていることを、一路は、日々《ひび》痛感《つうかん》させられた。

七歳の一路は、〈自分とは異《こと》なるさまざまな特徴を持つ他者《たしゃ》〉の存在に初めて気づいたのだ。人間は、文字通《もじどお》り〈人と人の間《あいだ》〉で生きて行かねばならない。そして、さまざまな個性を持つ人々の集団の中には、気心《きごころ》の合いそうな人も居《い》れば、虫《むし》が好《す》かぬ人も居る。そうした中で、学級という共同体《きょうどうたい》は、さまざまな個性を持つ人々がうまく調和するように運営されねばならない。それでは、共同体がうまく調和して運営されるためには、何《なに》が不可欠《ふかけつ》であるのか。

その問題を解決する一つの方策《ほうさく》として当時行《おこな》われていた日課的行事《にっかてきぎょうじ》があった。それは、放課の直前に行われる〈反省会〉である。反省会とは、各時限《かくじげん》の授業終了時に黒板消しをしたり放課後に教室内のゴミ箱のゴミをゴミ捨て場へ持って行ったりするその日の当番である二人の日直《にっちょく》が、教卓《きょうたく》の所で司会しながら、その日の級友が行《おこな》った良かった事や悪かった事を反省して皆《みな》で発表し合うことである。日直は、黒板を左右に二分して、右半分に良い事を行《おこな》った者の名前を、左半分に悪い事を行った者の名前を白墨《はくぼく》（チョーク）で記《しる》し、同一人物名が出れば、票数《ひょうすう》を示すように〈正《せい》〉の字の形に棒《ぼう》を一本ずつ増やして行く。

例えば、反省会の光景《こうけい》は、こんなふうだった。

「阿南《あなん》君は、掃除《そうじ》の時間に一生懸命《いっしょうけんめい》に廊下《ろうか》の雑巾《ぞうきん》がけをしていたので、良かったと思います。」

「伊藤《いとう》君は、休み時間に些細《ささい》なことですぐにカッとなって相手を叩《たた》いたので、悪かったと思います。」

「高津《たかつ》さんは、隣《となり》の席の人が消しゴムを無くして困《こま》っているのを見て自分の消しゴムを貸してあげたので、良かったと思います。」

「山内《やまうち》さんは、昼休みに不機嫌《ふきげん》になって周囲の人たちにひとの悪口《わるくち》ばかり大きな声で言っていたので悪かったと思います。」

こんなふうに、反省会では、さまざまな意見が飛び出す。一路《いちろ》は、級友たちが学校生活の一《ひと》コマ一コマの細《こま》かな所を実《じつ》によく見ているものだなと思った。ここで名前が挙《あ》がった者たちも、普段何気《ふだんなにげ》なくやっている自分の振《ふ》る舞《ま》いを指摘《してき》されて、ハッとしたりギクッとしたりして自覚させられるものだ。

共同体がうまく調和して運営されるためには、自分の視点と他人の視点の相違《そうい》を認識し自覚しなければならない。〈人《ひと》の身《み》になる〉という言葉があるが、他人の立場を推《お》し量《はか》り他人に対してどのような言動《げんどう》を取るのが適切なのかを考えることが、人間関係を円滑《えんかつ》なものにするためには不可欠《ふかけつ》だ。そして、共同体の構成員が互いにそうした配慮《はいりょ》を心掛《こころが》けることが、共同体をうまく調和させて運営することに繋《つな》がる。

反省会で出される諸々《もろもろ》の意見は、〈善悪《ぜんあく》の基準《きじゅん》〉に基づいている。消しゴムを貸すという行為のようにひとに感謝されることをしたり、廊下の雑巾《ぞうきん》がけをしっかりやる行為のように共同体のためになることをしたりすることは、褒《ほ》められる善行《ぜんこう》である。それに対して、他人に暴力を振《ふ》るって他人に苦《くる》しい思いをさせたり他人の悪口《わるくち》を公然と言って他人を不快《ふかい》にさせたりすることは、悪行《あくぎょう》である。つまり、共同体における善悪の基準は、詰《つ》まる所《ところ》、〈自分や他人の生《せい》を促進《そくしん》するか阻害《そがい》するか〉なのである。このような考察は、まさに実存《じつぞん》哲学《てつがく》であり、共同体は、実存哲学の主題なのだ。

（四）八歳の一路（努力と忍耐と喜び）

日高一路《ひだかいちろ》は、八歳になる年《とし》に小学校二年生へ進級した。当時の小学校では、毎月二回、土曜日に集団下校《しゅうだんげこう》が行われていた。午前中の授業が終わると、全校児童は運動場に集合し、地区別に整列して、最上級生である六年生が下校途中の安全面に注意を払いながらみんなで帰宅するのであった。集団下校の時は、入学当初からバス通学であった一路も、地区のみんなと歩いて帰らざるをえなかった。集団下校で鍛《きた》えられたこともあってか、虚弱《きょじゃく》な一路も次第《しだい》に体力が付いて、入学から数カ月経《た》った頃には、学校から自宅までの約二キロメートルの道程《みちのり》を苦《く》も無く歩き通せるようになっていた。

学校から自宅までの約二キロメートルを歩き通すのには、〈努力と忍耐《にんたい》〉が一路に要求されたが、苦も無く歩き通せるようになった小学校二年生の一路は、母親譲《ゆず》りの持ち前の〈努力と忍耐〉を勉強面でも発揮《はっき》するようになった。

国語の授業では、毎回、始まりに五分間の漢字十問テストが行われた。漢字の出題範囲は、予め告げられていて、国語の教科書の近頃習った数ページであった。漢字十問テストの成績は、教室内の壁に貼《は》られた名簿《めいぼ》の棒《ぼう》グラフに示された。級友の中で誰《だれ》が優秀であるかは、棒グラフの棒の高さで一目瞭然《いちもくりょうぜん》であった。母親に似て負けず嫌《ぎら》いの一路《いちろ》は、毎回試験範囲をしっかり復習してほぼ毎回十点満点を取ったから、何時《いつ》の間《ま》にか一路の棒の高さが学級で一際《ひときわ》抜きん出て高くなっていた。それを見て、一路は、何《なん》だか気恥《きは》ずかしかったが、とても誇《ほこ》らしくもあった。

標高《ひょうこう》五百メートルの所にある一路の故郷の山間《やまあい》の町は、夏は比較的に涼《すず》しかったが、冬は厳寒《げんかん》の地であった。冬には、家々《いえいえ》の軒先《のきさき》には氷柱《つらら》が垂《た》れ下がり、積雪は三十〜五十センチメートルになった。数棟《すうとう》の木造校舎を繋《つな》ぐ渡り廊下《ろうか》は、屋根がついただけの吹き曝《さら》しで、吹雪《ふぶき》は吹き込むし、コンクリートの床面《ゆかめん》は、ツルツルに凍《こお》って歩くのが危《あや》うかった。教室には、石炭ストーブが置かれ、虚弱《きょじゃく》な一路は、担任《たんにん》の先生の配慮《はいりょ》があってか、ストーブを背にした席に座ることが多かった。それというのも、一路は、特に冬場《ふゆば》は、扁桃《へんとう》腺炎《せんえん》でしばしば高熱を出し、冬場には通算して二十日くらい欠席したからである。だから、一路は、駱駝《らくだ》の毛織物《けおりもの》の肌着《はだぎ》を身《み》に着けて、メリヤスの厚手《あつで》の股引《ももひき》を穿《は》き、何枚も重《かさ》ね着《ぎ》をしていた。それほどの厚着《あつぎ》の子は、学級内に他《ほか》には居《い》なかっただろう。

石炭ストーブの上には、水をたくさん入れた大きな薬缶《やかん》が置かれ、勢いよく蒸気《じょうき》をあげていた。掃除時間《そうじじかん》には、バケツに汲《く》んだ水にストーブの上の薬缶《やかん》のお湯を適度に混ぜて生温《なまあたた》かくして、それに雑巾《ぞうきん》を浸《ひた》して絞《しぼ》り、木製《もくせい》の床《ゆか》の雑巾がけをしたものだ。一路《いちろ》は、真面目《まじめ》で責任感が強く、先生が見ていようと見ていまいと、一生懸命《いっしょうけんめい》に雑巾がけをした。掃除が終わって水道水で手を洗い、ハンカチで水気《みずけ》を拭《ふ》き取るのだが、どうしても手の甲《こう》に皸《あかぎれ》ができて痛くなる。一路は、皸の痛みを真面目な努力の勲章《くんしょう》と思って、痛みに耐《た》えた。

漢字十問テストの優秀な成績にしても雑巾がけの勲章である皸にしても、〈努力〉と〈忍耐《にんたい》〉の結晶《けっしょう》である。何事《なにごと》も怠《なま》けたり手抜きをしたりすれば楽《らく》であるが、それでは〈責任を果《は》たした充実感《じゅうじつかん》や達成感《たっせいかん》〉は味《あじ》わえない。何事も〈努力〉と〈忍耐〉によって果たされるのであり、果たした者のみに〈責任を果たした充実感や達成感〉という〈何物《なにもの》にも代《か》え難《がた》い喜び〉が与えられる。だから、実存哲学《じつぞんてつがく》的に言えば、〈努力と忍耐によって獲得《かくとく》される喜びの生《せい》は、悔《く》いの無い幸せな生である。〉ということになる。

（五）九歳の一路（慎重・尊厳・勇気・自信）

日高一路《ひだかいちろ》は、九歳になる年《とし》に小学校三年生へ進級した。三年生になると、級友たちは、随分《ずいぶん》身長も伸びて、活発になった。或《あ》る日のこと、一路の班《はん》の数名の者たちが、掃除時間に割り当ての掃除区域である校舎の外の中庭を箒《ほうき》でゴミや落ち葉を掃《は》いていると、「アッ、痛《いた》ッ！」という大きな悲鳴《ひめい》が辺《あた》り一帯に轟《とどろ》いた。一路が、悲鳴のあがった方へ振り向くと、班の掃除仲間の中原修《なかはらおさむ》が、両手を後《うし》ろに回して後頭部《こうとうぶ》に当ててしゃがみ込んでいた。御《お》調子者《ちょうしもの》の中原修が、先《さき》ほど大きくて長く重たい庭箒《にわぼうき》を振り回して得意になっていたのを、一路は、知ってはいたが、まさか自分で振り回した箒が自分の後頭部に当たることになるとは想像もしなかった。逸早《いちはや》く誰《だれ》かが担任の踊山道子《おどりやまみちこ》先生を呼んで来て、踊山先生は、「何《なん》て事をしたの。」と顔を顰《しか》めて言い、心配そうに中原修を支《ささ》えるようにして保健室の方《ほう》へ連れて行った。一路も他《ほか》の者たちと共《とも》に、中原修の方へ歩み寄ると、後頭部の裂傷《れっしょう》で少し血が流れ出ているのが見えた。

それから、暫《しばら》くして、或《あ》る出来事《できごと》が起きた。昼休みに運動場で大勢《おおぜい》がワイワイと遊んでいたら、他《ほか》の学級の内藤健作《ないとうけんさく》が、一路《いちろ》を含《ふく》めて居合《いあ》わせた数名に向かって言った。

「転校してきた山下正雄《やましたまさお》だけれど、あいつは、風変《ふうが》わりで、おかしいぜ。だって、喋《しゃべ》る時に、女が言うように、〈〜だわ〉とか〈〜かしら〉とか言うもの。」

そう言って、内藤健作は、笑った。

そうすると、それを聴《き》いていた平山幹夫《ひらやまみきお》が言った。

「あいつは、仕種《しぐさ》から何から女男《おんなおとこ》じゃないのか。」

そして、平山幹夫も、プッと噴《ふ》き出して笑った。

その後《あと》、一路は、山下正雄のことを思い返した。他《ほか》の学級の者のことだからあまり知らないけれども、廊下で擦《す》れ違《ちが》う時に山下正雄を見かけた。山下正雄は小柄《こがら》で、そう言えば、女のような優しい表情を浮かべていた。山下正雄は、見かけの上では明らかに男なのに、どうして女の口調《くちょう》で喋るのだろう。一路も、珍《めずら》しい子だなと思った。しかし、一路は、内藤健作や平山幹夫のように、山下正雄を嘲《あざ》笑うことはできなかった。山下正雄は、確かに風変わりではあるが、他人に対して悪い事をしているわけではない。それなのに山下正雄を嘲笑うことは不謹慎《ふきんしん》だと、一路は思った。

箒《ほうき》を振り回して負傷《ふしょう》した中原修《なかはらおさむ》の件《けん》に関して実存哲学的に言えば、〈悔《く》いの無い幸せな人生を創造するためには、軽率《けいそつ》であってはならず、理性的に先《さき》を予測《よそく》する慎重《しんちょう》さが大切である。〉ということになる。また、外見は男子でありながら内面は女子のように見える山下正雄《やましたまさお》の件《けん》に関して実存哲学的に言えば、〈人間には天から授《さず》けられたそれぞれの生き方があるのだから、個々《ここ》の生き方の尊厳《そんげん》を尊重《そんちょう》しなければならない。〉ということになる。

冷静沈着《れいせいちんちゃく》で慎重《しんちょう》で何《なに》かしら人間の尊厳を弁《わきま》えているような一路《いちろ》の本性《ほんせい》を見抜いたのか、担任の踊山道子《おどりやまみちこ》先生は、授業参観での授業としての学級会の司会役《しかいやく》である議長に一路を抜擢《ばってき》したのだ。授業参観は、通常、国語の授業や算数の授業といった教科の授業になることが多いのだが、この時は、なぜか学級会という話し合いの場となった。

授業参観が始まると、踊山先生が、にこやかに言った。

「今日《きょう》は、皆《みな》さんのお父さんやお母さんが、おいでになっております。皆さんが、日頃《ひごろ》、お父さんやお母さんや兄弟姉妹といった家族についてどう思っているのか、不満や要望も含《ふく》めてどしどし発表してもらいたいと思います。それでは、日高一路君《ひだかいちろくん》、議長を務《つと》めて下さい。麻生真紀《あそうまき》さん、書記を務めて下さい。二人とも前へ出て来て、早速《さっそく》始めて下さい。」

一路は、不意《ふい》を突《つ》かれてどぎまぎした。そして、一路は、思った。

「学級委員なら、男女それぞれ一名ずつ居《い》る。議長と書記は、学級委員の二人にさせればよいではないか。それなのに、なぜ、学級委員でもない僕たち二人なのか。麻生さんは、利発《りはつ》で控《ひか》え目《め》な尊敬《そんけい》できる女の子だから適切だとしても、選《よ》りによって議長役《ぎちょうやく》がなぜ僕《ぼく》なのか。議長役をやるなんて、初めてのことだ。でも、踊山《おどりやま》先生に命《めい》じられたのだから、もうやるしかない。」

一路《いちろ》は、前へ進み出て、議長席に座った。正面《しょうめん》の壁の所は、左端《さたん》から右端《うたん》まで保護者たちが横一線《よこいっせん》にびっしりと立っていた。さらに、左手の壁にも右手の壁にも、保護者たちが溢《あふ》れんばかりに肩を寄《よ》せ合って立っている。一路は、大人《おとな》たちの目が一斉《いっせい》に自分に集中しているようで圧迫感《あっぱくかん》を強く感じた。しかし、ここは開《ひら》き直《なお》るしかない。全力で自分の役《やく》目《め》を果《は》たすしかない。考えてみれば、議長という大役《たいやく》を担《にな》うなんて、光栄《こうえい》なことだ。一路が開会《かいかい》しようとすると、思わぬ展開に学級全体が少しざわついていた。

「皆《みな》さん、静かにして下さい。」

一路の声は、もともと大きくてよく通る声なのだが、この時は緊張《きんちょう》のあまりより一層大きな声になって教室中《きょうしつじゅう》に響《ひび》き渡った。教室全体が、瞬《また》く間《ま》にシーンとなった。一路は、落ち着いたはっきりとした声で、ゆっくりと言った。

「それでは、只今《ただいま》から〈家族について〉という議題で話し合いを始めます。何か意見のある人は、何《なん》でもよいので発表して下さい。」

すると、ちょっとの間《あいだ》、沈黙《ちんもく》が続いたが、蔵原芳樹《くらはらよしき》がハーイと勢いよく手を挙《あ》げた。誰《だれ》か意見を発表してくれないかなと祈《いの》る気持ちでいた議長の一路《いちろ》が、〈渡《わた》りに舟《ふね》〉とばかりに言った。

「蔵原《くらはら》君、どうぞ。」

蔵原は、サッと立ち上がって悪《わる》びれもなく素直《すなお》に言った。

「僕には弟が一人居《い》て、僕たちは二人兄弟ですけど、おやつの取り合いになると、お母さんはいつも弟に贔屓《ひいき》して、僕に〈あなたはお兄ちゃんだから我慢《がまん》しなさい〉と言うのです。こんな事は、今後やめてもらいたいと思います。」

何人かのお母さん方《がた》の「フフッ」という笑い声がした。一路は、落ち着き払って言った。

「今出《いまだ》された蔵原君の意見について、皆《みな》さんは、どう思いますか。賛成意見や反対意見等々《とうとう》いろいろあると思いますが、何《なん》でも結構《けっこう》ですのでどしどし出して下さい。」

それから先《さき》は、和気藹藹《わきあいあい》とさまざまな意見が出て、討論《とうろん》は活発に展開し終了した。

一路は、学級会の議長という大役《たいやく》を無事《ぶじ》に果《は》たすことができてほっとした。おとなしくて目立《めだ》たない一路が、こんな形でスポットライトを浴《あ》びるなんて、それまでの一路には想像も付かなかった。しかし、学級会終了後の一路には、何《なん》だか漲《みなぎ》る力が湧《わ》いて来た。自分の使命《しめい》を果《は》たしたという充実感《じゅうじつかん》があった。そして、自分に確固《かっこ》たる自信をもつことができた。踊山《おどりやま》先生は、おそらく一路の力量《りきりょう》を見抜いて、それを発揮《はっき》する機会《きかい》を与《あた》えたのだろう。そして、普段《ふだん》は引っ込み思案《じあん》の一路《いちろ》から勇気《ゆうき》を引き出させたのだろう。さらに、自分の未知《みち》の力を自覚していない一路に自信を付けさせようとしたのだろう。

人間は、或《あ》る任務《にんむ》を与《あた》えられてプレッシャーがかかると逃げ出したくなるものだが、逃げ出してしまっては何《なに》も生まれない。完遂《かんすい》できるかどうかは二《に》の次《つぎ》にして、先《ま》ずは〈勇気〉を出して全力で任務に取り組むことだ。任務を苦労しながら遣《や》り遂《と》げた時に、初めて〈自信〉が付く。実存哲学的に言えば、〈勇気を出して未来に立ちはだかる人生の困難《こんなん》を乗り越えてこそ自信が付く。〉ということになる。

（六）　九歳の一路（限界状況と本来的自己実現）

　授業参観での学級会の議長という大役《たいやく》を果《は》たした日高一路《ひだかいちろ》に学級全体からも踊山《おどりやま》先生からも信頼感《しんらいかん》が増したように、一路には感じられた。学級会の不意《ふい》の出来事《できごと》から一月《ひとつき》ほど経《た》って、〈お話《はなし》大会〉という学校行事の開催《かいさい》の件《けん》が持ち上がった。当時の一路の小学校の三年生は、四十人学級が三学級あり、各学級から一名ずつ代表を選出して三週間後に〈お話大会〉を催《もよお》すというのである。

　或《あ》る日のこと、踊山先生が、朝礼《ちょうれい》の時に学級全体に向かって言った。

「三週間後に、学校行事として〈お話大会〉が開催されます。学級から一名の代表を選出しなければなりません。皆《みな》さん、誰《だれ》がいいと思いますか。」

　ちょっとの間《あいだ》、沈黙《ちんもく》の時間が流れた。大半《たいはん》の者は、「自分には無理、誰か引き受けてくれないだろうか。」という表情を浮かべて、周囲をキョロキョロ見回《みまわ》していた。すると、突然《とつぜん》、誰かが言った。

「日高君《ひだかくん》がいいと思います。」

間髪《かんはつ》を容《い》れず、また、誰《だれ》かが言った。

「そうだ、そうだ、日高君ならできる。打《う》って付《つ》けだ。」

続けて、数人が、同調して声を揃《そろ》えるように言った。

「賛成！　賛成！」

それを受けて、踊山《おどりやま》先生が一路《いちろ》に向かって言った。

「日高君、みんながああいうふうに言っているよ。やってみないね。」

一路は、〈お話《はなし》大会〉そのものがどういうものなのか、イメージさえ描《えが》けなかったが、みんなの一路への信頼《しんらい》の声を意気《いき》に感じた。みんなの役《やく》に立《た》つなら引き受けようと思った。みんなの信頼に応《こた》えようと思った。一路は、踊山先生に返答した。

「はい、分かりました。お引き受けします。」

踊山先生は、一路に向かってにっこり微笑《ほほえ》んで言った。

「そう、日高君、ありがとう。学級の代表としてしっかり頑張《がんば》ってね。」

その後《あと》、一路は、あれこれと考えた。「はて、どうしたものか。〈お話大会〉という行事だから、三年生全体の前で何か物語を話さねばならないのだろう。そして、図書室で童話か何《なに》かを借りて来て、みんなにこんな物語がありますよとその内容を紹介《しょうかい》する形になるのだろう。それじゃ、ともかく、早速《さっそく》図書室へ行って、どの童話にするかを決めなければならないなあ。」

一路《いちろ》は、実《じつ》は、図書室から本を借り出すことは、それほど多くはなかった。それというのも、一路は、少し〈人見知《ひとみし》り〉があり、図書室の貸出《かしだし》カウンターで司書《ししょ》のおばさんと遣《や》り取《と》りするのが気恥《きは》ずかしかったからだ。入学以来三年生までに借り出した本は、『ドン・キホーテ』や『不思議の国のアリス』等々《とうとう》の数冊《すうさつ》くらいのものである。それでも、今回は、学級代表という大きな責任を果《は》たさねばならない。学級代表という任務《にんむ》を引き受けた翌日《よくじつ》に、一路は、意《い》を決《けっ》して久《ひさ》しぶりに図書室に入《はい》り、手頃《てごろ》な本はないものかとあちこちの本棚《ほんだな》を探《さが》した。そして、漸《ようや》く、一路は、サムイル・マルシャーク作《さく》の『森は生きている』を見つけ出した。一路は、この本のページをパラパラめくると、即座《そくざ》にこの本に決めた。この本の随所《ずいしょ》に見られる挿《さ》し絵《え》が空想的で、話の筋《すじ》が面白《おもしろ》そうだったからだ。〈お話《はなし》大会〉開催日《かいさいび》まで、三週間足《た》らずしかない。一路は、最初の一週間で、二百ページあまりを何とか読み通した。そして、次の一週間で、粗筋《あらすじ》を四百字詰《づ》め原稿用紙《げんこうようし》十枚くらいにまとめた。そして、最後の一週間で、自分でまとめた粗筋を必死《ひっし》に暗記《あんき》した。〈お話大会〉というからには、三年生全体を前にして当然何《なに》も見ないで話さねばならないと、一路は思ったのだった。

『森は生きている』は、ロシアの物語である。四月にならないと咲《さ》かないマツユキソウを新年の祝《いわ》いである一月初めの招待会《しょうたいかい》までに宮殿《きゅうでん》に届《とど》けよという我儘《わがまま》な女王の気紛《きまぐ》れな無《む》理難題《りなんだい》の御触《おふ》れが出たので、マツユキソウを宮殿に届けた者への褒美《ほうび》に目が眩《くら》んだ継母《ままはは》が、日頃《ひごろ》からいじめている継子《ままこ》の娘《むすめ》を大雪で覆《おお》われた森の中へあるはずのないマツユキソウを取りに行かせると、森の精《せい》が不幸な境遇《きょうぐう》にめげずに雄々《おお》しく勤勉《きんべん》に働く娘のためにマツユキソウを奇跡《きせき》的に咲かせるという物語だ。

一路《いちろ》は、この物語を読み通すのにもその粗筋《あらすじ》を書くのにもかなりの労力《ろうりょく》を費《つい》やしたが、自分でまとめた粗筋を暗記《あんき》するのにはとりわけ苦労した。粗筋の暗記に集中した最後の一週間は、来る日も来る日も、一路は、手元《てもと》の自分の原稿《げんこう》をちらりと見てはまた正面《しょうめん》を向いてブツブツ唱《とな》えるという行為の繰《く》り返《かえ》しに明《あ》け暮《く》れた。毎晩《まいばん》、寝床《ねどこ》に就《つ》いて寝入《ねい》るまで、物語の起承転結《きしょうてんけつ》のポイントを繰り返し頭に思い浮かべた。本番《ほんばん》の日が近づいて来るにつれて、本番に果《は》たしてうまくやれるだろうかという不安感が高まって行った。一路は、次《し》第《だい》に窮地《きゅうち》に陥《おちい》り、今にも崖《がけ》から落ちそうなぎりぎりの〈限界状況《げんかいじょうきょう》〉に置かれていると感じた。

そうこうしているうちに、到頭《とうとう》〈お話《はなし》大会〉当日《とうじつ》がやって来た。三年生全体は、三学級の百二十人が床《ゆか》に座《すわ》れるほどの広い教室に集合し、学級別に整列して床に座った。そして、整列して床《ゆか》に座《すわ》った三年生全体の面前《めんぜん》に、三年一組代表の鈴木美穂子《すずきみほこ》、三年二組代表の斎藤泉《さいとういずみ》、三年三組代表の日高一路《ひだかいちろ》の三名が、呼び出された。三名は、前方《ぜんぽう》の脇《わき》の方で並《なら》ぶように先生に指示され、先《ま》ず、三年一組代表の鈴木美穂子が、前方中央へ歩み出た。そして、床に座っている三年生全体に対面して一礼《いちれい》し、何《なん》と数枚の原稿用紙を早口《はやくち》で読み上げ出したのだ。一路《いちろ》は、驚《おどろ》いた。一路は、〈お話《はなし》大会〉だからてっきり暗誦《あんしょう》するのが当然だと思い込んでいただけに、思いがけない展開に自分の目を疑った。鈴木美穂子の発表後に拍手《はくしゅ》はあったが、早口であっさりとしたものだっただけに、盛《も》り上がりに欠《か》けた。次《つぎ》に、三年二組代表の斎藤泉が、前方中央へ歩み出た。そして、床に座っている三年生全体に対面して一礼し、何《なん》とこれまた数枚の原稿用紙を手に持って朗読《ろうどく》し始めたのだ。一路は、「これは、一体何《いったいなん》なのだ。」と思った。驚くと共《とも》に、今度は腹《はら》が立った。一路は、「よおし、二人がそんなことなら、こっちは、本道《ほんどう》を貫《つらぬ》いてやろうじゃないか。」と思った。斎藤泉の発表は、はっきりとした声で落ち着いたものだったので、発表後の拍手は、鈴木美穂子の発表後の拍手よりは明らかに大きかった。

いよいよ、一路の番《ばん》が来た。一路は、覚悟《かくご》を決めた。あれほど懸命《けんめい》に準備し必死《ひっし》に訓練《くんれん》したのだからうまくいかないはずがない。一路は、これまでの努力で蓄《たくわ》えたものをすべて吐《は》き出《だ》すつもりだった。一路は、着実《ちゃくじつ》な足取《あしど》りで前方中央へ歩み出て、座っている三年生全体に対面して一礼した。それから、手ぶらで堂々《どうどう》と話し始めた。両手を使って各場面《かくばめん》に応《おう》じた仕種《しぐさ》をしながら、声の大小《だいしょう》・高低《こうてい》にメリハリを付《つ》けて表情豊《ひょうじょうゆた》かに話した。一路《いちろ》は、話しているうちに段々《だんだん》と調子《ちょうし》に乗って来て、緊張《きんちょう》するどころかむしろ〈本来《ほんらい》の自分を発揮《はっき》する楽しさ・喜び〉を感じるようになって来た。聴衆全体《ちょうしゅうぜんたい》をグイと掴《つか》んで自分に引き付けている気分《きぶん》になった。訓練《くんれん》した通りに無事《ぶじ》に発表が終了すると、会場全体から割《わ》れんばかりの拍手喝采《はくしゅかっさい》が湧《わ》き起《お》こった。一路の情熱的な訴《うった》えの迫力《はくりょく》が、聴衆の心を打ったのだ。一路の頭は上気《じょうき》し、顔は熱《ねつ》っぽく赤らんだ。一路は、思いがけない拍手喝采にとても興奮《こうふん》すると共《とも》に、とても嬉《うれ》しくなった。

帰宅《きたく》した一路は、今日《きょう》の学校でヒーローになったシーンをじっくりと思い返した。発表前の三週間は、あまりのプレッシャーで、地獄《じごく》に突《つ》き落《お》とされたような苦《くる》しい日々《ひび》だった。でも、〈本来の自分を発揮する楽しさ・喜び〉を味《あじ》わうと、それまでの苦しさなんか、どこかへ吹《ふ》き飛《と》んでしまった。実存哲学的に言えば、〈苦しくて堪《たま》らないぎりぎりの限界状《げんかいじょう》況《きょう》に耐《た》え抜いてこそ、本来的自己実現《ほんらいてきじこじつげん》の喜びを味わいうる。〉ということになる。

（七）十歳の一路（日高式勉強法――学問の本質）

日高一路《ひだかいちろ》は、十歳になる年《とし》に小学校四年生へ進級した。学級担任《がっきゅうたんにん》は、男の南郷邦夫《なんごうくにお》先生になった。南郷先生は、厳しい時はとても厳格《げんかく》で、面白《おもしろ》い時はとてもユーモアに富《と》んでいた。例《たと》えば、宿題を忘《わす》れて叱責《しっせき》を免《まぬが》れようと嘘《うそ》の言い訳《わけ》をする者に対しては、着席している級友全員の面前《めんぜん》で本人を教卓《きょうたく》の前に立たせて、教卓の椅子《いす》に着席した南郷先生は、当人《とうにん》の言い分《ぶん》を徹底《てってい》して聴《き》くと共《とも》にその件《けん》に関係する級友の証言《しょうげん》も聴きながら最終的には当人の言い分の矛盾《むじゅん》点を暴《あば》き出し、当人の言い分の嘘を当人に認めさせる。そして、その後《あと》、南郷先生は、自分の右手の中指《なかゆび》と薬指《くすりゆび》に力を込《こ》めて親指《おやゆび》の裏側《うらがわ》に当《あ》て、次《つぎ》の瞬間《しゅんかん》に親指を外《はず》すと、弓《ゆみ》のように反《そ》り返《かえ》った南郷先生の中指と薬指は、当人の額《ひたい》を容《よう》赦《しゃ》なく厳しく弾《はじ》く。当人の痛《いた》そうに顰《しか》めた顔を見ると、「決《けっ》して嘘を付いてはならないぞ」という南郷先生の〈愛の鞭《むち》〉は、級友全員に伝わった。そんな一面がある反面、或《あ》る日のこと、昼休み時間に、教室前方《きょうしつぜんぽう》の窓際《まどぎわ》に置かれた先生専用《せんせいせんよう》の大きな机《つくえ》の椅子に座《すわ》った南郷先生は、開《あ》け放《はな》たれた窓《まど》の方へ向けて吐《は》き出したタバコの煙《けむり》をドーナツ形《がた》にして、遠巻《とおま》きに見ていた児童《じどう》たちを笑わせた。

南郷《なんごう》先生の教育の仕方《しかた》は、一風《いっぷう》変わったところがあった。その一つは、国語・算数・理科・社会の四科目の一カ月間の総合成績によって、毎月《まいつき》〈席替《せきが》え〉が行われることである。総合成績の順位に従《したが》って、最後方《さいこうほう》の列の右側から左側へ、次《つぎ》に、一列前の右側から左側へという具合《ぐあい》に、座席が指定されるのだ。だから、最後列《さいこうれつ》には優秀な児童がずらりと並《なら》び、最前列《さいぜんれつ》には勉強の苦手《にがて》な児童が並ぶことになる。このやり方は、級友たちの競争心《きょうそうしん》を煽《あお》った。負けず嫌《ぎら》いの一路《いちろ》も、他《ほか》の級友たちに負けまいと勉強に熱心に取り組んだ。南郷方式とも言えるこのやり方は、確かに多くの児童を勉強に取り組ませることに成功したと思われる。勉強の苦手な児童たちにとっては、劣等感《れっとうかん》を覚えることになったかもしれないが、マイナス面ばかりだったとも言えない。それというのも、例《たと》えば算数の授業の時などは、教卓《きょうたく》の椅子《いす》に座《すわ》っている南郷先生の所へ課題を解いた自分のノートを持って行き、チェックしてもらって、課題を全部解いて合格すると、最前列に座っている児童たちに解き方を教えるシステムになっていたからである。一路は、毎月の〈席替え〉で三番~五番くらいの順位の席に座ったが、一応《いちおう》はいつも最後列の座席であった。最前列の児童たちは、分からないところを教えてもらいたいので、早々《はやばや》と合格した児童たちに対して取り合いをした。一路《いちろ》は、いつも教える立場になったが、相手《あいて》の躓《つまず》きを見抜いてそれを乗り越えさせるように分かり易《やす》く説明するということは、なかなか難《むずか》しく、一路にとっても勉強になった。

　南郷《なんごう》先生の教育の仕方《しかた》の一風《いっぷう》変わったところのもう一つは、毎日、児童に〈自由勉強《じゆうべんきょう》帳《ちょう》〉と〈日記帳《にっきちょう》〉の提出《ていしゅつ》を課《か》したことである。学級の四十人全員の分《ぶん》が朝礼《ちょうれい》の際《さい》に集められ、帰りの会の際に返される。考えてみれば、南郷先生も、毎日、大変な作業だったにちがいない。自由勉強帳も日記帳も一冊一冊目を通して、赤鉛筆で五重丸《ごじゅうまる》から一重丸《いちじゅうまる》までの五段階評価を記《しる》すのである。朝礼の時に集めたものを帰りの会の時には返すのだから、授業やその他《た》の雑務《ざつむ》の合間《あいま》を縫《ぬ》ってやっているのだろうが、神業《かみわざ》としか思えない。

〈日記帳〉は、何《なに》を書いてもよかった。その日の出来事《できごと》を書いてもいいし、詩や思った事等々《とうとう》を書いてもいい。文章を書くのが苦手《にがて》な児童にとっては、苦《く》になっただろうが、一路にとってはさほど苦ではなかった。一路は、草野球《くさやきゅう》が好きで、軟式《なんしき》テニスボールのような柔《やわ》らかなゴム製《せい》ボールを使って近隣《きんりん》の子供たちと公民館前広場《こうみんかんまえひろば》でよく草野球をしたものだが、プロ野球の実況中継《じっきょうちゅうけい》のように〈変化球を投げた〉とか〈ホームランを打った〉とか草野球のことを書くと、いつも三重丸《さんじゅうまる》で評価が芳《かんば》しくないので、その日の変わった出来事や体験およびそれに対する自分の感想や考えを丁寧《ていねい》に書くと、たいてい五重丸《ごじゅうまる》だった。南郷《なんごう》先生は、日記を通《つう》じて児童の文章力養成を狙《ねら》ったのだろうが、それだけではなく、児童の家庭での生活ぶりや心理状態を把握《はあく》しておこうという狙《ねら》いもあったにちがいない。

〈自由勉強帳〉は、国語・算数・理科・社会を中心にしてどんな内容でもよく、とにかく自分で勉強した内容を自由に書いて提出《ていしゅつ》すればよかった。そこで、一路《いちろ》は、その日に勉強したいと思う教科を選んで、勉強したい内容の要点《ようてん》をまとめるように心掛《こころが》けた。例《たと》えば、社会であれば、教科書の学習内容を幾《いく》つかの項目《こうもく》に分類《ぶんるい》して、各項目の要点を箇条《かじょう》書《が》きにまとめるのだ。その際《さい》に、重要度《じゅうようど》を六段階に分ける。比較的《ひかくてき》に重要なものは、箇条書きの冒頭《ぼうとう》に赤鉛筆で塗《ぬ》りつぶした丸を付けて、その赤丸に黒鉛筆で三重丸《さんじゅうまる》〜一重丸《いちじゅうまる》の重要度三段階評価を記《しる》すのである。それより重要度が低いものは、箇条書きの冒頭に青鉛筆で塗りつぶした丸を付けて、その青丸に黒鉛筆で三重丸〜一重丸の重要度三段階評価を記すのである。つまり、全体的に見れば、重要度を六段階に分けるということになる。

因《ちなみ》に、一路は、〈自由勉強帳〉の評価ではいつも五重丸《ごじゅうまる》をもらった。そもそも、重要度を六段階に区分《くぶん》できるためには、学習内容を深く理解していなければならない。〈自由勉強帳〉に書き付ける際には、既《すで》に頭の中で学習内容の整理が付いているのだ。こうした〈自由勉強帳〉の作り方は、南郷先生が翌年度《よくねんど》に受け持った学級に南郷先生によって〈日高式《ひだかしき》勉強法〉として紹介《しょうかい》された。

〈日高式勉強法〉は、特に国語の場合には、より一層学習効果をあげたと思われる。一路《いちろ》は、国語の自由勉強の際《さい》には、先《ま》ず、教科書に出て来る難《むずか》しい語句の意味を必《かなら》ず国語辞典《こくごじてん》で調べて〈自由勉強帳〉に箇条書《かじょうが》きに書き付けた。国語辞典でいちいち調べるのは面倒《めんどう》だが、煩《わずら》わしい思いをした分《ぶん》だけ語句の奥深《おくぶか》い意味が頭の中に入《はい》って来る。それから、教科書の文章の内容の要点を段落別《だんらくべつ》に箇条書きにまとめた。最後に、文章全体の主題を簡潔《かんけつ》にまとめた。こうした国語の勉強法は、一路の言葉に対する感性や文章の表現力・構成力の養成に大きく貢献《こうけん》したにちがいない。

或《あ》る日のこと、〈日高式勉強法〉と関連していると思わざるをえない或る出来事《できごと》が起きた。緒方秀雄《おがたひでお》という青年《せいねん》が、東京から教育実習生《きょういくじっしゅうせい》として一路の小学校へやって来て、一路の学級を担当《たんとう》することになったのだ。教育実習期間は、二週間だった。緒方秀雄は、おそらく東京のどこかの大学の四年生で、教員免許《きょういんめんきょ》を取得《しゅとく》するための最終段階としてやって来たのだろう。身長《しんちょう》が百八十センチメートルくらいの大柄《おおがら》で、丸い柔和《にゅうわ》な顔の人で、眼鏡《めがね》を掛《か》けていた。正規《せいき》の先生ではないとしても、児童たちにとってはれっきとした先生である。若くて教育熱《きょういくねつ》に燃《も》えているせいか、一路には、情熱的な大きな声ではっきりと物《もの》を言う先生だなと思われた。緒方先生は、南郷《なんごう》先生と同様に、毎日〈自由勉強帳〉と〈日記帳〉を点検《てんけん》・評価《ひょうか》した。そして、教育実習の最後の日に、学級全体に対する別《わか》れの挨拶《あいさつ》を熱《ねつ》っぽく語った。その挨拶の中で、一路《いちろ》にとって衝撃《しょうげき》的な言葉があった。

「君《きみ》たちは、こんな大自然《だいしぜん》の中で伸《の》び伸びと勉強できているけれども、それは、幸せな事だと思います。君たちと同《おな》い年《どし》のテレビで人気者《にんきもの》になっている子役《こやく》のあの子が通《かよ》っている小学校の授業も見学しましたが、あんなのは教育じゃない。君たちの受けている教育の方《ほう》が、断然《だんぜん》すばらしいと思います。特に、日高君《ひだかくん》は、日本全国のどこへ出しても絶対《ぜったい》に負けないと思います。」

一路は、びっくりした。学級での自分の成績順位は、三番～五番で、上には一番の者や二番の者が居《い》るのに、なぜ一路が日本一の水準にあると言われたのか。一路は、光栄《こうえい》な事だとは思ったが、緒方《おがた》先生がそれほどまでに自分を高く評価《ひょうか》する理由が、全《まった》く分からなかった。一路は、帰宅《きたく》してから、このシーンをじっくり思い返すと、「もしかしたら、〈日高式勉強法〉を評価してくれたのかもしれない。」と思った。そして、「日本一の水準かどうかは分からないが、自分の勉強法は間違《まちが》ってはいないだろう。これからも、自分の勉強法に自信を持ってより一層多くを学んで行こう。」と思った。

勉強は、基本的に〈分かる〉か〈分からない〉かである。〈分かる〉ということは、〈分けられる〉ということだ。つまり、大袈裟《おおげさ》に言えば、〈学問の本質〉は、〈区分《くぶん》〉ということなのだ。言い換《か》えれば、洗濯物《せんたくもの》を箪笥《たんす》に収納《しゅうのう》する際《さい》に、上から下までの何段《なんだん》かの引き出しの中に、シャツ類《るい》・下着《したぎ》類《るい》・靴下《くつした》類《るい》・ハンカチ類《るい》などと区分《くぶん》して入れて整理するのと同じように、〈学問の本質は、理解《りかい》不能《ふのう》の混沌《こんとん》状態を区分し整理して理解可能なものにすることである。〉。

（八）十一歳の一路（児童会選挙――信頼と自律）

日高一路《ひだかいちろ》は、十一歳になる年《とし》に小学校五年生へ進級した。学級担任《がっきゅうたんにん》は、男の新宮光吉《しんぐうみつよし》先生になった。一路にとって、学級担任が持ち上がったのは、一・二年生の時だけだった。三年生からは、毎年、学級担任が替《か》わり、学級替《がっきゅうが》えが行われ、五年生へ進級する際《さい》もそうだった。だから、一路は、いろいろな学級担任に出会うと共に、さまざまな級友たちに巡《めぐ》り合うこととなった。

五年生ともなると、人間的にも随分《ずいぶん》成長し、友人関係も密《みつ》になって来る。一路には、浅尾信夫《あさおのぶお》という親友ができた。浅尾信夫は、小柄《こがら》で気が利《き》いていて、少し大人《おとな》びたところがあり、温厚《おんこう》な性格であった。信夫は、理知的《りちてき》でおとなしい性格の一路と気が合った。当時は歌謡界《かようかい》でグループサウンズブームが起こっており、信夫は、ブルー・コメッツというグループのブルー・シャトウという歌を気に入っていた。新宮先生は、教職員組合の労働運動に熱心だった影響なのか、社会に対して斜《はす》に構《かま》えたような眼《め》を持っていて、学級の児童たちに「この世は生存競争《せいぞんきょうそう》である」としみじみ言ったことがあった。そこで、一路《いちろ》と信《のぶ》夫《お》は、大人《おとな》の社会をちょっと覗《のぞ》き込んだ気になって、「この世は生存競争である」は、一路と信夫の間《あいだ》で合言葉《あいことば》になった。つまり、一路が「この」と言えば信夫は「世は」と言い、一路が「生存」と言えば信夫は「競争である」と言うのである。そうやって、一路と信夫は、少しだけ大人になった気分《きぶん》になり、面白《おもしろ》がっていた。

　学級担任の新宮《しんぐう》先生は、一路の四年生の時の学級担任の南郷《なんごう》先生のように〈自由勉強帳〉や〈日記帳〉の提出を課《か》すことも無かったし、学業成績順位を出して座席を指定することも無かった。しかし、国語・算数・理科・社会の試験の点数から、学級で誰《だれ》が一番で誰が二番なのかくらいは、級友たちの間《あいだ》では周知《しゅうち》の事実であった。一路は、五年生になると頭角《とうかく》を現《あらわ》して一番になった。おそらく、三学級百二十人全体で一番だっただろう。それくらい、一路の学力は、抜きん出たものになっていた。

　学級で学業成績が二番だったのは、杉本博隆《すぎもとひろたか》だった。一人《ひとり》っ子《こ》で群《むら》がらない一路とは対照的に、杉本博隆は、兄が居《い》て兄弟付《づ》き合いに揉《も》まれているせいか、人付《ひとづ》き合いが上手《じょうず》で、級友たちの多くの者から好《す》かれて人気《にんき》があった。杉本の家は、小学校よりも西に一キロ五百メートルくらいの所にあり、級友のうちで通学路を同じくする幾人《いくにん》かの男子は、尊《そん》敬《けい》の念《ねん》と親愛《しんあい》の情《じょう》を込《こ》めて杉本を〈杉《すぎ》ちゃん〉と呼んでいた。

一路《いちろ》の家は、杉本《すぎもと》の家とは真逆《まぎゃく》の方角《ほうがく》で、小学校から東へ二キロメートルの所にあった。或《あ》る日曜日の昼過ぎに、突然《とつぜん》、杉本が自転車に乗って一路の家へ来た。一路は、杉本の突然の訪問に驚《おどろ》いた。それまで、一路は、一人《ひとり》で小学校より西の方へは行ったことがなく、とにかく杉本の家は遠方《えんぽう》にあるものだとしか思っていなかった。しかも、一路は、学校内で杉本とそれほど親しかったわけではない。それなのに、何の前触《まえぶ》れもなく、杉本は、突然に訪《たず》ねて来たのである。

一路が、杉本に向かって言った。

「杉本君、こんな遠方まで自転車に乗って来て、一体《いったい》どうしたの。」

杉本は、一路に向かって返《かえ》した。

「なあに、隣町《となりまち》の神社の傍《そば》の門前町商店街《もんぜんまちしょうてんがい》までレコードを買いに行く途中《とちゅう》なのだよ。隣町との境界《きょうかい》のやや手前《てまえ》のここら辺《へん》に日高君《ひだかくん》の家があると見当《けんとう》を付けて、ここの近くで近所の人に日高君の家の場所を尋《たず》ねて来たのだよ。レコード店までの道程《みちのり》は結構《けっこう》あるので、休憩《きゅうけい》という意味でも立ち寄《よ》ったのさ。」

一路は、ここから門前町商店街まで二キロメートル以上あるというのに、そんな遠方まで一人で行くなんて凄《すご》いなあとつくづく思った。そして、一路は、杉本に言った。

「どんなレコードを買いに行くの。」

杉本《すぎもと》は、さらりと答えた。

「クラシックだよ。」

一路《いちろ》は、怪訝《けげん》な顔で杉本に尋《たず》ねた。

「クラシックとは、何《なん》のこと。」

すると、杉本は、丁寧《ていねい》に説明した。

「ほら、学校の音楽室の壁《かべ》に西洋の作曲家の肖像画《しょうぞうが》が貼《は》ってあるだろう。モーツァルトとかベートーベンとか。要《よう》するに、十八世紀から十九世紀へかけてのああいう西洋の作曲家たちが作った曲が、クラシックと呼ばれるものなのだよ。僕《ぼく》の兄がクラシックを好きだから、今日《きょう》は兄に頼《たの》まれて買いに行っているのだよ。兄がクラシックを聴《き》いている時に、僕も傍《そば》で聴くことはあるけどね。」

一路は、家でクラシックなんか聴いたことはなかった。何分《なにぶん》、一路の父親は、祖父と言った方《ほう》がいいくらいに高齢なので、いつも父親が聴いているレコードの曲は、歌謡曲《かようきょく》ばかりである。一路は、杉本が兄からの影響もあって大人《おとな》びているように感じた。そして、日高家《ひだかけ》と杉本家《すぎもとけ》の文化的環境《ぶんかてきかんきょう》のあまりの違いを思い知らされた。それにしても、日頃《ひごろ》からそれほど親しいわけではない杉本が、休憩《きゅうけい》という意味であったにせよ、なぜ一路の家へ立ち寄ったのか。一路は、杉本が学業成績も含《ふく》めて自分のことを良きライバルとして尊敬の念を以《もっ》て認めてくれているからではないだろうかと考えた。
学年末《がくねんまつ》の二月を迎《むか》えた或《あ》る日のこと、新宮《しんぐう》先生は、朝礼《ちょうれい》の際《さい》にみんなに向かって言った。

「三月初めに、来年度の児童会役員を選ぶ選挙が開催《かいさい》される予定だ。投票するのは、五年生と六年生だ。五年生は、各学級から、会長候補一名、副会長候補一名、書記候補一名を選出することになっている。誰《だれ》か、我《われ》こそはと自分から立候補する者は居《い》ないか。」

みんなは、暫《しばら》くの間《あいだ》、もじもじしていて、発言する者は、居なかった。それから、新宮先生は、みんなに向かって言った。

「よおし。それでは、推薦《すいせん》方式で決めよう。誰でもいいから、この人が適任だと思う者《もの》の名前を挙《あ》げなさい。」

何人かの名前が挙げられたが、名前を挙げられた者たちにしても、進んで引き受ける者は居なかった。名前を挙げられた者たちの中に、杉本《すぎもと》も一路《いちろ》も入《はい》っており、二人は共《とも》に抜きん出て級友たちから支持《しじ》される結果になった。一路は、選挙というものは人気《にんき》が無ければ当選しないだろうと思った。人気の大きさなら、杉本が一番だと思った。そこで、一路は、副会長候補でよければ引き受けると言った。そうなると、杉本が会長候補を務《つと》めなければならないことになるが、杉本は何の抵抗《ていこう》も無く会長候補になることを快諾《かいだく》した。

五年生の三学級とも、それぞれ会長候補と副会長候補は男子が選出され、書記候補は女子が選出された。三月初めの投票日には、五年生は大半《たいはん》の者が自分の学級の候補者に投票するだろうから、勝敗《しょうはい》を握《にぎ》るのは、六年生の票の行方《ゆくえ》である。そうすると、投票日の三日前の五年生・六年生全体を面前《めんぜん》にした候補者の立会演説《たちあいえんぜつ》が、大きな決め手になるはずだ。とにかく、五年一組の会長候補は、誰《だれ》からも好《す》かれる杉本博隆《すぎもとひろたか》、副会長候補は真面目《まじめ》で責任感の強い日高一路《ひだかいちろ》、書記候補は、美人で貫禄《かんろく》のある吉森弥生《よしもりやよい》と決まった。それに対して、五年二組の会長候補は、成績優秀で指導力のある笹川康夫《ささがわやすお》、副会長候補は、地味《じみ》だが堅実《けんじつ》な中山健次郎《なかやまけんじろう》、書記候補は、口八丁手八丁《くちはっちょうてはっちょう》の竹山由香《たけやまゆか》と決まった。また、五年三組の会長候補は、スポーツマンで信頼の厚い山森寛太《やまもりかんた》、副会長候補は、明朗《めいろう》で茶目《ちゃめ》っ気《け》のある蔵原慎太郎《くらはらしんたろう》、書記候補は、勝気《かちき》な性格の安藤久美《あんどうくみ》と決まった。

いよいよ、立会演説会の日を迎《むか》えた。講堂《こうどう》には、五年生・六年生全体が、学級別に整列して床《ゆか》に座《すわ》っていた。各候補者には、一名の推薦人《すいせんにん》が付いており、候補者本人の演説の前に、推薦人が、推薦演説を行うことになっていた。一路の推薦人には、親友の浅尾信夫《あさおのぶお》がなっていた。一路の番《ばん》が回《まわ》って来ると、先《ま》ず、浅尾信夫が推薦演説をした。

「日高一路君は、誰もが知る通り、学業成績は抜群《ばつぐん》で、責任感が強く誠実な人柄《ひとがら》です。会長の補佐役《ほさやく》として副会長を務《つと》めるのに、日高一路君以外に適任者は居《い》ないと、僕は確信しています。」

浅尾信夫《あさおのぶお》は、実《じつ》に的確《てきかく》に日高一路《ひだかいちろ》の長所および適格性を真心《まごころ》から切々《せつせつ》と語った。その後《あと》、一路は、足をしっかりと踏ん張って大きな通る声で聴衆《ちょうしゅう》に熱《ねつ》っぽく訴《うった》えた。

「皆《みな》さん、どうか僕を信頼《しんらい》して下さい。もし皆さんに支持《しじ》して頂ければ、本校がより良い方向へ向かうように全力で取り組みます。例《たと》えば、朝の登校時の校門での挨拶《あいさつ》運動を展開したり、ベルマーク運動を盛《も》り上げて学校の備品調達《びひんちょうたつ》に協力したり、給食時や下校時に校内放送で心地《ここち》良い音楽を流して和《なご》やかな環境を作ったりしたいと思います。そして、校内の幾《いく》つかの適当な場所に目安箱《めやすばこ》を設置《せっち》して、皆さんからの率直《そっちょく》な意見を汲《く》み上げたいと思います。もし僕を当選させて頂ければ、会長を補佐《ほさ》し時には助言《じょげん》しながら活力《かつりょく》ある児童会を作り上げて行きたいと思います。」

引き続き、一路は、児童の学校生活改善へ向けての思いを雄弁《ゆうべん》に語り、立会演説《たちあいえんぜつ》を終えた。

説得力をもち一際迫力《ひときわはくりょく》のある一路の演説が終わった途端《とたん》に、聴衆の割《わ》れんばかりの大きな拍手《はくしゅ》が館内に鳴り響《ひび》いた。それを聞いて、一路は、やるだけのことはやり切ったという思いだった。一路は、後《あと》の結果は天《てん》のみぞ知るという心境《しんきょう》だった。

立会演説会の三日後、投票日になった。五年生・六年生全員が投票すれば、投票総数は、約二百四十票となる。欠席者も居《い》れば棄権票《きけんひょう》も出るだろうから、実質的には約二百票の勝負《しょうぶ》となるだろう。投票結果は、放課後、職員室傍《そば》の廊下の壁に貼《は》り出されると共に、校内放送でも繰《く》り返《かえ》し発表された。五年一組の日高一路《ひだかいちろ》は、九十九票を獲得して副会長に当選した。次点《じてん》は、五年二組の中山健次郎《なかやまけんじろう》の六十票であった。会長には五年三組の山《やま》森寛太《もりかんた》が当選し、書記には五年一組の吉森弥生《よしもりやよい》が当選した。

一路は、多くの人々《ひとびと》の信任《しんにん》を得て当選したことは、とても嬉《うれ》しかった。そして、推薦人《すいせんにん》として立派《りっぱ》な応援演説《おうえんえんぜつ》をしてくれた親友の浅尾信夫《あさおのぶお》に心から感謝した。さらに、これからこの信任に応《こた》えて行くことを思うと、責任重大《せきにんじゅうだい》だなと身《み》の引き締《し》まる思いだった。

民主主義の原理に基《もと》づいて多数の主権者の信任に応えることは、重大な責任を負《お》うことである。多数の主権者の信任を得た者は、我《わ》が身《み》を正《ただ》して誠心誠意全力を傾けて任務を遂《すい》行《こう》しなければならない。我が身を正すとは、〈良心〉に基づいて万人《ばんにん》の心の内《うち》にある善悪の基準としての道徳法則に照らして常に正しい行動を取るように自分で自分を律《りつ》することである。〈自分で自分を律すること〉を、哲学用語では〈自律《じりつ》〉と言う。したがって、実存哲学的に言えば、〈ひとの信頼に応えうる人間は、自律的人間である。〉ということになる。

(九) 十二歳の一路(団体の結束力――連帯感と一体化)

日高一路《ひだかいちろ》は、十二歳になる年《とし》に小学校六年生へ進級した。しかし、一路は、進級する直前の三月下旬に辛《つら》い体験をした。親友の浅尾信夫《あさおのぶお》が、四月から転校することになって、一路の所へ別れの挨拶《あいさつ》に来たのだ。浅尾は、小学校から北西へ三百メートルくらい離れた所にある国鉄の駅の近くの国家公務員住宅に、両親や一つ年上《としうえ》の姉と共に住んでいた。浅尾の姉は、綺麗《きれい》で賢《かしこ》く、学業成績も学年全体で二番というとても優秀な娘《むすめ》だったのだが、一路は、密《ひそ》かに彼女に憧《あこが》れていた。浅尾の父親が四月から隣県《りんけん》の城下町《じょうかまち》へ転勤《てんきん》ということになり、家族も引っ越すことになったということだった。一路にとっては寝耳《ねみみ》に水《みず》でショックを受けたが、浅尾が二キロ三百メートルの道程《みちのり》を歩いてわざわざ会いに来てくれたと思うと、一路の胸《むね》を打《う》つものがあった。

六年生へ進級する際《さい》に学級替《がっきゅうが》えはなく、五年一組の学級は、そのまま六年一組の学級となった。ただし、学級担任は、武藤重徳《むとうしげのり》先生に替《か》わった。武藤先生は、全校の体育主任《たいいくしゅにん》であり、運動場の一角《いっかく》に古いタイヤを数本半分《すうほんはんぶん》だけ埋《う》めて、児童がそれを跨《また》いで跳《と》び越えられるように整備したり、運動場の競争路の白線《はくせん》を引いたりしていた。

五月に、〈町内《ちょうない》小学校ソフトボール大会〉が開催《かいさい》されることになった。町内の他《ほか》の小学校も含《ふく》めた合同《ごうどう》のソフトボール大会で、トーナメント方式での六年生による対抗試合《たいこうじあい》である。他の小学校は、各《かく》一チームの出場だったが、一路《いちろ》の小学校は、規模《きぼ》が大きいので学級別に三チーム出場することになった。一路の属する六年一組チームは、やる気満々《きまんまん》で、体育の授業での練習の他《ほか》に、放課後も練習した。

ソフトボール大会まであと二週間という頃《ころ》には、六年一組チームは、毎日放課後に、武《む》藤《とう》先生の指導による特訓《とっくん》を受けた。武藤先生は、本番《ほんばん》に備《そな》えて、選手の適性を考慮しながら打順と守備位置を決めた。その結果、一路は、一番打者で遊撃手《ゆうげきしゅ》ということになった。

一路が野球をよく知っていて冷静沈着《れいせいちんちゃく》であることから、武藤先生は、一路を一番打者に抜擢《ばってき》したらしい。一番打者の役割は、四球《しきゅう》でも何《なん》でもいいからとにかく塁《るい》に出て出塁率《しゅつるいりつ》を高めることである。そして、相手投手の制球《せいきゅう》が悪ければ四球を選ぶとか、状況次第《じょうきょうしだい》では打球を意図的《いとてき》に一《いち》・二塁間《にるいかん》に転《ころ》がすとかといった判断が、要求される。他方《たほう》、守備では、二塁ベースと三塁ベースの中間《ちゅうかん》のやや後方《こうほう》を守る遊撃手は、内野の守備の要《かなめ》で最も高い技量《ぎりょう》が要求される。

或《あ》る日の放課後のこと、各選手を所定《しょてい》の守備位置に付かせ、武藤《むとう》先生が投手として投げ、所定の打順通りに順々《じゅんじゅん》に打席に入《はい》って武藤先生の投球を打つという打撃練習《だげきれんしゅう》をしていた。一路《いちろ》が一番打者なので、先《ま》ず一路が打席に入り、武藤先生の投げる球を待ち構《かま》えていた。ちょうどそこへ一路の前年度の学級担任だった新宮《しんぐう》先生がやって来て、一塁側の観客席に当たる場所にある丸太製《まるたせい》の五メートルくらいある長椅子《ながいす》に両腕《りょううで》を組んで座り、こちらの方《ほう》をじっと見つめていた。

武藤先生は、子供にはなかなか打てないような剛速球《ごうそっきゅう》を投げ込んで来る。第一球も第二球も、ストライクだった。第三球もストライクのコースに来たので、一路は、慌《あわ》ててバットを出して何《なん》とかバットに当ててファウルにした。すると、見物《けんぶつ》していた新宮先生が、こちらに向かって大きな声で言った。

「日高《ひだか》は、どうしてぼうっと突《つ》っ立っているのか。ストライクなのだから、バットをしっかり振って打たないか。」

新宮先生の声に返すように、武藤先生は、ニヤリと笑って言った。

「なあに、日高は、一球目も二球目もストライクでツーストライクと追い込まれたから、三球目は外《はず》してボールにするはずだと読んでいたのですよ。そこへまたストライクの球《たま》が来たものだから、慌ててバットを出してファウルにして何とか三振を免《まぬが》れたのですよ。」

武藤《むとう》先生のその言葉に、一路《いちろ》は、唖然《あぜん》とした。新宮《しんぐう》先生は、おそらく野球にあまり詳《くわ》しくなくて一路に「バットをしっかり振って打たないか」と鼓舞《こぶ》したのだろうが、武藤先生は、一路の心理状態を見事《みごと》に分析《ぶんせき》し見透《みす》かしていたのだ。一路は、武藤先生の洞察眼《どうさつがん》は流石《さすが》だなと感心した。

一通《ひととお》り打撃練習の順番が一巡《いちじゅん》したので、次《つぎ》は、守備練習に移《うつ》った。正選手《せいせんしゅ》は、所定《しょてい》の守備位置に付き、武藤先生が打席の位置からノックをするのだ。補欠選手《ほけつせんしゅ》たちは、順に、武藤先生が球を打つと同時に一塁へ走る。一塁手・二塁手・三塁手・遊撃手《ゆうげきしゅ》は、ノックされたゴロを本番《ほんばん》のような緊張感《きんちょうかん》を以《もっ》て一塁へ送球するのである。遊撃手の一路は、守備の基本通《どお》りに、腰《こし》を落としてボールをグローブで取ってしっかりと握《にぎ》って一塁手に着実《ちゃくじつ》に送球するという堅実《けんじつ》なプレーを繰《く》り返《かえ》し、チームメイトからの信頼《しんらい》は厚《あつ》かった。

二塁手の正選手は、山上孝義《やまがみたかよし》だった。山上《やまがみ》は、勉強が苦手《にがて》で、とりわけ音楽の時間に歌わせると信じられないくらい音程《おんてい》が外《はず》れるほどの音痴《おんち》だった。しかし、二塁手としての守備については、抜群《ばつぐん》のセンスを持っていた。走者を一塁に置いて、武藤先生が遊撃手の一路を目掛《めが》けてゴロを打つと、その途端《とたん》に山上はすばやく二塁ベースへ入《はい》り、阿吽《あうん》の呼吸で「ほら、日高《ひだか》君。」と一路に声かけして一路からのトスを受けようとグローブを構《かま》える。一路も、百《ひゃく》も承知《しょうち》で、捕球《ほきゅう》したボールを山上が取り易《やす》いように下から山なりにトスする。

一路《いちろ》からのトスを捕球した山上《やまがみ》は、身体《からだ》を左へ捻《ひね》って一塁へ正確に送球する。一塁走者も打者走者も一瞬《いっしゅん》にしてアウトになるダブルプレーの完成である。ダブルプレーを易々《やすやす》と見事《みごと》に遣《や》って退《の》ける山上《やまがみ》・日高《ひだか》の二遊間《にゆうかん》コンビの技術の高さは、小学生レベルとしてはなかなかのものである。ダブルプレーを見事に完成させる度《たび》に、山上は一路の方を見て、何《なん》とも言えない微笑《ほほえ》みを浮《う》かべる。一路も、小さく頷《うなず》いて笑《え》みを返《かえ》す。一路も山上も、互《たが》いに信頼《しんらい》し合っている。ダブルプレーを完成させた直後の山上の得意満面《とくいまんめん》の表情を見ると、一路も心から称賛《しょうさん》したくなるし、一路もスカッとした爽快《そうかい》感を感じる。一路は、これが〈連帯感《れんたいかん》〉というものなのだなとしみじみ思った。

いよいよ、試合当日となった。一路の属する六年一組チームは、俊足《しゅんそく》で身体《からだ》全体が強力なばねのような中川健太郎《なかがわけんたろう》が四番打者で投手となり、主軸《しゅじく》の中川の投打《とうだ》に亙《わた》る活躍《かつやく》とチーム一丸《いちがん》となったチームワークの良さで圧倒的《あっとうてき》な強さを見せて決勝戦まで勝ち進んだ。一路の小学校の六年生三学級の三チームのレベルは他《ほか》の小学校のチームレベルよりも高く、三チームとも勝ち進んだが、結局のところ、決勝戦は、一路の小学校のチーム同士《どうし》の戦いつまり六年一組チームと六年三組チームとの戦いとなった。

六年三組チームの投手は、六年生ながら身長が百六十五センチメートルもある大人《おとな》の体付《からだつ》きの甲斐幹男《かいみきお》であり、甲斐の投げる球は、武藤《むとう》先生が投げる剛速球《ごうそっきゅう》並《な》みである。六年三組チームが決勝戦まで進んだのは、小学生ではとても太刀打《たちう》ちできない抜きん出た甲斐の投手力の賜物《たまもの》だったと言っても過言《かごん》ではない。

　六年一組チーム対六年三組チームの決勝戦が、始まった。案《あん》の定《じょう》、六年一組チームの打撃陣《だげきじん》は、甲斐の剛速球に手も足も出ず、毎回零点《れいてん》を重《かさ》ねた。六年一組チームの中川《なかがわ》投手の球威《きゅうい》は、甲斐投手の球威に比べればはるかに下回《したまわ》るが、四球《しきゅう》を出さず打たせて取るという制球力《せいきゅうりょく》の高い中川投手の安定したピッチングと、一路《いちろ》を含《ふく》めた堅守《けんしゅ》の内野陣《ないやじん》および飛球《ひきゅう》を着実《ちゃくじつ》に捕球《ほきゅう》する外野陣《がいやじん》の頑張《がんば》りがあって、六回まで零点対零点の緊迫《きんぱく》した接戦《せっせん》となった。六年一組チームは、最終回《さいしゅうかい》の七回表《ななかいおもて》の六年三組チームの攻撃を零点に抑《おさ》えて、七回裏の攻撃を迎《むか》えた。七回裏《ななかいうら》に得点が入《はい》らなければ、延長戦《えんちょうせん》となる。

　七回裏の六年一組チームの攻撃の先頭打者は、一路だった。一路は、それまでの二度の打席で、二度とも凡打《ぼんだ》で終わっていた。武藤先生並みの甲斐の剛速球は、一路が何《なん》とかバットに当ててもファウルするのが精一杯《せいいっぱい》であり、バットに当たったとしても一路の手が痺《しび》れた。先頭打者として打席に入った一路は、「延長戦に持ち込まず、何としてもこの回で試合を決めたい。」と思った。そして、一路は、こう考えた。「そのためには、自分が、何としても一塁へ出塁《しゅつるい》しなければならない。一塁へ出る確率《かくりつ》を高めるためには、どうすればよいのか。そうだ。投手がいくら卓越《たくえつ》していても、相手の内野陣《ないやじん》の守備力は、並《なみ》の小学生レベルであり、こちらの内野陣の守備力より劣《おと》るくらいである。三塁線へ打球を転《ころ》がせば、何《なん》とかなるかもしれない。相手の三塁手《さんるいしゅ》は、三塁ベースのすぐ横よりも後方《こうほう》に深く守っているし、捕球《ほきゅう》して一塁へ送球したとしても自分の走力《そうりょく》が勝《まさ》るかもしれない。捕球エラーや送球エラーだって起きるかもしれない。」

一路《いちろ》は、甲斐《かい》の剛速球《ごうそっきゅう》をできるだけバットの芯《しん》で捉《とら》えるために、いつもよりバットを短く持った。そして、自分の目で球《たま》との距離感《きょりかん》を捉え易《やす》い内角球《ないかくきゅう》を狙《ねら》うことにした。甲斐が、大きな体《からだ》をゆっくりと動かして投球動作《とうきゅうどうさ》に入《はい》った。それに合わせて、一路は、気《き》合《あい》を入れてすばやくバットを構《かま》え、振り遅《おく》れないようにバットをいつもより早く始動《しどう》させることを心掛《こころが》けた。初球《しょきゅう》は、内角寄《ないかくよ》りの球だった。一路は、「しめた。」と思った。そして、短く持ったバットを早目《はやめ》に始動させ、バットの芯に当てようとした。バットが弾《はじ》かれそうな強い衝撃《しょうげき》を感じたが、一路は、バットを押し返《おかえ》されまいと、強く握《にぎ》りしめたバットを押し込んだ。剛速球がバットの芯で強打《きょうだ》された打球は、三塁手を強襲《きょうしゅう》し、三塁手のグローブを弾いた。

一路は、三塁手強襲安打《さんるいしゅきょうしゅうあんだ》で一塁へ出塁《しゅつるい》した。六年一組の応援席からは、大きな拍手喝《はくしゅかっ》采《さい》が湧《わ》き起こった。次《つぎ》の打者は、二遊間《にゆうかん》の守備のコンビを組んでいる山上《やまがみ》だった。山上は、野球をよく知っている。一塁ベースを踏んで立っている一路が、打席へ入ろうとする山上の方《ほう》を見ていると、右利《みぎき》きの山上《やまがみ》は、打席に入《はい》る前に一路《いちろ》に向かって、右手《みぎて》でバットの上端《じょうたん》に近い所をそして左手《ひだりて》でバットの下端《かたん》に近い所を握《にぎ》り、バットを斜《なな》めに持って身体《からだ》の上方《じょうほう》へ持ち上げて「バントをするぞ」という合図《あいず》をした。それを見た一路は、小さく頷《うなず》いた。山上は、初球《しょきゅう》に対して上手《じょうず》にバントを決めて、甲斐《かい》投手の前方《ぜんぽう》の三塁線寄《さんるいせんよ》りの所に転《ころ》がした。一路は、山上のバントを想定して甲斐投手の投球が手から放《はな》たれるや否《いな》やスタートを切っていたので、体《からだ》の大きな甲斐投手が緩慢《かんまん》な動きで捕球して二塁へ投げようと二塁方向へ振り向いた時にはもう間《ま》に合《あ》わなかった。甲斐投手は、二塁への送球を諦《あきら》めて一塁へ送球した。

　これで、一死走者二塁《いっしそうしゃにるい》の形が整った。しかし、次《つぎ》の三番打者は、甲斐投手の剛速球《ごうそっきゅう》に歯が立たず、敢《あ》え無く三振に倒《たお》れた。二死走者二塁《にしそうしゃにるい》へと状況が変わった。次は、頼《たよ》りがいのある四番打者の中川《なかがわ》だ。中川は、甲斐の投げた初球を大振《おおぶ》りすることなくバットの芯《しん》に当ててコンパクトに強く振り切り、ピッチャー返《がえ》しをした。打球は、強いゴロとなって甲斐投手の足元《あしもと》を抜けて二塁ベース付近を通過してセンター前へ転がって行った。一路は、甲斐の投球が手を離れた瞬間《しゅんかん》に二〜三歩跳《と》び出し、甲斐の投球が中川のバットに当たった瞬間に走り出し、打球がゴロになって甲斐投手の足元を抜けるのを横目《よこめ》で見ながら「しめた。これでホームインできる。」と確信しながら一目散《いちもくさん》に三塁ベースを回ってホームベースを駆《か》け抜けた。センターを守っていた相手の中堅手《ちゅうけんしゅ》は、足早《あしばや》に前進して目前《もくぜん》のゴロを捕球し、ホームベースに待ち受けている相手の捕手へ向けて必死《ひっし》に送球したが、ホームインした一路《いちろ》の足には遠く及《およ》ばなかった。六年一組チームの劇的《げきてき》なサヨナラ勝ちで、緊《きん》迫《ぱく》した決勝戦は、幕切《まくぎ》れした。

優勝した六年一組の応援席は、大喜びで沸《わ》きに沸いた。六年一組の児童たちは、教室へ戻《もど》ると、正選手《せいせんしゅ》も補欠選手《ほけつせんしゅ》もその他《た》の人々《ひとびと》も、興奮《こうふん》した表情で試合のいろいろな場面を振り返りながらお互い同士《どうし》で称《たた》え合った。一路も、帰宅《きたく》して、今日《きょう》の試合のいろいろな場面を振り返った。優勝という栄誉《えいよ》は、一人のずば抜けたスター選手が居《い》てもダメであり、正選手も補欠選手もその他の人々も、それぞれがチームのためにそれぞれの能力と個性を発《はっ》揮《き》して力を結集《けっしゅう》しなければ獲得《かくとく》されるものではないと、一路は、つくづく思った。ともかく、こういう団体戦は、個人戦とは異《こと》なり、チームワークが最も重要であり、みんなが一丸《いちがん》となった団結力が物《もの》を言う。実存哲学的に言えば、〈団体の結束力《けっそくりょく》の本質は、連帯感《れんたいかん》であり、団員各自《だんいんかくじ》がその能力と個性を結集して一体化《いったいか》することである。〉ということになる。

（十）十二歳の一路（決闘 —— 恐怖と正義感）

六年一組は、五月の町内《ちょうない》小学校ソフトボール大会に優勝し、夏休み明《あ》けの九月になる頃には、みんながますます打ち解《と》けて、学級全体が和《なご》やかな良い雰囲気《ふんいき》になっていた。五年生の初めからもう一年半の間《あいだ》ずっと同じメンバーで遣《や》って来《き》ているので、お互《たが》い同士《どうし》の気心《きごころ》もよく分かっていた。

それでもやはり、集団生活というものは、多少の不協和音《ふきょうわおん》も生《しょう》じて来る。例《たと》えば、人間関係の小さな摩擦《まさつ》も起こるし、小さないじめも起こる。男子も女子も、それぞれに、何《なん》人《にん》かの構成員から成《な》る大小さまざまな仲良しグループないし派閥《はばつ》が形成されるのだ。

それが露骨《ろこつ》に現れるのは、男子よりもむしろ女子の方《ほう》である。女子で最も大きな派閥の長《ちょう》は、何《なん》と言っても児童会の書記を務《つと》める美人で貫禄《かんろく》のある吉森弥生《よしもりやよい》である。吉森とは対照的に、群《む》れにならず一匹狼《いっぴきおおかみ》のように振《ふ》る舞《ま》うのは、高倉由美子《たかくらゆみこ》である。

或《あ》る日の給食の時間の出来事《できごと》である。高倉由美子が給食のおかずの中に入《はい》っている鶏《とり》肉《にく》を食べられなくて、箸《はし》を付ける前に周囲《しゅうい》の鶏肉《とりにく》好きの男子に分け与えていた。すると、それを見た吉森弥生《よしもりやよい》が、周囲の親しい女子たちに言った。

「高倉《たかくら》さんは、好き嫌《きら》いが激《はげ》しいねえ。何《なん》でも食べないと、健康に悪いのよねえ。本当に我儘《わがまま》なのだから。」

親分格《おやぶんかく》の吉森弥生の言葉に、子分格《こぶんかく》の周囲の二〜三人の女子たちも同調して言った。

「本当にそうなのよねえ。男子も女子もみんなが何でも食べているのに、高倉さんは我儘過ぎるよねえ。」

それに対して、高倉由美子《たかくらゆみこ》は、負けまいと返した。

「だって、仕方《しかた》ないじゃない。鶏肉のぶつぶつした表面を見ると、生きた鶏《にわとり》を連想してしまうのだから。」

吉森弥生は、口達者《くちだっしゃ》に言った。

「普通の人は、鶏肉を見て生きた鶏なんか連想しないわよ。高倉さんは変態《へんたい》じゃないの。」

それを聴《き》いて、子分格の二〜三人の女子たちは、フフフと嘲笑《あざわら》った。高倉由美子は、不服そうに口を尖《とが》らせているだけで、もう何《なに》も言わなかった。そうした遣《や》り取《と》りを聴いていた日高一路《ひだかいちろ》は、もちろん、高倉由美子に対する吉森弥生の意地悪《いじわる》は良くないと思った。そして、高倉由美子が日頃《ひごろ》から遠慮《えんりょ》なく我《が》を通すところがあり、それが吉森弥生の鼻《はな》に付いて、吉森弥生《よしもりやよい》が高倉由美子《たかくらゆみこ》をいじめるのだろうというふうにも、一路《いちろ》は思った。しかし、両者の間《あいだ》に何《なん》とか折《お》り合いが付けられないものだろうかとも、一路は思った。

そうこうしているうちに、一路にとって、大事件《だいじけん》が起きた。或《あ》る土曜日の朝、級友の一人である豊島次郎《とよしまじろう》が、一路に決闘《けっとう》を申《もう》し込《こ》んで来たのである。豊島次郎は、教室で一路の所へやって来て言った。

「あんたは、いつも真面目腐《まじめくさ》ってばかりで、むかつく。杉《すぎ》ちゃんなんかは、勉強が出来《でき》るのに冗談《じょうだん》を言ったりして面白《おもしろ》いけれども、あんたを見ていると虫酸《むしず》が走る。あんたをぶん殴《なぐ》らないと、どうにも腹《はら》の虫《むし》が収《おさ》まらない。あんたに決闘を申し込む。」

一路は、豊島が言うように、杉ちゃんこと杉本《すぎもと》が優等生なのに剽軽《ひょうきん》なところがあって面白く人に好かれることは認めるが、一路が豊島に対して憎《にく》まれるようなことは何《なに》もしていないのに一方的に一路を大嫌《だいきら》いだから殴りたいというのは、あまりにも理不尽《りふじん》であると、一路は思った。しかし、一路は、自分に非《ひ》は無いけれども、逃げるわけにもいかないと思った。土曜日で、授業は午前中で終わるから、決闘は、放課後に小学校近くの橋を渡った所の県道《けんどう》から分《わ》かれた脇道《わきみち》を少し入《はい》り込んだ所にある竹林《ちくりん》の裏手《うらて》ということになった。

一路は、五年生の時の親友である浅尾信夫《あさおのぶお》とは浅尾の転校により別《わか》れることになったが、六年生になって新たに岩本和也《いわもとかずや》と親友になった。岩本は、一路と同様に群《むら》がらず、物事《ものごと》に筋道《すじみち》を通すタイプの物静《ものしず》かな男だったので、理知的《りちてき》な一路《いちろ》とは馬《うま》が合った。岩本《いわもと》は、一路よりも少し小柄《こがら》で、頭が栗《くり》のような形をしていて、顔が日焼《ひや》けしたように浅黒《あさぐろ》い色をしていた。一路と豊島《とよしま》との決闘《けっとう》の話を近くで聴《き》いていた岩本は、「あんな馬鹿《ばか》の相手《あいて》なんか、する必要はないよ。」と一路に言った。一路も、それはもっともなことだと思ったが、決闘を避《さ》けて豊島から卑怯者《ひきょうもの》呼ばわりされるのも堪《たま》らないとも思った。

豊島次郎《とよしまじろう》は、酷《ひど》い近眼《きんがん》らしく、分厚《ぶあつ》いレンズの眼鏡《めがね》を掛《か》けて、ノートまで十センチメートルくらいの距離しかないところまで顔を近づけながら、よく漫画《まんが》を落書《らくが》きしていた。一路から見れば、豊島の顔自体《かおじたい》が、よく漫画に登場する髪《かみ》の毛《け》を逆立《さかだ》てた赤鬼《あかおに》のように見えた。それというのも、豊島は、しばしばイライラしているように見えたからである。

放課後、一路は、豊島との約束通《やくそくどお》りに竹林《ちくりん》の裏手《うらて》に向かった。一路は、歩きながら考えた。豊島は、一路より小柄でややずんぐりとしており、運動神経《うんどうしんけい》も鈍《にぶ》い。その豊島が、なぜ暴力《ぼうりょく》に訴《うった》えるのだろう。たとえ取《と》っ組《く》み合《あ》いの喧嘩《けんか》になったとしても、一路は、さほど負ける気はしなかった。せめて相手を押《お》し倒《たお》して、何《なん》とか喧嘩を止《や》めさせるという手もある。それでも、一路は、それまで人を殴《なぐ》ったことはなかったし、人に殴られたこともなかった。また、人を殴ろうという気になったこともない。だから、相手が殴りかかって来た時に、どうしたらよいものか。一路は、豊島を殴る理由もないのだから、殴りたくはない。でも、もし相手に一方的に繰《く》り返《かえ》し殴《なぐ》られれば、顔は腫《は》れ上がるだろうし、どんな怪《け》我《が》をするかもしれない。豊島《とよしま》は、大嫌《だいきら》いな一路《いちろ》を殴れば気が済《す》むのだろうが、それは、やはり合理的ではないし、問題の根本的解決にはならない。やはり、互《たが》いにじっくり話し合って解決策を探《さぐ》るしかないだろう。だが、もし豊島がカッとなって怒《いか》り狂《くる》っていたら、話し合いどころではないだろう。豊島に限《かぎ》って、まさかナイフなどの凶器《きょうき》は、持って来ないだろう。そこまで想像すると、一路は、流石《さすが》に恐怖心《きょうふしん》を抱《いだ》いた。

一路が決闘《けっとう》の場所に到着すると、豊島は、既《すで》に一足先《ひとあしさき》に来ていたらしく、こっちの方角《ほうがく》をきょろきょろ見ながら待ち受けていた。一路が豊島に近づくと、豊島は、一路に向かって言った。

「約束通《やくそくどお》りに来たな。来ないかもしれないとも思ったけれど。お互い、決着《けっちゃく》を付けようぜ。」

豊島は、乱暴《らんぼう》な言い方はしたが、その表情は、割合《わりあい》に冷静《れいせい》であった。一路を面前《めんぜん》にした豊島は、ボクシングポーズを取り、両方の拳《こぶし》を握《にぎ》り締《し》めて自分の胸《むね》の前の辺《あた》りに差し出して構《かま》えた。そして、一路に対して挑《いど》むような険《けわ》しい眼《め》をして言った。

「さあ、掛《か》かって来い。」

ちょうどその時だった。竹林《ちくりん》の向こうから、十数人《じゅうすうにん》の男子の大きな声が、鳴り響《ひび》いて来た。

「おーい。日高君《ひだかくん》。日高君。どこに居《い》るのかい。」

「おーい。日高君。おーい。おーい。居《い》たら、返事《へんじ》をしてくれー。」

「おーい。誰《だれ》か、居るかあー。返事をしてくれー。」

「おーい。おーい。おーい。日高君。どこだー。」

繰《く》り返《かえ》し聞こえて来る十数人《じゅうすうにん》の男子の大きな声は、おそらく日高たちを心配して捜《さが》しに来た六年一組の大半《たいはん》の男子たちの声にちがいない。聞こえて来る複数の声は、すべて日高の名を呼んでいたが、豊島《とよしま》を呼ぶ声は無かった。捜しに来た男子たちは、皆《みな》、一路《いちろ》が善《ぜん》で豊島が悪《あく》であることを察《さっ》していたのだろう。豊島は、慌《あわ》てふためいて言った。

「やばいぜ。決闘《けっとう》は、中止だ。それじゃあな。」

豊島は、逃《のが》れるように走り出し、どこかへ消えて行った。それから、一《いち》～二分《にふん》経《た》って、十数人の男子たちが、一路の所へ駆《か》け寄《よ》って来た。みんな、相当《そうとう》走ったようで、両手を膝《ひざ》に付いて前屈《まえかが》みになってハアハアしながら呼吸が苦《くる》しそうだった。十数人の男子たちの中の一人である江藤順吉《えとうじゅんきち》が、堰《せき》を切るように言った。

「日高君、大丈夫《だいじょうぶ》かい。決闘というふうに聴《き》いたから、みんな、心配して駆け付けて来たのだ。」

一路は、こんなに大勢《おおぜい》が心配して駆け付けて来てくれたことに対して、心の底《そこ》から涙《なみだ》が出るほど嬉《うれ》しかった。一路《いちろ》は、自分でけりを付けるしかないと思い込んで孤独《こどく》であっただけに、思いがけずみんなが来てくれて、晴《は》れ晴《ば》れとした気持ちになった。そして、みんなの〈良識《りょうしき》〉が働《はたら》いたのだと思った。一路は、感謝の気持ちを込めてみんなに言った。

「ありがとう。大丈夫《だいじょうぶ》だよ。まさかみんなが来てくれるなんて、思ってもみなかったよ。みんな、本当にありがとう。」

すると、湯川芳樹《ゆかわよしき》が言った。

「豊島《とよしま》の奴《やつ》、何《なん》て馬鹿《ばか》なことをするのだろう。根《ね》っこは、そんなに悪い奴じゃないのだがなあ。」

親友の岩本《いわもと》も、続けて言った。

「ともかく、大事《おおごと》にならずに済《す》んで、本当に良かったなあ。これで、〈雨降《あめふ》って地固《じかた》まる〉ということで、この先《さき》は、豊島も、もうこんな馬鹿な事《こと》はしないだろう。」

その後《あと》、一路は、帰宅《きたく》して今日《きょう》の出来事《できごと》を振り返った。そして、一路は、学級の大半《たいはん》の男子が〈良識〉のある人間であることに感謝した。さらに、一路は、〈正義感《せいぎかん》〉によって恐怖心《きょうふしん》を乗り越えたし、〈正義感〉が良識ある人間を動かすと思った。実存哲学《じつぞんてつがく》的に言えば、〈正義《せいぎ》は、勇気《ゆうき》を生み出し、恐怖《きょうふ》を克服《こくふく》し、良識ある人間を動かす。〉ということになる。

（十一）十三歳の一路（勉強の意義――人格形成と幸福）

日高一路《ひだかいちろ》は、十三歳になる年《とし》に中学校一年生へ進学した。中学校には、一路が通《かよ》っていた小学校の他《ほか》に三つの小学校から通って来る。列車通学をする者も居《い》る。一路の小学校時代は、一学年が三学級で約百二十名だったが、中学校では、一学年が四〜五学級で約百六十名〜約百八十名になった。

一路は、一年二組となり、学級担任は、国語担当の女の先生である大川慶子《おおかわけいこ》先生となった。中学生になると、学校から自宅までの距離が二キロメートル以上の者は、自転車通学を許《ゆる》された。一路の家は、元《もと》の場所なら自転車通学が許されるところだったが、元の場所よりも中学校の方角《ほうがく》へ向かって四百メートルの場所に家を新築《しんちく》したので、徒歩通学《とほつうがく》となった。一路は、中学校まで徒歩で二十五分くらいだったから、徒歩通学は、さほど一路の苦《く》にはならなかった。

大川先生は、物《もの》をはっきりと言う先生で、物事《ものごと》のけじめをきちんと付ける先生であった。

入学式を終えて教室へ入《はい》り、出席番号順に着席すると、小学校時代とは違って、他《ほか》の小学校出身の見知らぬ顔が結構《けっこう》あり、一路《いちろ》は、ちょっと緊張《きんちょう》した。担任の大川《おおかわ》先生が、畏《かしこ》まってシーンと静まり返っている生徒たちに向かって、晴れやかな声で流暢《りゅうちょう》に言った。

「今日《きょう》から、皆《みな》さんは、中学生です。小学校の時とは違い、男子も女子も制服を着ていますね。そして、皆さんに既《すで》に渡《わた》されている生徒手帳《せいとてちょう》には、さまざまな校則《こうそく》が載《の》っています。小学生は、〈児童〉と呼ばれますが、中学生は、〈生徒〉と呼ばれます。皆さんは、生徒手帳をよく読んで、生徒としての自覚を忘れないようにして下さい。それでは、出席番号一番の者から順に、その場に立って、自己紹介《じこしょうかい》として自分の名前や出身小学校や特《とく》技《ぎ》・趣味《しゅみ》などを発表して下さい。」

出席番号一番の生徒から順に、自己紹介が、坦々《たんたん》と進んで行った。そして、一路の自己紹介の順番になった。一路が自己紹介をしようと立つや否《いな》や、大川先生が、司会者がゲストを会場全体に大袈裟《おおげさ》に紹介するように広げた右手《みぎて》を手前《てまえ》から一路の方向へ差《さ》し伸《の》べて言った。

「我等《われら》がホープ、日高君《ひだかくん》です。」

一路は、思いも寄《よ》らぬ事《こと》にぎくりとしたが、平静《へいせい》を装《よそお》って考えていた通りに自己紹介を済《す》ませた。

後《あと》で、一路《いちろ》は、大川《おおかわ》先生がなぜあんな事《こと》を言ったのかと考えた。〈ホープ〉ということは、〈将来を期待されている新人《しんじん》〉という意味である。一路は、なぜ自分が将来を期待されるのか、分からなかった。しかし、その謎《なぞ》を解く手掛《てが》かりが、その数日後に判明《はんめい》した。それは、入学式の数日前に、国語・算数・理科・社会の四科目の県下一斉実力試験《けんかいっせいじつりょくしけん》が行われたのだが、一路がずば抜けた成績で学年全体中一番《がくねんぜんたいちゅういちばん》だったという噂《うわさ》が流れたということである。しかも、県下の受験した約一万五千人の中学一年生全体で二十～三十番くらいの位置に付けているといった、田舎町《いなかまち》では信じられないような噂だった。県都《けんと》の大きな市《し》のマンモス中学校の生徒であれば、学習塾や家庭教師で鍛《きた》え上げられてそうした好成績を出す者は幾人《いくにん》も居《い》ようが、学習塾や家庭教師に無縁《むえん》な山間《やまあい》の田畑《たはた》が広がる田舎町にそんな生徒が現れるのは奇跡的《きせきてき》だったと言えよう。

一路は、入学から一カ月程経《ほどた》った頃には、真面目《まじめ》で優秀《ゆうしゅう》な生徒として級友からも尊敬と信頼を集めるようになり、学級委員としての任務を堅実《けんじつ》に果《は》たし、学級全体をうまくまとめるようになった。学級担任の大川先生からの信頼も絶大《ぜつだい》だった。そして、或《あ》る日のこと、朝礼《ちょうれい》の時に大川先生が学級全体に向かって言った。

「明日《あす》、私は、教員研修会出席《きょういんけんしゅうかいしゅっせき》のため、お休みします。それで、明日の事については学級委員の日高君《ひだかくん》に伝《つた》えておきますから、日高君の指示に従いなさい。それから、明日の国語の授業は、自習《じしゅう》となります。自習課題も日高君《ひだかくん》に伝《つた》えておきますから、日高君の指示に従って静かに自習するのですよ。皆《みな》さん、分かりましたか。では、そのようによろしくお願いします。」

翌日《よくじつ》、一路《いちろ》は、大川《おおかわ》先生に前日に告《つ》げられた通りに朝礼《ちょうれい》の時に大川先生の代役《だいやく》として連絡事項《れんらくじこう》を学級全体へ伝えた。そして、国語の自習時間には、授業開始時刻に大川先生から前日に受け取ったメモ用紙に書かれている通りに白墨《はくぼく》（チョーク）で黒板《こくばん》に自習課題を書き、学級全体を静かに自習させた。一路の座席の前に座っていたいたずら坊主《ぼうず》の森繁和《もりしげかず》だけが、後《うし》ろ向きになって一路にちょっかいを出して来て、「フン、先生気取《きど》りだな。」と皮肉《ひにく》を言ってニヤリと冷笑《れいしょう》したが、すぐに前へ向《む》き直《なお》っておとなしく自習課題に取り組んだ。責任感の強い一路は、学級全体が一路の指示に従ってくれて無事《ぶじ》に自習時間を終了できたのでほっとした。

中学生になると、一学期から三学期までの間《あいだ》に学期毎《ごと》に中間試験・期末試験という定期試験があり、そのうえ、県下一斉《けんかいっせい》の実力試験《じつりょくしけん》が学期毎に二～三回あった。一路は、ほとんどの試験で学年首位《がくねんしゅい》を維持《いじ》していた。県下一斉の実力試験では、県下全体で自分の成績がどの位置であるかを示す偏差値《へんさち》というものが出る。偏差値は、高校受験の進路指導の重要な参考資料とされる。県下一斉の実力試験は、国語・数学・理科・社会・英語の五科目で、各科目が五十点満点、五科目の総合点が二百五十点満点というシステムである。一路《いちろ》は、実力試験では毎回二百二十点前後の点数を取り、断《だん》トツの学年首位《がくねんしゅい》であった。学年二位は、毎回百九十点前後で、二位以下は一点刻《きざ》みの僅差《きんさ》の団子《だんご》状態であり、二位以下は毎回目《め》まぐるしく名前が入《い》れ替《か》わった。そういうわけで、一路の偏差値《へんさち》は、県下のトップクラスの七十五～七十七をマークした。無論《むろん》、県都《けんと》の大きな市《し》のマンモス中学校には、二百三十点台をマークする生徒も居《い》たにちがいない。

　定期試験が行われていた或《あ》る日のこと、一路は、二時限目《にじげんめ》の試験の終了間際《まぎわ》に吐《は》き気《け》を催《もよお》した。一路は、吐き気がするのをグッと堪《こら》えて、二時限目と三時限目の間《あいだ》の休み時間に教室から廊下《ろうか》へ走り出て、二階から一階へと小走《こばし》りで階段《かいだん》を駆《か》け下《お》りて、一階の廊下から別棟《べつむね》へ連《つら》なる渡《わた》り廊下《ろうか》へ抜け出て、渡り廊下の中途《ちゅうと》左手《ひだりて》の百葉箱《ひゃくようばこ》のある芝生《しばふ》の区画《くかく》へ駆《か》け込《こ》んだ。そして、一路は、我慢《がまん》できずに前屈《まえかが》みになって両手を膝《ひざ》に付けてゲーゲーと吐《は》いた。全神経《ぜんしんけい》を過度《かど》に試験に集中させるあまりの神経性《しんけいせい》の吐き気であった。

　すると、その直後《ちょくご》に、他《ほか》の学級の同級生である笹川康夫《ささがわやすお》の声が、後方《こうほう》から掛かった。

「そんなに吐くほどまでに勉強して、どうするの。A高校やB高校へ行く気《き》かい。」

　一路は、ぎくりとして、後《うし》ろ向《む》きに返《かえ》した。

「風邪《かぜ》を引いたのかなあ。身体《からだ》が熱《ねつ》っぽくて吐き気がするのだよ。」

その場《ば》は、それで終わった。

帰宅《きたく》した一路《いちろ》は、百葉箱《ひゃくようばこ》の傍《そば》で吐《は》いた時の事を思い返した。笹川康夫《ささがわやすお》は、一路が血相《けっそう》を変えて小走《こばし》りで行くのを見かけて、怪訝《けげん》に思って後《あと》を追《お》ったのだろう。そして、笹川は、学業成績が学年で二番の集団の中の一人で、一路をライバル視《し》していたので、一路のことがなおさら気《き》になったのだろう。それにしても、笹川は、一路の吐《は》き気《け》の原因が勉強への過度《かど》の集中による神経性《しんけいせい》のものであることを見破《みやぶ》っていたのだ。一路は、笹川の洞察眼《どうさつがん》に感心した。

しかし、笹川は、なぜA高校とかB高校とかといった高校名を口《くち》にしたのだろう。中学一年生の素朴《そぼく》な一路は、そんな高校名なんか全《まった》く知らなかった。A高校やB高校が県下を代表する名門進学校《めいもんしんがくこう》であることを一路が初めて知ったのは、そんな事があってから一年程《ほど》経《た》った頃で、級友たちの進学を巡《めぐ》る雑談《ざつだん》を耳《みみ》にしてのことであった。笹川が中学一年時点でそうした情報《じょうほう》を知っていたのは、おそらく二歳年長《にさいねんちょう》の兄が居《い》たためだろうし、笹川の母親が教育熱心な人であったためでもあろう。

一路の父母《ふぼ》は、小学校しか出ていない無教養《むきょうよう》な人間だったので、一路の家庭での家族の会話の中で、県下を代表する名門進学校の話題など、出る由《よし》もない。笹川は、家庭環境から中学一年時点で高校進学のことを視野《しや》に入《い》れていたのだろうが、中学一年時点の一路は、高校進学のことなど、全く頭の中に無かった。

中学一年の笹川《ささがわ》は、高校進学のことを動機《どうき》づけとして勉強に取り組んでいたのかもしれないが、中学一年の一路《いちろ》は、どんな動機づけで勉強に取り組んでいたのか。「A高校やB高校をめざして勉強しているのか」と笹川から問われた一路は、改《あらた》めて、「何《なん》のために勉強するのか」という自分の勉強の動機づけを考えてみた。一路は、自分の小学校時代のことから振り返ると、勉強が好きで堪《たま》らないから勉強に取り組んで来たことに気《き》づいた。勉強をすると未知《みち》の世界が次々《つぎつぎ》と開《ひら》けて来る。それまで知らなかった事を知る充足感《じゅうそくかん》がある。そのうえ、勉強して優秀な学業成績をあげれば、〈誇《ほこ》り〉と〈自信《じしん》〉が生まれる。さらに、勉強して行くと、知識が増えるだけではなく世の中に対する視野《しや》が広がって人間的に成長するように、一路には思われた。実存哲学的に言えば、〈勉強の意義《いぎ》は、人格形成《じんかくけいせい》に寄与《きよ》し人間を幸福にすることである。〉ということになる。

（十二）十四歳の一路（集団のリーダーとしての思慮深さ）

日高一路《ひだかいちろ》は、十四歳になる年《とし》に中学校二年生へ進級した。一路は、二年三組の学級委員となり、学級担任は、女の英語担当の後藤美恵子《ごとうみえこ》先生となった。後藤先生は、口数《くちかず》が少なく、毅然《きぜん》とした態度で大切な点だけを指摘《してき》するタイプの人だった。後藤先生の英語の授業は、とにかく教科書を繰《く》り返《かえ》して朗読《ろうどく》することを柱《はしら》にした独特《どくとく》のやり方だった。後藤先生は、教卓《きょうたく》の椅子《いす》に座り、ワンセンテンスずつ朗読し、その後《あと》を付けて生徒全員が声を揃《そろ》えて朗読するのだ。それが、延々《えんえん》とかなりの間《あいだ》繰り返される。後藤先生の体験から、英語学習は、朗読による発音を通して耳と口で覚えるのが一番ということであった。

一路は、放課後の部活動は、卓球部に所属していた。中学校入学当初は、野球部に入《はい》ろうかとも思ったが、何分《なにぶん》にも痩《や》せていて華奢《きゃしゃ》な体《からだ》付きだったので、野球部の激しい練習には耐《た》えられないと自分で判断し、卓球部に入ったのだった。一路は、痩せているので身《み》軽《がる》であり、動きが俊敏《しゅんびん》であるので、卓球には向いていた。

負けず嫌《ぎら》いの性格の一路《いちろ》は、持ち前の粘《ねば》り強《づよ》さを発揮《はっき》して懸命《けんめい》に練習に励《はげ》み、めきめきと上達した。何時《いつ》の間《ま》にか、二年生以下の部員の中では、最上位の腕前《うでまえ》になっていた。一路よりも強い者が、三年生に三人居《い》た。七月に入り、中学校の郡大会《ぐんたいかい》が近づいて来たので、出場する選手を決めなければならなかった。団体戦は、第一試合と第二試合がシングルス、第三試合にダブルスを挟《はさ》んで、第四試合と第五試合がシングルスという形式を取る。だから、正選手《せいせんしゅ》は四名となる。チーム内で相互に試合をして正選手の四名を決定したが、誰《だれ》もが予想した通りに、三年生の強い三名と二年生の一路が、四名の正選手となった。

中学校の郡大会の当日となった。一路の対戦相手は、一回戦からずっと対戦校の三年生ばかりであった。一路は、三名の三年生の正選手である先輩たちに迷惑を掛《か》けられないので、必死《ひっし》に踏《ふ》ん張《ば》ってどの試合も何《なん》とか互角《ごかく》以上に戦った。三名の三年生の正選手である先輩たちの活躍のおかげで、一路の中学校は、決勝戦まで進んだ。しかし、決勝戦の対戦相手校は、破格《はかく》の強さで、一路たちの技量《ぎりょう》では歯が立たなかった。郡大会で優勝した相手校は、おそらく県大会をも制覇《せいは》したにちがいない。

夏休みが終わり、九月の新学期を迎《むか》えた。部活動では、三年生は、高校受験に備《そな》えて引退《いんたい》するのが習《なら》わしだ。卓球部も、三年生が抜けて、二年生と一年生だけの新体制となった。一路は、当然の如《ごと》く、皆《みな》に支持《しじ》されて主将《しゅしょう》となった。一路は、主将となったからには、皆をしっかり束《たば》ねて行かねばならないと思った。

或《あ》る日のこと、練習後のミーティングで、一年生の宇野幸弘《うのゆきひろ》が手を挙《あ》げて発言した。

「大半《たいはん》の人は、ほとんど毎日真面目《まじめ》に練習に出て来ていますが、中には出て来たり出て来なかったりする人がいます。こんな状態では、チームのまとまりが弱くなり、チームは強くならないと思います。」

一路《いちろ》も、主将として、その意見にも一理《いちり》あると思った。そして、一路は、練習参加率を上げるようにもっとチームを引き締《し》めた方《ほう》がいいのかなとも思った。そこで、一路は、みんなに問い掛《か》けた。

「宇野の言うように、チームの一員である限《かぎ》り、よほどの理由がない限り、練習をちょくちょくサボるというのは良くないね。それじゃあ、安易《あんい》にサボるのを防止するためには、どうしたらよいだろうか。」

すると、一年生の近藤一馬《こんどうかずま》が、手を挙げて発言した。

「病気とか忌引《きびき》とかといった特別の理由もなくズル休みした場合には、罰金《ばっきん》として一回の無断欠席に付き五円を徴収《ちょうしゅう》したらいいと思います。」

それに続けて、一年生の佐藤勇作《さとうゆうさく》が言った。

「僕は、それに賛成です。罰金として徴収したお金を貯《た》めて、練習用のピンポン球《だま》を買ったらいいと思います。」

一路《いちろ》は、そうした意見を受けて言った。

「そうだなあ、一回の無断欠席に付き五円の罰金《ばっきん》を徴収《ちょうしゅう》すれば、〈塵《ちり》も積《つ》もれば山となる〉ということで、練習用のピンポン球《だま》を幾《いく》らか買えるかもしれない。皆《みな》が均等《きんとう》に負担《ふたん》している現在の部費《ぶひ》だけでは、練習用のピンポン球を十分に購入《こうにゅう》できているとは言い難《がた》いからなあ。それでは、一回の無断欠席に付き五円の罰金を徴収することに賛成の人は、手を挙《あ》げて下さい。」

その場に居《い》た全員が、手を挙げて賛成した。そこで、一路は、確認の意味を込めて念《ねん》を押《お》すように言った。

「今、みんなで決めたように、今後、無断欠席した者からは、一回の無断欠席に付き五円の罰金を徴収するからね。安易《あんい》に欠席しないように気を付けて下さい。」

みんなは、一斉《いっせい》に声を揃《そろ》えて「はい」と返事した。

そんな事があってから二〜三週間経《た》った或《あ》る日のこと、一路は、昼休みに校内放送で職員室へ呼び出された。一路を呼び出したのは、尾山順三《おやまじゅんぞう》先生だった。尾山先生は、一路に向かって言った。

「君《きみ》が、卓球部主将の日高君《ひだかくん》か。卓球部では、一回の無断欠席に付き五円の罰金を徴収しているそうだね。経済的に苦《くる》しい家庭もあるのだから、そういう事を生徒同士《せいとどうし》で決めてやってはいけない。分かったね。」

尾山《おやま》先生は、卓球部の顧問《こもん》ではないし、授業で習ったこともないから、一路《いちろ》は、尾山先生がどんな先生であるかということを全《まった》く知らない。それなのになぜこんな事を言うのだろうかと、一路は、咄嗟《とっさ》に思った。そして、次の瞬間《しゅんかん》に、尾山先生は一年生のどの学級かの担任で、尾山先生が担任する学級の卓球部員の誰《だれ》かが困《こま》って尾山先生に相談したにちがいない、という思いが一路の頭の中を過《よぎ》った。一路は、みんなで決めたことなのにとも思ったが、尾山先生に逆《さか》らうこともできず、「分かりました。済《す》みませんでした。」と言って、頭を下《さ》げた。

一路は、帰宅《きたく》してから、尾山先生の言ったことを思い返した。尾山先生に相談したにちがいない一年生の卓球部員が誰だか知らないが、一回の無断欠席に付き五円の罰金徴収《ばっきんちょうしゅう》についてのあの採決《さいけつ》の場《ば》にもし居《い》たのなら、なぜ反対意見を言わないのか、と一路は思った。もしあの採決の場に居なかったのならば、なぜ後日《ごじつ》主将である自分の所へ相談に来ないのか、とも思った。一路は、それが腹立《はらだ》たしかった。しかし、もう一歩深く考えてみると、一年生で、小心者《しょうしんもの》で、自分が少数派《しょうすうは》で、なおかつ自分の方《ほう》に無断欠席という落《お》ち度《ど》があるということで、主将の一路に対して言い出しにくかったのかもしれない、と思った。

根本的に考えてみれば、あの採決《さいけつ》の場《ば》に居《い》た全員が罰金制度《ばっきんせいど》に賛成した根底《こんてい》には、五円という金額が少額だという意識が賛成した大半《たいはん》の者にあり、それくらいの小さなペナルティは当然だという意識が賛成した大半の者にあったのだ。しかし、尾山《おやま》先生に相談したにちがいない一年生の卓球部員にとっては、家庭が経済的に苦《くる》しく、小遣《こづか》いももらえず、罰金を支払えないのかもしれない。割合《わりあい》に裕福《ゆうふく》な家庭に育った一路《いちろ》には、そこまで考えが至《いた》らなかった。

集団のトップに立つ者としての全体を見渡《みわた》した総合判断は、きわめて難《むずか》しいものだなと、罰金制度を巡《めぐ》るこの出来事《できごと》によって、一路は、つくづく思い知らされた。実存哲学的に言えば、〈集団において人《ひと》の上に立つリーダーは、思慮深《しりょぶか》くなければならない。〉ということになる。

（十三）　十五歳の一路（文学の限界）

日高一路《ひだかいちろ》は、十五歳になる年《とし》に中学校三年生へ進級した。一路は、三年四組の学級委員となり、学級担任は、男の社会担当の蓮実袈裟則《はすみけさのり》先生となった。僧侶《そうりょ》の着る衣服を〈袈裟《けさ》〉というが、蓮実先生は、名前からも分かるように、実家がお寺らしかった。四十歳台《だい》にしては頭が禿《は》げていて、実年齢《じつねんれい》より老《ふ》けて見えた。蓮実先生は、授業中に、大学生の時はオードリー・ヘプバーンやエリザベス・テーラーといった美人女優の主演映画をよく見ていたと臆面《おくめん》も無くにこやかな顔で話すような飾《かざ》らない気《き》さくな人だった。

一路は、とりわけ、国語の授業が楽しかった。それというのも、国語担当の男の北山《きたやま》龍馬《りょうま》先生が、とてもユニークで、時折《ときおり》、生徒を子供扱《あつか》いせず大人《おとな》の社会の話をぶつけてきたからだ。例《たと》えば、「歌のうまさなら断然東京藝術大学声楽科卒業《だんぜんとうきょうげいじゅつだいがくせいがくかそつぎょう》のaだが、あのbの演歌《えんか》を歌う塩辛声《しおからごえ》が庶民《しょみん》の心を打つのだよ。」とか、「私は、この間《あいだ》、教頭への昇進試験を受けに行って来ましたが、出題問題を見たらあまりに簡単で、馬鹿馬鹿《ばかばか》しくなって何《なに》も書かずに試験室から出て来ましたよ。そのうちに、教員を辞《や》めて小説家になりますよ。」とかと言ったりした。

或《あ》る日のこと、一時限目《いちじげんめ》の国語の授業で、北山《きたやま》先生は、二日酔《ふつかよ》いが残っているような顔《かお》付《つ》きで教室へ入《はい》って来た。その日の国語の教科書の教材は、前回の授業に続いて太宰治《だざいおさむ》の小説『走れメロス』だった。北山先生は、みんなに向かって言った。

「最後に、メロスは、王との約束を守るために、そして、王の下《もと》で人質《ひとじち》として身代《みが》わりになっている友人セリヌンティウスの命を救うために、途中の艱難辛苦《かんなんしんく》に耐《た》えて約束の期限までに城へ戻《もど》りますが、みなさんは、それについてどう思いますか。」

思春期《ししゅんき》に入っているせいか、中学三年生になると、みんなはますます無口《むくち》になって、なかなか発言する者は居《い》なかった。しかし、一路《いちろ》は、六歳の頃から人間や人生について自分が考えて来た事に深く結び付くのは国語の授業で扱《あつか》われる〈文学《ぶんがく》〉だとこのところ考えていたので、口火《くちび》を切るように堂々《どうどう》と手を挙《あ》げて発言した。

「メロスは、途中でさまざまな苦労に見舞《みま》われて、もう友人の自分への信頼を裏切り王との約束を破ろうかと迷いましたが、最後には自分の〈良心《りょうしん》の声《こえ》〉に導《みちび》かれて、自分の命を捨てても友人の命を救おうと決断したのだと思います。」

すると、議論《ぎろん》好《ず》きの立岩憲和《たていわのりかず》が、一路に議論を挑《いど》むかのように手を挙げて力強く発言した。

「僕は、日高君《ひだかくん》の意見には反対です。日高君は、メロスが〈良心の声〉に導かれて城へ戻《もど》ったと言いましたが、メロスの心理状態はそんな綺麗事《きれいごと》で語れるものではないと思います。自分の命を捨てたくないけれども逃げて卑怯者呼《ひきょうものよ》ばわりされたくないといったもっとドロドロとしたものがあって迷《まよ》いに迷った挙句《あげく》の果《は》てに疲労困憊《ひろうこんぱい》して不承不承《ふしょうぶしょう》戻ったのだと思います。」

二日酔《ふつかよ》いが残っているような顔付《かおつ》きの北山《きたやま》先生は、目を白黒《しろくろ》させながら機嫌《きげん》よく両手を叩《たた》いて拍手《はくしゅ》しながら言った。

「日高君も立岩《たていわ》君もなかなかよろしい。両君共《りょうくんとも》、もっともっとやり合いなさい。こんなふうに論戦にならないと、面白《おもしろ》くない。」

こうなると、一路《いちろ》も立岩も後《あと》には引けず、両者の反論の応酬《おうしゅう》は数回続いた。そして、立岩との論戦が収束《しゅうそく》すると、一路は、北山先生に向かって言った。

「この『走れメロス』という作品は、或《あ》る意味ではハッピーエンドで終わっていますよね。その他《ほか》の太宰治《だざいおさむ》の作品は、詳《くわ》しくは知りませんが、暗い内容の作品が多いようです。太宰の作品の中では、『走れメロス』のような明るい作品は珍《めずら》しいのでしょうが、太宰は、果《は》たしてこの作品で〈人間はこうあるべきだ〉と言っているのでしょうか、それとも、

〈人間はこうありたい〉と言っているのでしょうか。」

北山《きたやま》先生は、ニヤリと笑って答えた。

「日高君《ひだかくん》は、なかなか深い所を突《つ》いて来るねえ。日高君のそういう姿勢は、非常に素晴《すば》らしい。日高君の問いに対しては、私は、保留《ほりゅう》ということにしておこう。その答えは、これから日高君が太宰《だざい》の他《ほか》の作品をも含《ふく》むさまざまな本を読んでさまざまな人生体験を重《かさ》ねてから出してもらいたい。私は、今日《きょう》のこの授業は実《じつ》に愉快《ゆかい》だ。」

一路《いちろ》の最後の北山先生に対する質問内容は、中学校指導要領《ようりょう》の枠《わく》をはるかに超《こ》えるものであっただろう。そもそも、一路と立岩《たていわ》との論戦のようなハイレベルの論戦は、中学三年生では通常はほとんど起こりえないだろう。ましてや、山間《やまあい》のこのような田舎町《いなかまち》ではなおさらのことである。

一路は、帰宅《きたく》してから、その日の国語の授業でのことを思い返した。北山先生は、普通の国語の先生とは違い、立岩や自分の自由闊達《かったつ》な発言をよくもあれほどまでの度量《どりょう》の広さで許容《きょよう》してくれたものだなと、一路は、驚くと共に感謝した。北山先生の最終的な返答の中にもあったように、文学作品というものは、人間のさまざまな具体的状況を描《えが》きながら読者に問題を投げ掛《か》けるが、その答えは、最終的に読者に委《ゆだ》ねられる。読者に投げ掛けられた問題の答えは、或《あ》る程度は多くの人に共通なものであろうが、場合によって人によってはまちまちであるかもしれない。文学は、人間や社会を具体的に分かり易《やす》く描《えが》いてその過程を読者に味《あじ》わわせ感動させるが、投げ掛《か》けられた問題に対する答えが不明瞭《ふめいりょう》である。

その点が、一路《いちろ》にとって不満であった。芥川龍之介《あくたがわりゅうのすけ》や夏目漱石《なつめそうせき》を初めとして文豪《ぶんごう》と呼ばれる人たちは数多《かずおお》く居《い》るが、それらの人々《ひとびと》の誰一人《だれひとり》として一路が探究する人間や人生に関する問題に明瞭《めいりょう》に答えてくれない。これは〈文学《ぶんがく》の限界《げんかい》〉だと、一路は思った。〈人間や人生に関する問題に答えようとする学問が実存哲学《じつぞんてつがく》である〉などということは、田舎町《いなかまち》の素朴《そぼく》な中学三年生である日高《ひだか》一路には知る由《よし》も無かった。

（十四）　十六歳の一路（文学少女の異性――敬愛）

日高一路《ひだかいちろ》は、十六歳になる年《とし》に高校一年生へ進学した。一路の高校進学を巡《めぐ》っては、前年末《ぜんねんまつ》から本年初めへかけて、一路の中学校三年次《さんねんじ》の学級担任である蓮実《はすみ》先生と一路の父親との間《あいだ》で一悶着《ひともんちゃく》あった。一路の中学校では、学業成績が学年首位《がくねんしゅい》の者は、県下《けんか》で一番の名門進学校であるA高校へ進学し、二番〜三番の者が県下で二番の名門進学校であるB高校へ進学するのが、通例であった。ところが、一路の父親は、県都《けんと》の大きな市《し》にあるA高校へ通わせることに対して難色《なんしょく》を示した。幼い頃から一路を猫可愛《ねこかわい》がりしてきた父親は、A高校まで乗車時間だけでも片道《かたみち》で一時間半かかる列車通学は一路の体力では務《つと》まらないと心配したのだ。それに対して、中学校側の立場を代表する蓮実先生は、こんな前例はかつて無く、一路のために是非《ぜひ》ともA高校への進学を勧《すす》めるということだった。蓮実先生は、一路に対して、「お父さんの言うままにならなくてもいいのだよ。一月の出願期間のぎりぎりまで願書《がんしょ》を出すのを留《と》めておくから、自分でよく考えて決めなさい。」と説得《せっとく》した。

一路《いちろ》の父親と蓮実《はすみ》先生との両者の言い分《ぶん》は、ずっと平行線であったが、最終的には両者が歩《あゆ》み寄《よ》って県都《けんと》の大きな市《し》と一路の田舎町《いなかまち》との中間点に位置するC高校へ進学するという妥協案《だきょうあん》で決着《けっちゃく》した。一路自身は、A高校へ進学したいという思いも少しはあったが、正直なところ高校というものの実情《じつじょう》が掴《つか》めずにどうしてよいか分からず、父親が子離《こばな》れできないのと同様に一路も親離《おやばな》れできないところがあったので、C高校でもよかった。一路は、とにかく勉強好《べんきょうず》きだったので、どこの高校へ進学するにしてもしっかり勉強に取り組もうという強い意志だけは持っていた。

C高校までは乗車時間が片道《かたみち》で五十分の列車通学なので、A高校まで通うよりは通学の負担《ふたん》は軽くなる。C高校は、大正時代創立の旧制中学《きゅうせいちゅうがく》からの伝統《でんとう》をもつような高校で、県下《けんか》の中堅校《ちゅうけんこう》であった。一路がC高校に入学した年《とし》は旧制中学以来創立《そうりつ》五十年目に当たり、その年《とし》の秋には創立五十年記念式典が華々《はなばな》しく開催《かいさい》された。

C高校のある町は、一路の故郷《こきょう》の山間《やまあい》の田舎町と比べると、平地になっていて田畑《たはた》が広々《ひろびろ》と彼方《かなた》まで広がっており、県都の大きな市と近いこともあって、故郷の田舎町よりも都会的であるように一路には感じられた。一路の家の家業《かぎょう》は豆腐屋《とうふや》なので、父母《ふぼ》は午前二時に起床《きしょう》するのだが、一路も列車通学なので午前五時に起床し、午前六時五分の始発列車に乗車した。大半《たいはん》の列車通学生は、眠《ねむ》たい目を擦《こす》りながら午前六時三十九分発の二番列車に乗車した。一路《いちろ》は、午前七時にはC高校のある町の駅の近くの国道を横切《よこぎ》る歩道橋を渡《わた》りながら東の空に昇《のぼ》る朝日《あさひ》を目にした。駅から高校まで徒歩《とほ》で十分《じっぷん》であり、一路は、午前七時二十分には、管理棟《かんりとう》の二階にある図書室の誰も居《い》ない割《わり》に広いベランダに設置《せっち》された机《つくえ》と椅子《いす》を使って勉強し始めた。帰りは、一路の地元《じもと》の駅に午後五時三十五分に到着し、駅から自宅までは自転車で七~八分だから午後五時四十五分頃には自宅に着いた。そして、午後八時から午後十一時まで勉強して就寝《しゅうしん》するのだった。

学級担任は、三十歳台《だい》前半の若い男の数学担当の安藤高志《あんどうたかし》先生で、一路は、一年六組の委員長を命《めい》じられた。安藤先生は、C高校のOBで、高校時代は母子家庭《ぼしかてい》のため苦学《くがく》しながら通っていたそうで、人の痛みの分かるような誠実《せいじつ》で温厚《おんこう》な人柄《ひとがら》だった。

一学年当たり、学級数は六学級で、生徒数は約二百五十名だった。中学校との大きな違いは、定期試験や実力試験の総合成績の学年で一番から三十番までの氏名を五~六メートルくらいの巻紙《まきがみ》に書いて廊下《ろうか》の壁に貼《は》り出すことであった。一路にとって幸《さいわ》いだったことは、C高校の地元の中学校で学業成績が学年で二番の大西弘昌《おおにしひろまさ》が一路の良きライバルとして居《い》てくれたことである。一路は、試験毎《ごと》に大西と首位争いを演《えん》じ、そして、一路と大西は、いつも接戦だったが、三番以下には大きく差を付けた。大西は、自宅がC高校から八キロメートルも離れた遠方《えんぼう》からの自転車通学生で、本来《ほんらい》なら県下《けんか》で一番の名門進学校であるA高校へ通うはずなのだが、自宅から駅までの遠距離を理由に列車通学ではなく自転車通学できるC高校へ進学したのだった。物理の授業を担当し〈メエメエ山羊《やぎ》先生〉と生徒から渾名《あだな》を付けられた日野正一《ひのしょういち》先生が、「日高《ひだか》と大西《おおにし》なら東京大学合格も可能だ」といつか授業中に公然《こうぜん》と言っていたので、日高と大西の学力水準の高さは、C高校の歴史の上ではきわめて抜きん出た特例《とくれい》であったにちがいない。

年《ねん》に何回《なんかい》か、生徒議会《せいとぎかい》というものが、放課後に開催《かいさい》された。生徒会の会長・副会長・書記などの執行《しっこう》部が生徒議会を招集して、各学級の意見を汲《く》み上げながら生徒会を運営して行くのだ。生徒議会には、全校の各学級の男の委員長一名と女の副委員長一名が出席することになっていた。一年六組の代表として生徒議会に出席するのは、委員長の日高一路《ひだかいちろ》と副委員長の坂下真由《さかしたまゆ》であった。

坂下真由は、C高校の地元《じもと》の中学校出身で、同級生はもとより先輩たちの顔もたくさん知っているのでリラックスして一路の隣《となり》の席に座っていたが、一路は、同級生すらも知らない顔ばかりなので緊張《きんちょう》して座っていた。坂下真由は、ふっくらとした体付《からだつ》きで、髪の毛を三つ編《あ》みにした丸顔《まるがお》の利発《りはつ》で清楚《せいそ》な乙女《おとめ》であった。生徒議会が開催される度《たび》に、いつも隣の席の坂下真由の方《ほう》から笑顔で一路に話しかけて来た。数回の生徒議会で坂下真由と一路との間《あいだ》で交《か》わされた会話を抜粋《ばっすい》すると、こんなふうになる。

「私は、毎日、家で日高君《ひだかくん》のことを母に話しているのです。今日《きょう》は、授業中に日高君がこんな質問をしたとか、いろいろですけど。」

「坂下《さかした》さんは、お母《かあ》さんには何《なん》でも話せるのですか。僕は、よほど大切な事でなければ、学校での事を父母《ふぼ》にはほとんど話しません。」

「ええ、母には何でも話せるのです。むしろ、母の方《ほう》から嬉《うれ》しそうにあれこれ尋ねてくるのです。」

「うちのクラスの宮前祥代《みやまえさちよ》とは小学校時代からの付き合いなのですけれども、近頃《ちかごろ》、彼女が不良《ふりょう》の先輩と付き合っていて変《へん》な感じになって来たので、心配しているのです。」

「そうなのですか。僕は、彼女のことはほとんど知りませんけれども。」

「私、近頃、駅の近くのキリスト教の教会へ通っているのです。お年寄《としよ》りから小さな子供に至《いた》るまで、いろいろな話題で喋《しゃべ》れるので、勉強にもなるし楽しいのです。」

「キリスト教の教会ですか。そんなものは、僕の町には無いので、よく分かりません。」

「日高君は、どんな本が好きですか。私は、戯曲《ぎきょく》『シラノ・ド・ベルジュラック』が好きなのです。文才《ぶんさい》はあるけれども顔が醜《みにく》いシラノ・ド・ベルジュラックが、美男子《びだんし》だけれども文才のない同僚《どうりょう》のために代筆《だいひつ》をして自分が思いを寄《よ》せる美しい女性へ恋文《こいぶみ》を出し、同僚の恋を成就《じょうじゅ》させるという物語なのですけれども、シラノ・ド・ベルジュラックのそういう生き方が好きなのです。」

「へえー。そんな生き方は、普通はなかなか難《むずか》しいですよね。もし、そんな生き方をする人が実際に居《い》れば、それは凄《すご》いなあとは思いますけれども。」

「私は、小さい頃からよく病気をして、母に似《に》て体《からだ》が弱いのです。だから、私、スポーツマンタイプの男の人が好きなのです。」

「僕も、小さい頃からよく風邪《かぜ》を引いて虚弱体質《きょじゃくたいしつ》だから、あなたと似ていますね。アハハ！」

「私は、日高君《ひだかくん》と話す時は敬語《けいご》を使うから、それを聴《き》いていた周《まわ》りの友達が、そういうのは変《へん》だと言うのです。」

「そうですか。僕は、あなたと敬語で話し合っても何《なん》ともないですけれども。」

一路《いちろ》は、坂下真由《さかしたまゆ》が円《つぶ》らな瞳《ひとみ》をくりくりさせながら澄《す》んだ声で楽しそうに生き生きと話すのを見ると、日常を離れた異次元《いじげん》の清澄《せいちょう》な世界に居《い》るような気分《きぶん》になるのだった。坂下真由は、一路のようなタイプの男子に初めて出会って驚嘆《きょうたん》したから母親に話さずにはいられなかったのであろうし、尊敬の念を持ったからこそ敬語を使わずにはいられなかったのだろう。他方、一路も、坂下真由のようなタイプの女子に初めて出会ってカルチャーショックを受けたのだろう。

一路《いちろ》は、坂下真由《さかしたまゆ》を、友達思いの何《なん》と心根《こころね》の優《やさ》しい純情《じゅんじょう》な娘《むすめ》だろうと思った。そして、一路は、坂下真由を、生粋《きっすい》の〈文学少女《ぶんがくしょうじょ》〉だと思った。坂下真由は、持って生まれた性格の素晴《すば》らしさもあるだろうけれども、文学によって同世代《どうせだい》の他《ほか》の一般的な女子よりもはるかに精神的に成熟していると、一路は思った。坂下真由と一路の間《あいだ》にあったものは、通常の男女間《だんじょかん》の〈性愛《せいあい》〉ではない。〈性愛〉という観点から見れば、坂下真由の理想の男性像は、スポーツマンであり、虚弱体質《きょじゃくたいしつ》の華奢《きゃしゃ》な一路のような男は対象外《たいしょうがい》であるはずだ。一路も、〈性愛〉の次元《じげん》を超越《ちょうえつ》した〈敬愛《けいあい》〉という次元で、〈人格的に敬愛すべき異性《いせい》〉に初めて出会ったのだ。実存哲学的に言えば、〈人間は、人格的に成熟すれば敬愛に目覚《めざ》める。〉ということになる。

（十五）十七歳の一路（哲学との出会い）

日高一路《ひだかいちろ》は、十七歳になる年《とし》に高校二年生へ進級した。進級の際《さい》に学級替《が》えは行われたのだが、一路の学級担任は一年生の時と同様に安藤高志《あんどうたかし》先生となり、一路は二年五組の委員長を命じられた。

二年生になった一路を魅了《みりょう》した授業科目は、久留島啓介《くるしまけいすけ》先生担当の〈倫理《りんり》〉であった。久留島先生は、五十歳台《だい》の年齢で、頭が少し禿《は》げ上《あ》がった白髪《はくはつ》で眼鏡《めがね》を掛《か》けていた。久留島先生は、第二次世界大戦前の京都帝国大学哲学科《きょうとていこくだいがくてつがくか》の卒業で、その当時京都帝国大学哲学科教授であった田辺元《たなべはじめ》の講義を直接聴《き》いていた。明治時代の日本に西洋哲学《せいようてつがく》が初めて導入《どうにゅう》されて以来、明治・大正期の近代日本の哲学界《てつがくかい》を引っ張《ぱ》った哲学者である西田幾多《にしだきた》郎《ろう》と並《なら》ぶ哲学者の一人が、まさしく田辺元なのである。

久留島先生は、風格《ふうかく》のある堂々《どうどう》たる態度でなかなか含蓄《がんちく》のある授業をした。京都帝国大学哲学科の講義室へよれよれのズボンを穿《は》き粗末《そまつ》なゴム草履《ぞうり》を履《は》いて白髪の老人が入《はい》って来《き》たので、京都帝国大学哲学科の学生だった久留島青年《くるしませいねん》は、雑用係《ざつようがかり》の用務員《ようむいん》のおじさんかと思ったらしいが、実《じつ》は田辺元《たなべはじめ》教授だったということを知って大変驚《たいへんおどろ》いた、というようななかなか他《ほか》では聴《き》けない話を、久留島先生は、朗《ほが》らかな表情で話した。

久留島先生の〈倫理《りんり》〉の授業では、古代ギリシアの哲学者ソクラテスの思想の一つである〈無知《むち》の知《ち》〉を学んだ。つまり、凡人《ぼんじん》は、本当は知らないのに知ったかぶりをするのに対して、賢者《けんじゃ》は、自分が知らないことを自覚しているということである。自分の無知を自覚するためには、〈自己探究《じこたんきゅう》〉をしなければならない。「自分とは何《なに》か？」と自分自身に問い掛《か》けねばならない。日常生活の中の人間は、自分の周囲の事だけを気に掛けて、自分自身を見つめることを忘れている。人間にとって最《もっと》も見えないものは、自分自身なのだ。また、ソクラテスの思想の一つである〈魂《たましい》の世話《せわ》〉も学んだ。つまり、自《みずか》らの魂に善悪《ぜんあく》の分別力《ふんべつりょく》としての徳《とく》が備《そな》わるように気遣《きづか》い、魂が優《すぐ》れたものになるように世話をすることである。人間は、油断《ゆだん》すると邪悪《じゃあく》な心が侵入《しんにゅう》して来て人生の破滅《はめつ》を招《まね》くことになる。だから、人間は、常に〈自己反省《じこはんせい》〉をして、自分の生き方が道徳法則に適《かな》う善良なものであるか否《いな》かを確認しなければならない。そうした誠実《せいじつ》な生き方によってこそ、幸福な人生が生み出されるのである。その事を、ソクラテスは、「人間にとって最も大切な事は、ただ生きるということではなく、善《よ》く生きるということだ。」と言っている。

その他《ほか》に、イエスの説《と》いたキリスト教や釈迦《しゃか》の説いた仏教や孔子《こうし》の説いた儒教等々《じゅきょうとうとう》も学んだ。キリスト教では、〈隣人愛《りんじんあい》〉を学んだ。つまり、「自分を愛するように、あなたの隣人を愛せよ。」という、イエスの説いた愛である。神の愛に生かされた人間は、その愛に応《こた》えるために、神の愛に倣《なら》って自分の敵《てき》をも含《ふく》めてすべての人を平等に愛するべきであるということである。また、仏教では、〈解脱《げだつ》〉を学んだ。つまり、自分や物に囚《とら》われる執着心《しゅうちゃくしん》を捨て、心の絶対的な平静《へいせい》さの境地《きょうち》である〈涅槃《ねはん》〉を実現することである。万物《ばんぶつ》は生成《せいせい》し変化し消滅《しょうめつ》するのに、自分や自分の所有物に執着《しゅうちゃく》する煩悩《ぼんのう》を消さなければ、苦しみから抜け出せないということである。さらに、儒教では、〈仁《じん》〉を学んだ。つまり、人と人との間《あいだ》に自然に生まれる〈親愛《しんあい》の心〉である。言い換《か》えれば、他者《たしゃ》も自分と同じ人間であることを認めて他者を愛する心であり、自分を欺《あざむ》かない純粋なまごころ、他人《たにん》への思い遣《や》り、自分の我儘《わがまま》を抑《おさ》える心掛《こころが》けなどによって養《やしな》われる。同じ儒教の系譜《けいふ》にありながら、孟子《もうし》が「人間の生まれ付きの本性《ほんせい》は善である」という〈性善説《せいぜんせつ》〉の立場を取るのに対して、荀子《じゅんし》が「人間の生まれ付きの本性は悪である」という〈性悪説《せいあくせつ》〉の立場を取るというのは、なかなか奥深《おくぶか》いものだと、一路《いちろ》は思った。

〈倫理《りんり》〉の授業内容の中でも、最《もっと》も一路の共感《きょうかん》を集めたものは、〈実存主義《じつぞんしゅぎ》〉の思想だった。つまり、科学の世紀と言われる十九世紀の合理主義《ごうりしゅぎ》や実証主義《じっしょうしゅぎ》に対して、そのような客観的な抽象的思考《ちゅうしょうてき》では把握《はあく》できない個《こ》としての人間の立場を強調し、孤独・不安・絶望・苦悩の中に生きる、個別的・具体的な〈この私〉の存在を探究する思想的な立場のことである。さらに言えば、〈実存《じつぞん》〉とは、今・ここにおける人間の現実存在《げんじつそんざい》を意味する。〈実存〉は、客観的な抽象的思考では把握しえない、個別者《こべつしゃ》としての人間の現実的・具体的なあり方を指し、抽象的な〈ひと〉に解消《かいしょう》しえない、個別的・具体的な〈この私〉である。〈実存〉は、事物《じぶつ》の客観的な知識とは異《こと》なり、〈私〉の主体的自覚に基づき、客体的な事物《じぶつ》へ散《ち》っている精神を自分自身の内《うち》に集中させることに目覚《めざ》める。

一路《いちろ》は、〈倫理《りんり》〉の授業で〈哲学《てつがく》〉という学問の内容に触《ふ》れた時、「これだ！」と思った。一路が六歳の頃から思索《しさく》し続けて来た内容は、哲学的内容だったのだ。そして、一路が〈実存主義《じつぞんしゅぎ》〉という西洋現代思想に出会った時、「自分が探究して解明したかったものは、まさにこれなのだ！」と思った。数学・物理・化学・生物・地学・地理・日本史・世界史・政治経済・古典・現代国語等々《とうとう》の各教科も人格形成にとって大切ではあるが、それらの教科は、〈人間とは何か？〉とか〈いかに生きるべきか？〉とかといった一路が探究しようとする〈人間にとって最《もっと》も大切な問い〉に対する究極的《きゅうきょくてき》な答えを与《あた》えてくれない。一路の物心《ものごころ》が付《つ》く頃から思索して来た〈人生を生き抜く上でのバックボーン（背骨《せぼね》）となる真理《しんり》〉について究極的な答えを与えてくれるものは、〈実存哲学《じつぞんてつがく》〉なのだ。

取《と》り敢《あ》えず、一路《いちろ》は、諸学問の各分野は、いろいろあるけれども、それら諸学問の扇《おうぎ》の要《かなめ》に〈学問の王者としての哲学《てつがく》〉が君臨《くんりん》していることだけは分かった。なぜなら、西洋でも東洋でも、歴史的に約二千五百年前に最初の学問として〈哲学〉が生起《せいき》し、とりわけ西洋では諸科学が十六世紀〜十七世紀以降に天文学・物理学を皮切《かわき》りに〈哲学〉という本《ほん》家《け》から分家《ぶんけ》として枝分《えだわ》かれして生起するからである。

古代ギリシアの哲学者ソクラテス・古代インドの仏教の創始者《そうししゃ》釈迦《しゃか》・古代中国の儒教《じゅきょう》の創始者孔子《こうし》の三人の賢者《けんじゃ》は、奇《く》しくも紀元前五世紀《きげんぜんごせいき》という同時代に現れた。そして、西洋の歴史上、十六世紀〜十七世紀に天文学者コペルニクス・物理学者ガリレイが現れて、自然科学が産声《うぶごえ》をあげた。〈科学〉とは、そもそも二千年以上の長い歴史と伝統を持つ〈哲学〉という幹《みき》からたかだかここ三百年〜四百年の間《あいだ》に枝分かれして〈分科《ぶんか》した学問〉という意味である。学問がまだ生起していない暗黒《あんこく》の時代に人間の周囲をサーチライトのように照らし出すべく人間の叡智《えいち》が約二千五百年前に生み出したものが、〈学問《がくもん》〉であり、学問の始原《しげん》が〈哲学〉なのだ。

一路が中学三年生の時にぶつかった壁である〈文学《ぶんがく》の限界《げんかい》〉は、どうやら〈哲学〉によって突破《とっぱ》されそうである。漸《ようや》く、高校二年生の一路に一筋《ひとすじ》の光明《こうみょう》が差《さ》し込んだ。

（十六）　十八歳の一路（大学受験――哲学の道への転換点）

日高一路《ひだかいちろ》は、十八歳になる年《とし》に高校三年生へ進級した。進級の際《さい》に学級替《が》えが行われ、一路は、三年四組となり、学級担任は、数学担当の井戸田紘《いとだひろし》先生となった。井戸田先生は、一路の一・二年次の学級担任だった安藤高志《あんどうたかし》先生よりも二〜三歳年下《としした》で、安藤先生を尊敬していたのか、生徒に話をする折々《おりおり》に安藤先生を先輩として立てることがよくあった。

井戸田先生も、一路に委員長を命じたが、一路は、今度ばかりは頑《かたく》なに固辞《こじ》した。

井戸田先生は、学級全員を机《つくえ》の上に伏《ふ》せさせて、学級全員に向かって言った。

「日高は固辞しているけれども、それでも是非《ぜひ》とも日高に委員長を引き受けてもらいたいと思う者は手を挙《あ》げなさい。」

学級の大半《たいはん》の者が挙手《きょしゅ》する気配《けはい》を、一路は感じた。井戸田先生は、一路に向かって言った。

「大半の者が、日高に委員長を引き受けてもらいたいと言っているぞ。」

一路は、返答した。

「それでも、済《す》みませんが、辞退《じたい》させて頂きます。」

井戸田《いどだ》先生は、学級全員を机の上に伏《ふ》せさせて学級全員に意思確認《いしかくにん》し一路《いちろ》に委員長を引き受けさせようとするやり方を三～四度繰《く》り返《かえ》した。それでも、一路は、固辞《こじ》し続けた。すると、そんな状況を見兼《みか》ねたのか、家永雅也《いえながまさや》が立ち上がって発言した。

「僕でよければ、僕が委員長を引き受けます。」

井戸田先生も級友たちも、譲歩《じょうほ》してくれて、家永雅也が委員長になることで決着《けっちゃく》した。

一路が頑《かたく》なに委員長になることを固辞したのは、大学受験を控《ひか》えて受験勉強に集中したかったからだ。一路の父親は、大学進学は県都《けんと》の国立大学《こくりつだいがく》であるＤ大学にするようにと、一路の高校入学以来ずっと一路に言い続けた。小学校しか出ていない無学《むがく》な父親にしてみれば、猫可愛《ねこかわい》がりして来た一人《ひとり》っ子《こ》の一路を県外《けんがい》に出すことなど、考えられなかった。一路の学業成績が優秀なので、一路の父親は、高校三年の夏休みくらいまでは、一路にＤ大学医学部へ進学するように勧《すす》めた。一路も、高校入学以来ずっと父親の意《い》に添《そ》うつもりだった。高校二年生の時には、田舎町《いなかまち》で医者をしながら貧《まず》しい人々《ひとびと》を救《すく》い、その傍《かたわ》ら、哲学や文学の研究もできたらいいなあといった、ロマンチックな事を考えていた。しかし、一路は、二年生の後半くらいから業者《ぎょうしゃ》の全国模擬試験《ぜんこくもぎしけん》を受ける度《たび》に志望大学《しぼうだいがく》の合格判定が芳《かんば》しくなく、志望大学の受験レベルの難易度《なんいど》の高さを痛感させられた。そもそも業者の全国模擬試験の試験問題のレベルがあまりにも高く、一路《いちろ》のC高校の定期試験のレベルとはあまりにも掛《か》け離《はな》れていた。日本全国に大学受験のための予備校《よびこう》がたくさんあるが、難《なん》関大学受験《かんだいがくじゅけん》のためにはそれ専用の受験テクニックを予備校で身《み》に付《つ》ける必要があるのではないかと、一路は思った。一路は、県都《けんと》の名門進学校であるA高校は半《なか》ば予備校化《よびこうか》して入学以来大学受験対策の授業で生徒を鍛《きた》え上げているのだろうなと思った。県下《けんか》の中堅校《ちゅうけんこう》である一路のC高校は、大学受験対策としては長閑《のどか》なものであった。一路は、焦燥感《しょうそうかん》に駆《か》られ、大学受験対策の情報が希薄《きはく》な中で自分なりに大学受験用参考書を購入《こうにゅう》したりした。数学や物理や化学や世界史等々《とうとう》の大学受験用参考書は、教科書の二〜三倍の分厚《ぶあつ》さであり、細《こま》かな文字でかなり学問的に深い所まで解説されていたが、一路は、そうしたハイレベルの詳述《しょうじゅつ》された参考書を教科書代《が》わりに用いて勉強した。

三年生になって大学受験勉強が熾烈《しれつ》になって行く中で、列車通学は、虚弱体質《きょじゃくたいしつ》の一路にとって体力的に負担《ふたん》になって来た。こんなことなら、故郷《こきょう》の田舎《いなか》町の地元《じもと》の高校へ通った方《ほう》がよほど勉強時間を確保できただろうにとも、一路は思った。三年生になって、一路のC高校でも大学受験対策の朝の補習授業や放課後の補習授業も実施されるようになったが、一路にしてみれば、レベルが低く生温《なまぬる》く感じられ、自分で勉強した方《ほう》がましだと思った。

或《あ》る日の朝礼《ちょうれい》で、学級担任の井戸田《いとだ》先生が、厳《きび》しい顔付《かおつ》きで学級全員に向かって言った。

「今朝《けさ》の補習授業をサボった者は、その場《ば》に立て！　そして、その理由を言え！」

十数人がその場に立ち、そのほとんどの者が、朝寝坊《あさねぼう》をしたので欠席して済《す》みませんでしたと頭を下《さ》げて謝《あやま》った。その一人一人《ひとりひとり》に対して、井戸田先生は、そんなことではダメだと厳しく叱《しか》り付けた。しかし、一路《いちろ》だけは、違った。一路は、覚悟《かくご》してはっきりと井戸田先生に向かって言った。

「補習授業は、辞《や》めさせて頂きます。今後は、自分で勉強したいと思います。」

すると、一路からの威圧《いあつ》を感じたのか、井戸田先生は、ややたじろぎながら言った。

「おおっ！　そっ、そうか。分かった。お前のことだから、それくらいのことは言うと思っていたよ。」

一路に対する井戸田先生の態度が、その他《た》の生徒に対する態度とあまりに掛《か》け離《はな》れているので、その他《た》の生徒たちから「えっ、ええー！」という大きなどよめきが起こった。井戸田先生の顔は、少し引き攣《つ》っているように見えた。一路は、井戸田先生に恥《はじ》をかかせたようで申《もう》し訳《わけ》なく思ったが、仕方《しかた》なかった。その場《ば》は、それで終わった。

高校三年の夏休みを過《す》ぎる頃、一路の父親の風向《かざむ》きが変わった。よその人から話を聴《き》いて来たのか、医学部は金がかかるそうだと、父親は、一路に言い出した。それに加《くわ》えて、父親は、一路《いちろ》は虚弱体質なのに、医者の所へは病原菌を持った患者が集まって来るから、患者の病気を治《なお》す前に一路が病気になったら大変《たいへん》だと言い出した。それを聴《き》いて、一路は、確かに医者になるなら体力が不可欠《ふかけつ》だろうと考えるようになった。そして、一路は、自分に医者の適性《てきせい》が無いかもしれないし、心の底《そこ》から是非《ぜひ》とも医者になりたいと思っているわけでもないと考えるようになった。さらに、父親は、お願いだから医学部進学だけは止《や》めてくれと言い出した。そして、父親は、医学部以外なら何学部《なにがくぶ》でもよいからと言い出した。そこで、一路は、それまでずっと一路の頭の中を占《し》めていたD大学医学部進学を一旦白紙《いったんはくし》に戻《もど》した。そうして、一路は、改《あらた》めて自分自身に問い掛《か》けた。「自分は、大学で何《なに》を学びたいのだろう。」すると、〈哲学という学問〉が、一路の頭の中に俄然強烈《がぜんきょうれつ》に躍《おど》り出て来た。一路は、大学で哲学を専門的に深く勉強できると思うと、血湧《ちわ》き肉躍《にくおど》る思いであった。一路は、自分は〈哲学の申《もう》し子《ご》〉だと自覚した。一路は、もう何も迷《まよ》う事は無かった。一路が、D大学文学部哲学科を受験することを父親に告《つ》げると、父親は、哲学がどんな学問であるのかは全《まった》く知らなかったが、ほっとしたように笑顔《えがお》で一路のD大学文学部哲学科受験を了承《りょうしょう》した。

後日《ごじつ》、一路は、職員室へ行き、学級担任の井戸田《いとだ》先生に報告した。

「父親にも相談し父親の了承を得《え》ましたので、D大学文学部哲学科を受験することに決めました。」

井戸田《いとだ》先生は、納得《なっとく》したような表情を浮かべて笑顔《えがお》で言った。

「うん、そうか、それは良かったね。分かったよ。」

一路《いちろ》と井戸田先生の遣《や》り取《と》りを、服部哲郎《はっとりてつろう》先生が、脇《わき》で聴《き》いていた。服部先生の実家は、一路の故郷《こきょう》の田舎町《いなかまち》の一路の家から三百メートルくらい離れた所にあり、服部先生は、実家へ里帰《さとがえ》りした際《さい》には時折豆腐《ときおりとうふ》を買いに一路の家へやって来ることもあった。脇から、服部先生が、心配そうに声を掛《か》けた。

「今までずっと医学部受験ということで、理系科目を中心に勉強して来たのに、今になって急に文系学部受験へ変えても大丈夫《だいじょうぶ》かい。」

すると、井戸田先生が、服部先生に言葉を返すように言った。

「なあに、日高《ひだか》は、理系・文系を問わず全科目何《なん》でもこなすオールラウンドプレイヤーなのですよ。世界史なんかは、もう全範囲を完璧《かんぺき》に仕上《しあ》げているのですよ。だから、ここで文学部受験へ変えても、何の問題もありません。」

年《とし》が明《あ》けて、一月も過ぎ、二月に入《はい》り、三月上旬の大学入学試験まであと一月《ひとつき》という頃《ころ》の或《あ》る日の放課後のことだった。午後四時前に一路が下校《げこう》しようとして管理棟前《かんりとうまえ》を歩いて正門《せいもん》の方《ほう》へ向かっていると、後方《こうほう》から一路に声が掛かった。

「おーい。日高《ひだか》、今《いま》、帰っているところか。」

声の方角《ほうがく》へ一路《いちろ》が振り向くと、声の主《ぬし》は、世界史担当で三年六組学級担任の潮谷正彦《しおたにまさひこ》先生で、管理棟入口《かんりとういりぐち》の所に潮谷先生が立っていた。パーマをかけてクルクル巻きに縮《ちぢ》れた頭《とう》髪《はつ》をして眼鏡《めがね》を掛《か》けた先生で、人情味《にんじょうみ》のある人だった。一路は、その声に応《こた》えて言った。

「はい、そうです。今、帰っているところです。」

すると、潮谷先生が、一路に向かって言った。

「D大学文学部を受験するのなら、トップの点数で入《はい》らないと承知《しょうち》しないからね。」

一路の学力を以《もっ》てすれば一路の合格は先《ま》ず間違《まちが》いないという周囲の予想があっただけに、一路は、潮谷流《しおたにりゅう》の鼓舞《こぶ》の仕方《しかた》だなと思った。潮谷先生の心遣《こころづか》いが、ありがたかった。一路は、潮谷先生に深々《ふかぶか》と頭を下《さ》げて言った。

「はい、ありがとうございます。全力を出して頑張ります。」

それから二週間くらい経《た》った或《あ》る日の放課後のことだった。午後四時前に一路が下校《げこう》しようとして管理棟前《かんりとうまえ》を歩いて正門《せいもん》の方《ほう》へ向かっていると、後方《こうほう》から一路の学級担任の井戸《いと》田《だ》先生の声がした。一路が井戸田先生の方《ほう》へ向《む》き直《なお》ると、井戸田先生は、一路に向かって言った。

「日高、このC高校は、抽象画家《ちゅうしょうがか》として有名なc氏と衆議院議員を務《つと》めたd氏しか大物《おおもの》は出ていないからね。次《つぎ》は、お前《まえ》がやらないといけないね。」

一路《いちろ》は、抽象画家《ちゅうしょうがか》のc氏と衆議院議員のd氏の名前を知っていた。二人とも、一路と同じ郡《ぐん》の出身者で、一路の故郷《こきょう》の田舎町《いなかまち》でも二人の名前は知れ渡《わた》っていた。一路は、井《い》戸田《とだ》先生がなぜそんな事を言うのか量《はか》り兼《か》ねたが、とにかく自分に期待を掛《か》けてもらっていることだけは瞬時《しゅんじ》に察知《さっち》できたので、取《と》り敢《あ》えず一礼《いちれい》して控《ひか》え目《め》に言った。

「はあ、ありがとうございます。自分なりに頑張るつもりです。」

一路は、帰りの列車の中で井戸田先生の言葉を思い返した。c氏とd氏は、一路のC高校の前身《ぜんしん》の旧制中学《きゅうせいちゅうがく》の二期生《にきせい》で、旧制中学創立《そうりつ》以来五十二年経《た》っているのだから、井戸田先生の言うレベルの大物《おおもの》は、この半世紀の間《あいだ》に二人しか出ていないことになる。井戸田先生は、十数年間教員として多数の生徒を見て来た経験から一路に期待を掛けてくれているのだから、一路は、これからの半世紀の間《あいだ》に井戸田先生の期待に応《こた》えようと誓《ちか》った。

三月半《なか》ばに大学入学試験結果が発表され、一路は、D大学文学部哲学科に見事《みごと》に合格した。一路は、これから青雲《せいうん》の志《こころざし》を以《もっ》て哲学の勉強に挑《いど》むことになる。しかし、それにしても、父親の風向《かざむ》きが変わり、一路が〈哲学《てつがく》の道《みち》〉という本来《ほんらい》の自分の道に目覚《めざ》めるとは、何《なん》という運命の綾《あや》なのかと、一路はしみじみと思った。実存哲学的に言えば、〈人間は、試練《しれん》に耐《た》えて理性的に努力し続ければ、本来的自己《ほんらいてきじこ》への道《みち》が開《ひら》ける。〉ということになる。

（十七）　十九歳の一路（大学入学——哲学の恩師との出会い）

日高一路《ひだかいちろ》は、十九歳になる年《とし》に大学一年生となった。一路は、受験勉強の重圧から解放された。しかし、解放されねばならないものが、もう一つあった。それは、子離《こばな》れできない親と親離《おやばな》れできない子との間《あいだ》にどうしようもなく厳然《げんぜん》たる事実として存在する〈鉄鎖《てっさ》〉であった。この〈親の束縛《そくばく》〉から解放されて〈精神的自立〉を確立すべき時が、遅《おく》ればせながら青年としての一路に訪れたのだ。経済的にはまだ親に頼らざるをえないにせよ精神的には自立しなければならないという思いが、一路青年の内面の奥深《おくぶか》い所から火山爆発時《かざんばくはつじ》のマグマのように噴《ふ》き出して来た。

自宅から大学まで通学するとすれば、大学の最寄《もよ》り駅までの列車乗車時間が一時間十分で駅から大学までのバス乗車時間が七分だから、自宅から通うことはできる。しかし、一路は、〈鉄鎖《てっさ》〉を断《た》ち切るために猛然《もうぜん》と動いた。一路は、大学の学生課の掲示板《けいじばん》で下宿人《げしゅくにん》募集情報《ぼしゅうじょうほう》に目を通し、手頃《てごろ》な下宿先《げしゅくさき》を見つけ出し、直接下宿先へ行ってすぐに契約《けいやく》し、

（十七）　十九歳の一路（大学入学――哲学の恩師との出会い）

その後《あと》親から事後承諾《じごしょうだく》を取った。

下宿先《げしゅくさき》は、古い木造《もくぞう》の大きな二階建《にかいだ》てで、一階部分は離《はな》れまで棟続《むねつづ》きだった。夫婦二人と娘二人の四人家族が一階に住み、二階の襖《ふすま》で仕切《しき》られた三間《さんま》をD大学の三名の学生に貸していた。一路《いちろ》の隣合《となりあ》わせの部屋には、理学部の四年生と工学部の四年生が入《はい》っていた。下宿は、車の通行量の多い国道沿《ぞ》いにあり、大学までは徒歩で十五分の距離であった。

一年生の間《あいだ》は、英語・第二外国語・哲学・心理学・教育学・国文学・法学・政治学・数学・化学等々《とうとう》の一般教養科目の単位を取得しなければならず、哲学科の専門科目はまだ無かった。法学部・文学部の一年生は、一般教養科目としての第二外国語としてドイツ語またはフランス語を選択しなければならず、ドイツ語選択の三クラスとフランス語選択の二クラスに分けられた。


さまざまな講義を受講して行くうちに、一路と同じクラスに一路と同じく哲学科の田村《たむら》剛《つよし》が居《い》ることが分かった。田村は、隣県《りんけん》の出身で一浪《いちろう》して入学して来たのだった。一路は、実直《じっちょく》な田村とは互いに気が合ってすぐに親友になった。田村は、大学の東側の裏門《うらもん》から出てすぐの所にあるアパートの一室を借りていたから、一路は、ちょくちょく田村の所へ遊びに行って哲学を初めとするいろいろな話題について気兼《きが》ねなく議論し合った。

一般教養科目のうちで一路の関心を最も強く引いた講義は、石崎文雄《いしざきふみお》先生の教育学だった。石崎《いしざき》先生は、教育学部の六十五歳の教授で、この年限《としかぎ》りで定年退職することになっていた。石崎先生は、第二次世界大戦前の広島文理科大学哲学科の卒業であったので、講義科目名は教育学であったが、講義内容は、哲学的内容だった。一路《いちろ》と一緒《いっしょ》に石崎先生の講義を聴講《ちょうこう》していた親友の田村《たむら》は、石崎先生の顔が古代ギリシアの哲学者プラトンの顔にそっくりだと言って笑った。言われてみればなるほどそうだなと、一路も思った。しかし、田村は、石崎先生の主張がどうも胡散臭《うさんくさ》くて信用できないと言った。なるほど石崎先生の主張は、ユニークであまりに独創的《どくそうてき》なので、田村がそう思うのも無理からぬところではあるが、一路は、明快《めいかい》で説得力のあるものだと思った。

或《あ》る日のこと、一路は、石崎先生の講義終了後に石崎先生に付き添って石崎先生の教育学部の研究室へ行った。石崎先生は、一路の質問に一つ一つ答えながら、研究室内のホワイトボードに図示《ずし》したりして、一路に対して丁寧《ていねい》に自説《じせつ》を説明した。

石崎先生の主張の核心部《かくしんぶ》は、〈人と人との間《あいだ》の関係の原理〉であった。歴史的に見て、古代には奴隷制《どれいせい》のように主人と奴隷との間《あいだ》の〈主従関係《しゅじゅうかんけい》〉があった。両者の対立の力関《ちからかん》係《けい》は、百対零《ひゃくぜろ》であり、一方が他方を完全に圧倒《あっとう》している。しかし、中世の農奴制《のうどせい》になると、荘園《しょうえん》内の農民である農奴《のうど》には家族や住居や耕具《こうぐ》などの所有権が認められ、領主と農奴との間《あいだ》の関係は、対立の力関係が七十対三十に弱められた〈正副《せいふく》関係〉となる。さらに、近代市民社会に入《はい》ると、自由権や平等権が人権として確立して、人と人との間《あいだ》の関係は、〈対等関係《たいとうかんけい》〉となる。ところが、石崎《いしざき》先生によれば、〈対等関係〉ではまだ不十分である。〈主従関係《しゅじゅうかんけい》〉・〈正副関係《せいふくかんけい》〉・〈対等関係〉は、まだ〈対《たい》〉という〈対立《たいりつ》〉の域《いき》を脱《だっ》しておらず、〈同等関係《どうとうかんけい》〉へ進まなければならないというのだ。〈同等〉とは、〈相手のうちに自分を見る〉ということである。例《たと》えば、川で幼児が溺《おぼ》れそうになっているのを川岸《かわぎし》で見た青年がすぐさま川に飛び込んで幼児を助けるということがある。これは、青年が幼児のうちに自分を見ているという例《れい》である。青年は、幼児を自分と見ている。青年の魂は、幼児のうちに入《はい》り込んでいる。つまり、〈同等〉とは、〈他者イコール自分〉ということである。〈同等〉は、飽《あ》く迄《まで》も物《もの》を見る主観としての自分がこちら側《がわ》にあって向こう側《がわ》の見られる客観としての他者に対立する〈対等〉とは異なる。〈対等関係〉は、他者を人ではなく物として客観化することであり、〈他者と自分を同時にイコールにする同等〉とは異なる。〈対等〉は、先《ま》ず自分があって次《つぎ》に自分に対立する他者があるという前後《ぜんご》関係をもつ〈継起《けいき》〉であるが、〈同等〉は、自分と他者の間《あいだ》に前後関係をもたない〈同時《どうじ》〉である。〈ひとの身《み》になる〉や〈親身《しんみ》になる〉とは、そもそもそういうことなのだ。

石崎先生の自宅は、一路《いちろ》の下宿《げしゅく》から北西へ三キロメートルばかり離れた高台《たかだい》にあった。一路は、時折《ときおり》、石崎先生宅を訪《たず》ねて哲学談義《だんぎ》を交《か》わすようになった。石崎先生と議論する時《とき》、一路《いちろ》は、年齢差《ねんれいさ》を全く感じなかった。六十五歳の石崎《いしざき》先生は、十九歳の一路を見下《みくだ》すわけでもなく、少年のように無邪気《むじゃき》に一路に自説《じせつ》を語り、一路の意見を楽しむように素直に聴《き》いたのであり、石崎先生と一路の間《あいだ》の関係は、まさに〈同等《どうとう》〉であった。石崎先生は、「学者は、金《かね》や地位や名誉にこだわらず、少年のように純真《じゅんしん》に真理探究《しんりたんきゅう》に邁進《まいしん》しなければならない。それができなくなったら、それは学者を辞《や》める時《とき》だ。」と常々《つねづね》言っていたが、石崎先生は、その言葉通《ことばどお》りの生き方をした人だった。石崎先生宅の壁を白く塗《ぬ》られた応接間《おうせつま》で午後一時過ぎに二人の議論が始まり、一頻《ひとしき》り白熱《はくねつ》した議論が続き、二人がハッと我《われ》に返《かえ》って窓の外を見ると辺《あた》りはもう薄暗《うすぐら》くなって時計の針は既《すで》に午後五時を回っているということは、しばしばだった。二人は、何《なん》と四時間もの間《あいだ》、口角泡《こうかくあわ》を飛《と》ばして議論に没頭《ぼっとう》したのだ。それから、石崎先生は、我《わ》が子《こ》のように親身《しんみ》になって一路の面倒《めんどう》をみたのであり、石崎先生と一路の師弟《してい》関係は、石崎先生が八十一歳で亡《な》くなるまで十六年間続いた。選《よ》りによって石崎先生が定年退職前《ていねんたいしょくまえ》の最後の年《とし》に一路が入学して二人が出会うとは、これもまた運命の綾《あや》である。

一路は、二年生になって哲学科の専門科目の講義を受講するのが待ち遠《どお》しかったが、高校二年の時に実存哲学《じつぞんてつがく》に出会っていたので、実存哲学関連の本を書店で購入して読み漁《あさ》った。ドイツの哲学者マルティン・ハイデガー（一八八九〜一九七六）著『存在と時間』の翻訳本《ほんやくぼん》やドイツの哲学者カール・ヤスパース（一八八三〜一九六九）著『哲学』三巻の翻訳本やフランスの哲学者ジャン・ポール・サルトル（一九〇五〜一九八〇）著『存在と無』の翻訳本等々《とうとう》を読んだ。

ハイデガー著『存在と時間』は、二十世紀最高の哲学書とも言われた。一路《いちろ》が哲学科の学生の頃は、世界中《せかいじゅう》でもそうであっただろうが、日本全国の哲学徒《てつがくと》の間《あいだ》でも必読書《ひつどくしょ》の一つだった。一路が大学二年の年《とし》にハイデガーが死去した時は、ハイデガー死去のニュースが全世界を駆《か》け巡《めぐ》り、デスマスクが象《かたど》られる様子がニュースで放映《ほうえい》されたりして大変《たいへん》な騒ぎだった。ハイデガーによれば、人間は、日常生活に埋《う》もれて自分自身を見失《みうしな》って匿名《とくめい》のただの〈ひと〉に成《な》り下《さ》がっている。この状態を〈非本来的自己《ひほんらいてきじこ》〉という。しかし、人間は、常に迫《せま》り来る自分の死の可能性に向き合う時に初めて自分の生きるべきあり方である〈本来的自己《ほんらいてきじこ》〉に目覚《めざ》める。〈死への存在〉の自覚が、人間を〈非本来的自己〉から〈本来的自己〉へ転換させ、悔《く》いの無い幸福な人生となるような生き方としての〈真《しん》の実《じつ》存《ぞん》〉を目覚めさせる。これは、幼い頃から思索《しさく》して来た一路が薄々《うすうす》感じ取っていたことであり、大学一年生の一路は、まさにその通りだと思った。

ヤスパース著『哲学』三巻は、ヤスパースが自己の実存哲学を確立した書《しょ》である。ヤスパースは、妻がユダヤ系ドイツ人であったためにナチス政権下で大学教授を辞任するか妻と離婚するかの選択を強《し》いられ大学教授を辞任した。第二次世界大戦後は、ナチスに消極的な抵抗しかできなかった自己を反省し、戦争責任問題を誠実に受け止《と》め、世界平和や核《かく》兵器廃絶《へいきはいぜつ》などについて積極的に発言した。科学によって客観的に解明し技術的に制御《せいぎょ》することができない状況で、人間がそれを超え出ることも変化させることもできずに挫折《ざせつ》せざるをえない人生の壁を、ヤスパースは、〈限界状況《げんかいじょうきょう》〉と呼んだ。具体的に言えば、自分や愛する者の死、肉体的・精神的苦痛、他者との避けられない争い、背負《せお》わざるをえない罪《ざい》責《せき》などのことである。限界状況における挫折を通して、この世界を超えた永遠の超越者《ちょうえつしゃ》（包括者《ほうかつしゃ》）［哲学的に想定される神］に向かって、自己《じこ》の生き方について決断する実存《じつぞん》としての真《しん》の自己が生成《せいせい》する。つまり、人間は、限界状況における挫折を通して自己の有限性《ゆうげんせい》を自覚し、自己を超えた大いなるものに包まれて生かされていることに気づき、謙虚《けんきょ》さと感謝を持った成熟した人間となるのだ。大学一年生の一路《いちろ》は、若い自分は未熟で自分だけの力で生きている気でいるが、幾《いく》つもの試練《しれん》を乗り越えながら練《ね》れた人間になればこうした事を実感として理解できるようになるのだろうと思った。

サルトル著『存在《そんざい》と無《む》』は、第二次世界大戦後のフランスに実存主義《じつぞんしゅぎ》ブームを巻き起こした。サルトルによれば、人間は、常に将来の自分の可能性へ向けて開かれ、過去の自己《じこ》像《ぞう》を抜け出して将来の新たな自己像を創造しようとする存在である。だから、サルトルは、

〈実存《じつぞん》は本質《ほんしつ》に先立《さきだ》つ〉と言う。つまり、物《もの》は、何《なん》であるかという本質《ほんしつ》が予《あらかじ》め定められているが、人間は、先《ま》ずこの世に実存《じつぞん》し、後《あと》から自己の自由に基づいて自分がどんな人間であるかという自己の本質を作り上げて行くということである。これは、大学一年生の一路《いちろ》にはとても共感できるものであった。それというのも、一路は、幼い頃から、一日先《さき》や一週間先《さき》や一カ月先《さき》を予測し、将来のそうありたい自分を思い描《えが》きながらその企《くわだ》てを達成するための準備を着実に整えて行くという生き方をずっとして来たからである。

（十八）二十歳の一路（哲学徒の羽ばたき）

日高一路《ひだかいちろ》は、二十歳になる年《とし》に大学二年生へ進級した。いよいよ、待ちに待った哲学科の専門科目の講義を受講することができる。一路は、希望に胸を膨《ふく》らませていた。

一路の通うD大学の哲学科での講義は、西洋哲学のみであった。そして、哲学科の専攻は、哲学専攻と倫理学専攻と社会学専攻の三つの専攻に分かれていた。一路も親友の田村《たむら》も、哲学専攻を選択した。ただし、どの専攻の学生も、自分の専攻の開講科目のうちから所定の基本単位数の枠《わく》を越えて単位を取得すれば、その後《あと》は専門科目の卒業要件の所定の総合単位数を上回《うわまわ》るためにどの専攻の開講科目のうちから単位を取得してもよかった。

社会学専攻の講義内容は、他《ほか》の二つの専攻の講義内容と少し毛並《けな》みが違うが、哲学専攻の講義内容と倫理学専攻の講義内容は、ほとんど区別が付かなかった。要するに、哲学専攻の講義内容も倫理学専攻の講義内容も、西洋哲学史上の哲学者の思想を学ぶという点では同じだったのだ。一路は、社会学専攻の開講科目の単位も幾《いく》らか取得したが、大半《たいはん》は哲学専攻の開講科目の単位と倫理学専攻の開講科目の単位を取得した。

哲学専攻と倫理学専攻の教員は、合わせて六名いたが、E大学大学院博士課程を出て来た人ばかりであった。六名の専門分野は、それぞれ古代ギリシア哲学・中世および近世哲学・近代および現代哲学・実存哲学・言語分析哲学・ヘーゲル哲学およびマルクス哲学であった。

一路《いちろ》は入学早々《そうそう》に驚いたのだが、法学部・文学部の建物《たてもの》のすぐ傍《そば》に明治時代の赤レンガ校舎が残されていた。一路は入学後に初めて知ったのだが、一路のD大学の法学部・文学部の前身《ぜんしん》は、第二次世界大戦前の旧制高校《きゅうせいこうこう》だったのだ。その旧制高校時代の赤レンガ校舎が、大切に保存されていたのである。その旧制高校の伝統があるせいなのか、D大学法学部・文学部には、四年制の学部の上に二年制の大学院修士課程《だいがくいんしゅうしかてい》が設置《せっち》されていた。そして、その修士課程文学研究科哲学専攻《しゅうしかていぶんがくけんきゅうかてつがくせんこう》の大学院生《だいがくいんせい》も、文学部哲学科の開講科目の講義に出席することがあった。おそらく、科目担当教員の裁量《さいりょう》で、同じ講義を大学院生にも学部学生にも履修可能《りしゅうかのう》にしていたのであろう。

ヘーゲル哲学およびマルクス哲学が専門のe先生の原書講読《げんしょこうどく》の演習講義《えんしゅうこうぎ》の時には、二十四歳～二十八歳くらいの大学院生が四～五名出席した。二十歳の一路から見れば、かなり年上《としうえ》のお兄《にい》さんたちに見えた。学部から大学院修士課程二年生までスーッと進級すれば、修士課程二年生でも二十四歳くらいであるはずなのに、この人たちは途中で何年間留年《りゅうねん》や休学《きゅうがく》を繰《く》り返《かえ》して来ているのだろうかと、一路《いちろ》は怪訝《けげん》に思った。そして、そう言えば、一路の入学当初に、一年次の一般教養科目の授業の開始時刻直前に、マルクス主義に基づく左翼《さよく》の学生運動をしていると思われる二十歳台半《だいなか》ばか後半くらいの青年が教室内に入《はい》って来て、教室内の百人以上の一年生を煽動《せんどう》するためのアジ演説《えんぜつ》をしようとして、授業担当教員と教室の入口付近《いりぐちふきん》で押《お》し問答《もんどう》していたことがあるなということを、一路は思い出した。そのうえ、一路が二年生に進級した当時も、大学敷地の一隅《いちぐう》の壊《こわ》れかかった古い建物《たてもの》の壁にはペンキで大きく〈帝国主義打倒《ていこくしゅぎだとう》〉と書き付けられた落書《らくが》きが残っていた。おそらく八年〜十年くらい前の学園紛争《がくえんふんそう》の爪痕《つめあと》だろうと、一路は思った。しかし、学園紛争は、当時はほぼ沈静化《ちんせいか》していた。もしかしたら、e先生のこの演習講義に出席しているかなり年上《としうえ》の大学院生たちも、筋金入《すじがねい》りの左翼運動家《さよくうんどうか》ではないにせよ、大学変革《だいがくへんかく》の学生運動に関《かか》わったのかもしれないと、一路には思われた。

　或《あ》る日のこと、e先生の原書講読《げんしょこうどく》の演習講義《えんしゅうこうぎ》が、十人入《はい》ることができるくらいの狭《せま》い演習室《えんしゅうしつ》で行われることになっていた。原書講読とは、西洋の哲学者が著《あらわ》した哲学書を原典《げんてん》で読みながら解釈することである。この演習講義では、十八世紀後半から十九世紀へかけて活躍したドイツの哲学者ヘーゲルの或る著書をドイツ語の原典で読んで行くことになっていた。授業中にドイツ語の文章を朗読《ろうどく》しながら翻訳《ほんやく》する役目《やくめ》の学生は、一回の授業に一人というふうに当番制で決められていた。ところが、その日は、当番が欠席したのだ。すると、一路《いちろ》よりかなり年上《としうえ》の四〜五名の大学院生たちを含《ふく》む全員が、一斉《いっせい》に一路に向かって拝《おが》むように両手を合わせて拝《おが》み倒《たお》すように言った。

「お願いっ！　日高君《ひだかくん》、欠席者の代理で今日《きょう》の当番をやってぇ！」

頼み込んで来る全員が一路の先輩たちなので、断《ことわ》れるはずもなく、一路は、むしろ頼《たよ》られるのを意気《いき》に感じて言った。

「分かりました。それじゃ、今日は、僕が当番をやります。」

間《ま》も無《な》く、e先生が入《はい》って来て、学生たちが取り囲んで座っている長机《ながづくえ》の先端《せんたん》の先生用の指定席に座って言った。

「今日の当番は、誰だったかな。」

すぐさま、一路が返答した。

「はい、僕です。」

二十七歳くらいの大学院生が言った。

「逐語訳《ちくごやく》で行こうね。」

逐語訳とは、一語一語の単語に対応した訳語を当てて、ゆっくりと直訳《ちょくやく》して行くことを意味していた。それほど、大学院生を含《ふく》む学生たちは、語学力《ごがくりょく》があまり高くはなかった。原典《げんてん》の該当箇所《がいとうかしょ》のページをめくりながら、e先生が言った。

「それじゃあ、日高君《ひだかくん》、訳《やく》してくれ。」

一路《いちろ》は、何事《なにごと》も無かったかのように澄《す》まし顔《がお》で朗読してさらさらと訳して行った。

一路は、下宿《げしゅく》に帰って、その日のe先生のドイツ語の演習講義での出来事《できごと》を振り返った。そして、自分がずば抜けているのかもしれないが、大学院生を含む学生たちの学力の低さを感じた。しかし、周囲がどうあれ、哲学をしっかり勉強しようという一路の志《こころざし》は、揺《ゆ》るぎないものであった。

哲学科の開講科目のうちで、幾《いく》つかの講義は、教材用のプリントが事前《じぜん》に聴講《ちょうこう》学生に配布された。もしそのプリントが原書講読用の原典《げんてん》のコピーであれば、数日前に受け取って予習しておく必要があった。教材用のプリントは、文科事務室《ぶんかじむしつ》で配布された。文科事務室には、緑川周子《みどりかわしゅうこ》という事務助手《じむじょしゅ》が居《お》り、数枚のプリントをホッチキスで留《と》めたものを当該学生《とうがいがくせい》に手渡《てわた》した。彼女は、一路のD大学の史学科の卒業生で、中肉中背《ちゅうにくちゅうぜい》の面長《おもなが》の理知的な美人であった。幼い頃から人見知《ひとみし》りのある一路だが、緑川周子に対しては、一路は、初めて会った時から温《あたた》かみを感じてリラックスできた。一路は、彼女に対して、都会人《とかいじん》のドライな気質《きしつ》とは対照的な、田舎育《いなかそだ》ちの一路と似た素朴な誠実さを感じた。

哲学科の開講科目のうちには、集中講義というものもあった。集中講義とは、一路《いちろ》のD大学から招かれて来た他大学《ただいがく》の先生が三日連続や四日連続で一日中講義することである。D大学哲学科の哲学専攻・倫理学専攻の教員は、E大学出身者ばかりだったので、人脈が豊富であったせいか、E大学教授を初めとして東京からさまざまな有名教授が集中講義にやって来た。

或《あ》る時、関東圏《かんとうけん》の国立大学教授のf先生が、集中講義にやって来た。その集中講義のテーマは、カント哲学だった。イマヌエル・カント（一七二四〜一八〇四）は、十八世紀のドイツの哲学者で、彼の哲学は〈批判哲学《ひはんてつがく》〉と呼ばれる。彼は、人間の理性という能力を徹底的に批判的に吟味《ぎんみ》し、理性を〈理論理性《りろんりせい》〉と〈実践理性《じっせんりせい》〉に分けた。理論理性は、人間の認識の場《ば》で働く理性であり、視覚《しかく》・聴覚《ちょうかく》・味覚《みかく》・嗅覚《きゅうかく》・触覚《しょっかく》として感性《かんせい》によって受け取られた感覚的データを言語能力としての悟性《ごせい》が言葉に置き換え、それらを推理能力としての理論理性が文章化して人間固有の認識が成り立つという認識論《にんしきろん》を、カントは唱《とな》えた。実践理性は、人間の実践の場《ば》で働く理性であり、善悪の基準としての道徳法則に照らして善を行おうとする意志能力のことであり、人間に先天的《せんてんてき》に備《そな》わっている良心《りょうしん》のことである。カントは、実践理性が自《みずか》ら立てた道徳法則に自ら自発的に従うことを〈自律《じりつ》〉と呼び、そこに人格の尊厳《そんげん》を見出《みいだ》した。カントは、感性と悟性を重視する〈イギリス経験論〉と悟性と理性を重視する〈ヨーロッパ大陸合理論〉という十七世紀〜十八世紀のヨーロッパの二大潮流《にだいちょうりゅう》を総合した点で偉大《いだい》だと評価されている。大学院生を含《ふく》めて五十人くらい居《い》た聴講生《ちょうこうせい》の中で、ほとんど一路《いちろ》だけがf先生に対して問題点を根本的に抉《えぐ》るような鋭い質問を連発した。f先生は、一路の質問の一つ一つに真摯《しんし》に丁寧《ていねい》に答えた。そこにはf先生の崇高《すうこう》な人格が滲《にじ》み出《で》ているように、一路には感じられた。

休憩《きゅうけい》時間に階段途中の踊《おど》り場《ば》で一路がf先生に擦《す》れ違《ちが》う際《さい》に、f先生は、一路に尋ねた。

「君《きみ》は、どんな哲学に関心を持っていますか。」

一路は、不意《ふい》に問い掛《か》けられて、ぎくりとしたが、落ち着いて答えた。

「はあ、今のところ、実存哲学《じつぞんてつがく》や生《せい》の哲学《てつがく》に関心があります。」

それを聴《き》いたf先生は、「こんな地方の大学によくもまあこれほどのレベルの高い学生が居《い》たものだなあ」という表情を浮かべて一路の顔をまじまじと見た。

その翌日《よくじつ》の昼休みに、一路は、文科事務室へ行った。集中講義の期間中は、文科事務室が集中講義の先生の控室《ひかえしつ》になるので、f先生に質問しようと思ってのことだった。文科事務室には、事務助手の緑川周子《みどりかわしゅうこ》だけが居《い》た。

「こんにちは。緑川さん。f先生に質問に来たのですが、f先生は、居《お》られませんか。」

「f先生は、今、哲学科の他《ほか》の先生の研究室に行っておられるの。先程《さきほど》、私が先生の昼食用のアンパンを買って来てさしあげたのだけれども、ほんのわずかしか召《め》し上《あ》がらないの。f先生は、数年前まではこのD大学に在籍《ざいせき》しておられたのよ。寡黙《かもく》でとても優《やさ》しくて、こちらの言う事を何《なん》でも聴《き》いてもらえそうな懐《ふところ》の深い先生だったの。学生たちからの信頼も厚《あつ》かったのよ。」

一路《いちろ》は、緑川周子《みどりかわしゅうこ》が笑顔で楽しそうに言うのを聴いて、本当にその通りなのだろうなと思った。

後日《ごじつ》、一路がf先生のことをいろいろ調べてみると、f先生は、当時の日本でカント哲学研究の第一人者《だいいちにんしゃ》であったE大学名誉教授のg氏の愛弟子《まなでし》で、内村鑑三《うちむらかんぞう》の無教会主義《むきょうかいしゅぎ》を信奉《しんぽう》する敬虔《けいけん》なクリスチャンであることが、判明した。

一路は、大学二年生になって専門科目のさまざまな講義に接しながら自分でも勉強するうちに、紀元前五〜四世紀の古代ギリシア哲学（ソクラテス・プラトン・アリストテレス）・十七〜十八世紀のイギリス経験論《けいけんろん》（ロック・バークリ・ヒューム）およびヨーロッパ大陸合理論《たいりくごうりろん》（デカルト・スピノザ・ライプニッツ）・十八〜十九世紀のドイツ観念論《かんねんろん》（カント・フィヒテ・シェリング・ヘーゲル）およびマルクス哲学・二十世紀の実存哲学《じつぞんてつがく》（フッサール・ハイデガー・ヤスパース・サルトル）および英米《えいべい》の言語分析哲学《げんごぶんせきてつがく》といった西洋哲学《せいようてつがく》史《し》の基礎知識が大まかに掴《つか》めるようになり、〈哲学徒《てつがくと》〉として自信を持って羽《は》ばたいたのだ。

（十九）二十一歳の一路（実存哲学――恋と虚しさ）

日高一路《ひだかいちろ》は、二十一歳になる年《とし》に大学三年生に進級した。前年末《ぜんねんまつ》の十二月頃、下宿《げしゅく》先《さき》から、家屋敷《いえやしき》を売却《ばいきゃく》して引っ越すことになったから新たな下宿先を見つけてそちらへ移ってほしいと言われていた。二年間過ごした下宿は、国道の傍《そば》にあって、夜間も大型トラックが通る際《さい》の騒音や振動があったので、一路は、これを機会に思索《しさく》に適した静寂《せいじゃく》な地へ移ろうと考えた。親友の田村《たむら》に事情を話して相談すると、田村は、田村のアパートの傍の道路を小高《こだか》い山へ向かって三百メートルばかり上《のぼ》って行くと大きな屋敷の中に貸間《かしま》があるそうだと言った。

その数日後に、一路は、田村の言っていた大きな屋敷へ交渉《こうしょう》に行った。一路は、その屋敷を前にして度肝《どぎも》を抜かれた。その屋敷の規模《きぼ》があまりに大きすぎて、まるで大名屋《だいみょうや》敷《しき》のようだったからである。大きな正門《せいもん》があって、城壁《じょうへき》のような塀《へい》が五十メートルくらい続いている。一路が大きな正門を通り抜けると、三十メートルくらい離れた所に武家屋《ぶけや》敷風《しきふう》の平屋《ひらや》の建物《たてもの》があり、その向こうは小高《こだか》い山になっていた。その屋敷の当主《とうしゅ》は、六十歳台《だい》の花岡矩宣《はなおかのりのぶ》という人で、いかにも侍《さむらい》のような風貌《ふうぼう》だった。貸間《かしま》は、武家屋敷風《ぶけやしきふう》の建物の北側《きたがわ》の襖《ふすま》で仕切《しき》られた二間《ふたま》と西端《せいたん》の土壁《つちかべ》と障子《しょうじ》で囲まれた一間《ひとま》であった。西端の一間は空《あ》いているので、それを貸してもよいと言う。ただし、条件があり、それは、正門前《せいもんまえ》で自転車を降《お》りて、建物までは自転車を押して来ることだった。一路《いちろ》は、大寺院《だいじいん》の大庭園《だいていえん》のように広々《ひろびろ》とした空間の静寂《せいじゃく》さを気《き》に入《い》り、「自転車の件《けん》は承知しました。どうぞよろしくお願い致します。」と答えて、入居《にゅうきょ》が決まった。他《ほか》の二間のうちの一方は、一路のD大学の理学部二年生が入居し、他方は、D大学工学部三年生が入居した。

　花岡家の貸間に入居して、一路は、事務助手《じむじょしゅ》の緑川周子《みどりかわしゅうこ》からもらった年賀状のことをふと思い出した。一月上旬に帰省先《きせいさき》から下宿へ戻《もど》ると、緑川周子からの年賀状が届いていたのだ。文科事務室には、緊急連絡の場合に備えての文科学生の住所録があるはずなので、緑川周子は、職務上知りうる一路の下宿先の住所を見て一路の下宿先宛《げしゅくさきあて》に年賀状を出したのだろう。一路の故郷《こきょう》は、県都《けんと》の市《し》から北東に四十キロメートルの所にあったが、年賀状の緑川周子の住所を見ると、彼女の故郷は、県都の市から南へ二十キロメートルの所にあった。一路は、彼女に対して、初対面《しょたいめん》の時から、ドライな都会人《とかいじん》の気質《きしつ》とは対照的な、一路と似た素朴な誠実なものを感じていたが、その原因はこれだと気づいた。彼女も、一路と同じく、大自然《だいしぜん》の中の長閑《のどか》な田舎町《いなかまち》に生まれ育ったのだ。

緑川周子《みどりかわしゅうこ》の年賀状には、一路《いちろ》にとって気になる文言《もんごん》があった。それは、「ご教導《きょうどう》下さい」という文言である。〈教導〉とは、一体どういう意味か。昨年は、一路は二十歳で、緑川周子は二十八歳であり、緑川周子は一路より八歳年上《としうえ》だった。それなのに、二十歳の青二才《あおにさい》の一路が、一路のD大学の先輩でもあり社会経験も積んだ彼女を、どうして〈教導する〉のか。飽《あ》く迄《まで》も社交辞令《しゃこうじれい》で謙遜《けんそん》して一路を持ち上げているのだろうが、必ずしもそれだけではなさそうだ。一路が二年次の文科事務室での緑川周子との対話状況を思い返すと、一路は、彼女の前ではリラックスして自分が考えている事を何《なん》でも素直《すなお》に語れたし、彼女も、一路に対して目を輝かせながら真摯《しんし》に聴《き》いていた。或《あ》る時は、一路が〈実存哲学《じつぞんてつがく》〉や〈生《せい》の哲学《てつがく》〉について緑川周子に熱《ねつ》っぽく語るのを、哲学科の一学年上《いちがくねんうえ》の斉木俊彦《さいきとしひこ》が傍《そば》で聴いていて、「日高《ひだか》さんの口調《くちょう》は、マルクス哲学や現象学《げんしょうがく》に関連した著作を多数出版しているE大学教授のh氏そっくりの口調で、論理が明快《めいかい》で鋭いなあ。」と感嘆《かんたん》しながら言ったことがある。その時も、緑川周子は、一路の方《ほう》をにこにこしながら尊敬の眼差《まなざ》しで見ていた。そうすると、やはり、彼女は、一路に対して一目置《いちもくお》いて、一路の言葉から吸収したものを自分の心の糧《かて》にしようとしていたにちがいない。

〈実存哲学《じつぞんてつがく》〉の主《しゅ》たる担《にな》い手《て》がハイデガーやヤスパースやサルトルであることは、既述《きじゅつ》の通りであるが、〈実存哲学《じつぞんてつがく》〉の先駆者《せんくしゃ》は、十九世紀のデンマークの思想家セーレン・オービュエ・キルケゴール（一八一三～一八五五）である。二十七歳のキルケゴールは、九歳年下《としした》の美少女と婚約《こんやく》したのだが、翌年《よくねん》に自《みずか》ら一方的に婚約を破棄《はき》し、その体験の苦悩から数々《かずかず》の哲学的傑作《けっさく》を生み出して行く。そして、自らの体験に基づいて人生行路《じんせいこうろ》の三段階としての〈実存の三段階〉を説く。第一段階は、若い未熟な〈審美的実存《しんびてきじつぞん》〉の段階であり、快楽を追求して遂《つい》には倦怠感《けんたいかん》・虚無感《きょむかん》に苛《さいな》まれる。第二段階は、壮年《そうねん》の〈倫理的《りんりてき》実存《じつぞん》〉の段階であり、良心《りょうしん》に従って倫理的義務を果《は》たして行くが遂《つい》には自己の罪深《つみぶか》さや無力さを思い知らされて絶望に陥《おちい》る。第三段階は、老年の〈宗教的実存《しゅうきょうてきじつぞん》〉の段階であり、不安と絶望の中の人間がただ一人《ひとり》で神の前に立って神への信仰へと飛躍《ひやく》する。キルケゴールの思想の核心部《かくしんぶ》は、〈主体的真理《しゅたいてきしんり》の確立《かくりつ》〉であり、「自分にとって真理であるような真理を発見し、自分がそれのために生きそして死にたいと思うような理念を発見すること」である。要するに、キルケゴールは、自分の生き方のバックボーン（背骨《せぼね》）となるような真理を探究《たんきゅう》するのだ。

〈生《せい》の哲学《てつがく》〉の先駆者は、十九世紀のドイツの思想家フリードリヒ・ヴィルヘルム・ニーチェ（一八四四～一九〇〇）である。牧師《ぼくし》の子として生まれ育ったニーチェは、青年期に自己が神を完全には信じきれないことに思い悩み、遂《つい》には「神は死んだ」と宣言する。そして、ニーチェは、神無《かみな》しで生きて行くために人間は自己の生《せい》の根源的《こんげんてき》な生命力《せいめいりょく》を発揮《はっき》して力強く成長する主体的人間《しゅたいてきにんげん》としての〈超人《ちょうじん》〉になるしかないと説く。さらに、ニーチェは、現代において否応《いやおう》なく訪れる風潮《ふうちょう》つまり伝統的な価値や権威《けんい》を否定し破壊しようとするニヒリズム（虚無主義《きょむしゅぎ》）を克服《こくふく》するために、あらゆる抵抗《ていこう》を克服して破壊と創造を繰《く》り返《かえ》し絶《た》えず自己を強化《きょうか》・向上《こうじょう》させようとする〈力《ちから》への意志《いし》〉の重要性を唱《とな》える。そして、ニーチェは、たとえ世界が無意味で無目的な繰り返しであろうと、自《みずか》らの運命に操《あやつ》られたり反抗したりする次元《じげん》を超越《ちょうえつ》して自らの運命を愛し耐《た》え抜いて運命と一体《いったい》となった高揚《こうよう》した生《せい》の境地《きょうち》に生きる〈運命愛《うんめいあい》〉を主張した。

〈実存哲学《じつぞんてつがく》〉の源泉《げんせん》が青年キルケゴールの「実《みの》らぬ恋《こい》」であり、〈生《せい》の哲学《てつがく》〉の源泉が青年ニーチェの「虚《むな》しさ」であったように、人間の生涯《しょうがい》を春夏秋冬《しゅんかしゅうとう》の四季《しき》に準《なぞら》えた場合の青年期は、「人生の春《はる》」つまり「青春《せいしゅん》」であり、青春には、「恋《こい》」や「虚《むな》しさ」は付《つ》き物《もの》なのだ。

　一路《いちろ》が花岡家《はなおかけ》の貸間《かしま》に入居《にゅうきょ》して間《ま》も無《な》く、妙《みょう》な出来事《できごと》が二つ起きた。一つは、哲学科の学生ではないが一年次に一路と同じクラスであった相田勇作《あいだゆうさく》が、或《あ》る夜《よ》突然に一路を訪《たず》ねて来たことだ。大学のキャンパス内で一路がこれまで話したこともない相田が、どういうわけで来たのか。しかも、一路がどこに入居しているのかは、親友の田村《たむら》などのごくわずかの者《もの》しか知らないはずではないのか。相田《あいだ》は、悩んでいるような顔付《かおつ》きで一路《いちろ》に言った。

「君《きみ》も知っているように、一年次《いちねんじ》の同じクラスに谷口祥子《たにぐちしょうこ》さんが居《い》ただろう。実《じつ》は、僕は、彼女に振《ふ》られて今落《いまお》ち込《こ》んでいるのだ。どうしたらいいだろうね。」

　相田は、背が高く甘いマスクをしたハンサムボーイなので、これまでいろいろな女たちにモテモテだったはずなのに、モデルにスカウトされそうなくらい美人で利発《りはつ》なクラスのマドンナだった谷口祥子に振られて、よほど大きなショックを受けているのだなと、一路は推察《すいさつ》した。そこで、一路は、相田にアドバイスした。

「もしかして、君《きみ》は、男も女もモテル・モテナイといった一般的なランキングがあると思い込んでいて、自分は男としてのランキングはかなり高いはずなのに谷口祥子の女としてのランキングの高さには敵《かな》わなかったという敗北感《はいぼくかん》に苛《さい》まれているのではないのかい。でも、その考え方は、間違《まちが》いだと思うよ。男と女は、そもそも割符《わりふ》のような関係なのだよ。割符とは、木の札《ふだ》の中央に文字や印《しるし》を書いて二つに割ったものだよね。その二つの半切《はんき》れ札《ふだ》を二人が別々《べつべつ》に持っていて、後《あと》で合わせてみて証拠とするだろう。男と女の関係も、割符の関係と同じで、合う・合わないといった関係なのだよ。男と女のどちらのランクが上とか下とかといった問題ではないと思うのだがね。どうだい。」

　それを聴《き》いて、暗《くら》かった相田の表情が、急にパーッと明るくなり笑顔になった。そして、相田《あいだ》は、嬉《うれ》しそうに一路《いちろ》に向かって言った。

「日高君《ひだかくん》、よく分かったよ。君《きみ》は、凄《すご》いね。よほど豊富な女性体験を持っているのだろうね。おかげで、力《ちから》が湧《わ》いて来たよ。本当にありがとう。」

相田は、来た時とは打って変わったように元気になって帰って行った。種明《たねあ》かしをすれば、〈割符《わりふ》の比喩《ひゆ》〉は、実《じつ》は、一路の一年次《いちねんじ》以来《いらい》の哲学の恩師《おんし》である石崎文雄《いしざきふみお》先生の〈同等《どうとう》の理論〉で石崎先生が用いた比喩の応用《おうよう》だったのだ。

妙《みょう》な出来事《できごと》のもう一つは、哲学科の一路よりも一学年下《いちがくねんした》だが一路よりも四歳年上《よんさいとしうえ》の野原《のはら》美奈子《みなこ》が、或《あ》る夜《よ》突然に一路を訪《たず》ねて来たことだ。野原は、他県《たけん》の国立大学哲学科に数年間在籍してから一路の居《い》るD大学に転学して来たのだった。その背景には、父親の転勤に伴って家族が一緒にD大学のある県へ引っ越して来たということがあるらしい。野原は、小柄《こがら》でややぽっちゃりとしていて綺麗《きれい》な顔立《かおだ》ちの女だった。野原は、一路に向かって甘えるように言った。

「私、恋人《こいびと》が居なくて、寂《さび》しいのです。D大学へ転学したのも、前の大学にイイ男が居なかったということがあるのです。」

一路は、閉口《へいこう》した。一体《いったい》この女は学問というものをどのように考えているのかと、一路は呆《あき》れ返《かえ》った。そのうえ、男漁《おとこあさ》りが本当だとしても、何《なん》と露骨《ろこつ》な表現をする女だとびっくりした。男と女という二枚の割符《わりふ》の片割《かたわ》れとしての異性《いせい》を伴わないこの人の心の中には、〈虚《むな》しさ〉という名の穴《あな》がぽっかりと空《あ》いているのだ。一路《いちろ》は、暫《しばら》くの間《あいだ》、うんうんと相槌《あいづち》を打《う》ちながら黙《だま》って話を聴《き》くしかなかった。一頻《ひとしき》り自分の思いを語った後《あと》、野原《のはら》は、一路に向かって言った。

「私、私立のF高校に、私の親の人脈を通じてコネがあるのです。だから、高校教員免許《こうこうきょういんめん》許《きょ》を取得して、将来はF高校の教員になるつもりなのです。」

漸《ようや》く現実味《げんじつみ》を帯《お》びた話になって来たと、一路は思った。そこで、一路は、野原美奈子《のはらみなこ》に向かって言った。

「それは、良い考えだね。これから高校教員免許用の科目の単位を着実に取得して行って、高校教員免許が取得できるといいね。F高校に勤務していたら、素敵《すてき》な男性との出会いもあるだろうと思うよ。」

一路がそう言って野原を励《はげ》ますと、野原は、自分の思いを聴いてもらって満足したような表情を浮かべて帰って行った。

一路は、相田勇作《あいだゆうさく》といい、野原美奈子といい、大学のキャンパスでは話したこともないのに、よくいきなり訪《たず》ねて来るものだなと思った。一路の所があたかもお悩み相談の駆《か》け込《こ》み寺《でら》であるかのように思われて来て、一路は苦笑《くしょう》した。

既述《きじゅつ》した通り、「青春《せいしゅん》」には「恋《こい》」や「虚《むな》しさ」は付《つ》き物《もの》なのだが、それは一路《いちろ》にも無《む》縁《えん》ではなかった。文科事務室の事務助手の緑川周子《みどりかわしゅうこ》は、一路にとって二年次からずっと敬愛《けいあい》する女性だった。でも、恋愛《れんあい》の対象《たいしょう》ではなかった。三年次《さんねんじ》になって、一路は、風薫《かぜかお》る五月の連休《れんきゅう》に、気候も良いので緑川周子の故郷まで自転車でサイクリングしてみたくなった。普段《ふだん》はそれほど自転車での遠乗《とおの》りはしない親友の田村《たむら》だが、一路が誘《さそ》うと田村は珍《めずら》しく応《おう》じた。一路の山間《やまあい》の田舎町《いなかまち》の盆地《ぼんち》のような地形とは異なり、緑川周子の故郷は、全くの平地が延々《えんえん》と続き、川幅《かわはば》の広い大きな川がゆったりと流れていた。一路たちは、緑川周子の故郷まで二十キロメートル以上の道程《みちのり》を自転車で走った。川沿《かわぞ》いの道路を自転車で進んで行くと、緑川周子の故郷の田舎町の交番《こうばん》に出くわした。交番に居《い》た痩《や》せぎすの白《は》髪《っ》の年配《ねんぱい》のお巡《まわ》りさんに一路が道を尋ねると、当時は長閑《のどか》なものでかなり時間をかけてじっくり調べてくれて、緑川周子の家はすぐ近くの橋を渡った所だと教えてくれた。しかし、一路にとっては、緑川周子の故郷の様子が分かっただけで十分《じゅうぶん》だった。やはり一路と田村は若かったせいか、往復でかなりの距離を自転車で走ったにも拘《かか》わらず、爽《さわ》やかな気候の時期でもあり、二人はさほど疲れを感じなかった。

一路と緑川周子の対話は、文科事務室でのみ行われた。二人の間《あいだ》で交《か》わされた対話の中での緑川周子の主要《しゅよう》な言葉を拾《ひろ》い上《あ》げると、こんなふうになる。

「私の仕事の主《おも》な部分は、コピーを取ってホッチキスで留《と》めて学生さんたちに配布するプリントを作るという単純作業なの。こんな事を言ってはいけないのだけれど、正直に言えば、物足《ものた》りない感じがするの。でも、そういう不満足な気持ちを人前《ひとまえ》で顔に出してはいけないと、或《あ》る人に言われたの。」

緑川周子《みどりかわしゅうこ》のような有能な女性がこのような単純な事務作業に遣《や》り甲斐《がい》をあまり感じられないのは当然だし、それで給料をもらっているのだから不満足な気持ちを表《おもて》に出してはいけないというアドバイスも至極当然《しごくとうぜん》な大人《おとな》の意見だと、一路《いちろ》は思った。そして、緑川周子にはそのようなアドバイスをくれる交際している男性が居《い》るのかもしれないと、一路はチラリと思った。

「女の人は、どんなに強い人でも、心の底《そこ》では好きな男性に支配されたいと思うと、私は思うのよ。」

男と女の符合《ふごう》の比喩《ひゆ》で言えば、男と女の両者が鍵《かぎ》と鍵穴《かぎあな》の関係のように噛《か》み合《あ》って符合するためには、本能的に男は愛する女を支配しようとし女は愛する男に支配されようとするのは自然の理《り》だと、一路は思った。緑川周子は、自然の理を本音《ほんね》で言ったのだ。それにしても緑川周子がこんな事を言う裏には結婚のことが頭にあるのだろうと、一路は思った。当時の人々《ひとびと》の一般的な意識としては、その年《とし》で二十九歳を迎える緑川周子は、結婚適齢期《けっこんてきれいき》を過ぎようとしているくらいだった。緑川周子《みどりかわしゅうこ》が結婚を考えるのは、自然な事である。

「私、有島武郎《ありしまたけお》の『惜《お》しみなく愛は奪《うば》う』を読んでとても感動したあ！」

緑川周子は、満面《まんめん》の笑《え》みで興奮したように言った。有島武郎（一八七八〜一九二三）は、この著作を大正九年（一九二〇年）に発表した。有島にとって、人間の本能は、野獣《やじゅう》の本能とは異なり自覚的な本能であり、人間に現れた純粋な本能の働きは、愛である。そして、愛の本質は、通説となっているような〈与《あた》える本能〉ではなく、〈奪《うば》う本能〉つまり〈この世《よ》に唯一《ゆいいつ》の個性《こせい》として生まれた自己《じこ》の本来性《ほんらいせい》を発揮《はっき》し実現《じつげん》するためにさまざまなものを摂取《せっしゅ》し自己を成長させようとする本能〉である。それは、決《けっ》して〈他者から何かを奪い取り他者を犠牲にする本能〉ではなく、〈他者の生《せい》も自己の生《せい》も促進《そくしん》する本能〉である。有島の思想は、日本の文学史上初《はつ》の実存主義《じつぞんしゅぎ》の思想であり、ドイツで実存哲学を展開した一九二〇年代のハイデガーやヤスパースの思想と奇《く》しくも同時代のものなのだ。緑川周子は、そうした事を理解してはいなかったにせよ、有島の実存主義の思想に触れて感動したことは疑いない。また、そうした緑川周子だからこそ、一路《いちろ》の言葉を傾聴《けいちょう》したにちがいない。

夏休みが終わり、再び講義が始まった九月に、一路が文科事務室へ行くと、緑川周子が一路に言った。

「私、夏休み中《ちゅう》にD大学近くにアパートを借りたの。」

緑川周子《みどりかわしゅうこ》は、大学生時代からそれまでずっと故郷の田舎町《いなかまち》からD大学までバスで通っていたのだが、なぜか急にD大学近くに引っ越して来たのだ。それを聴《き》いた一路《いちろ》は、通勤が楽《らく》になるように引っ越して来たのだろうと思って、思わず安易《あんい》に言ってしまった。

「それじゃあ、緑川さんのアパートへ遊びに行ってもいいですか。」

緑川周子は、笑顔ではあったが、慌《あわ》てたようにそして恥じらうように、声を強めて言った。

「前以《まえもっ》て期日《きじつ》を決めてからね。ねっ！　約束した日にね。ねっ！」

一路は、後《あと》でそのシーンを振り返った。緑川周子があゝいう言い方をしたのは、異性の訪問に対して予《あらかじ》め部屋を綺麗《きれい》にしておかないといけないという女性心理からなのか。それとも、一路が突然訪れて交際している男性と出くわしてはいけないという思いからなのか。そう言えば、緑川周子は、何《なに》かの文脈で「その人はお酒を飲んですぐに寝てしまうの。」と言ったことがある。年齢的に見て、結婚を前提に交際している男性が居《い》てもおかしくはない。結婚を前提とした話を煮詰《につ》める時間を確保するために、引っ越して来たのかもしれない。そう考えると、一路は、一線《いっせん》を越える事を言ってしまったとも思った。

それから暫《しばら》く経《た》って、一路が文科事務室へ行くと、緑川周子が言った。

「今度の日曜日の午後に花岡矩宣《はなおかのりのぶ》さんから招《まね》かれているの。その折《おり》に行ってもいいかなあ。」

緑川周子《みどりかわしゅうこ》は、「行ってもいいかなあ」という言葉を発《はっ》する時、「日高《ひだか》さんの所へ」とは言わずに、笑顔で恥ずかしそうに両手を下へ降ろし両掌《りょうてのひら》を一路《いちろ》の方へ向けて自分の方《ほう》から一路の方《ほう》へ動かし、「そちらへ」という意味の合図《あいず》をした。一路は、すぐに答えた。

「いいですよ。」

そして、日曜日の午後、一路の部屋の西側の障子《しょうじ》の小窓《こまど》の向こうに緑川周子の声がした。

「日高さーん。」

「はーい。」と一路は返事をした。一路は、北側《きたがわ》の入口《いりぐち》の障子の戸《と》を開《あ》けて、緑川周子を部屋の中に迎《むか》え入《い》れた。奥《おく》の座布団《ざぶとん》に一路が座り、入口側《いりぐちがわ》の座布団に緑川周子が座った。

「花岡矩宣《はなおかのりのぶ》さんとはどういう関係ですか。」

「ここの家は旧家《きゅうか》でいろいろな古文書《こもんじょ》があるから、D大学史学科の先生方《せんせいがた》がそれを見せてもらいに来られたりするの。花岡さんも、史学科の先生方の研究室を訪ねて来られたりするの。私も史学科の卒業生で花岡さんとは面識《めんしき》もあったし、花岡さんは文科事務室の私の所へも立ち寄られたりするの。」

「へえー！　古文書ですか。解読するのが大変《たいへん》じゃないのですか。」

「そーねえ。でも、やっぱり慣《な》れかしらね。慣れてくると、段々《だんだん》読めるようになるの。日本史の論文は、八割くらいは古文書の内容からの引用なの。後《あと》の二割が、解釈などかしら。」

「へえー！　そうなのですね。」

二人の対話は、初めのうちはそんな遣《や》り取《と》りでスムーズに進んだが、途中で途切《とぎ》れてしまった。一路《いちろ》が、頭の中で他《ほか》の事を考え出したからだ。一路は、緑川周子《みどりかわしゅうこ》に対して、敬《けい》愛《あい》の対象《たいしょう》であったはずなのに、少し恋愛《れんあい》の対象としての感情が自分の内《うち》に芽生《めば》えていることに気づいたのだ。ここにこうして来てくれている緑川周子に対して、一路は、愛《いと》おしさを感じた。しかし、八歳の年齢差《ねんれいさ》は、やはり大きい。彼女と結婚したとしても、彼女に苦労させることになる。もっとも、彼女は、一路のことを、魅力的で尊敬はするけれども年齢の離れた愛おしい弟分《おとうとぶん》くらいにしか思っていなかっただろう。普段《ふだん》なら一路が哲学的な話をして緑川周子の向上心《こうじょうしん》に応《こた》えるところだが、一路が何時《いつ》になく固くなって黙《だま》っているので、彼女は、沈黙《ちんもく》を打ち消すように小声《こごえ》でハミングしながら伏《ふ》し目気味《めぎみ》に視線を西側《にしがわ》の本棚《ほんだな》の方《ほう》へ滑《すべ》らせた。本棚には結構《けっこう》多くの哲学書《てつがくしょ》がびっしり並《なら》んでいたが、史《し》学科卒業《がくかそつぎょう》の彼女にはどういう本だかあまり分からなかっただろう。彼女は、本棚をざっと見回《みまわ》した後《あと》、或《あ》る一点に視線を集中させて小さい声で「正法眼蔵《しょうぼうげんぞう》」とぽつりと言った。その本は、禅宗《ぜんしゅう》の一派である曹洞宗《そうとうしゅう》の開祖《かいそ》である道元《どうげん》が著《あらわ》したものである。一路は、彼女がよくその書名を読めたなと感心した。次《つぎ》の瞬間《しゅんかん》、彼女は、自分の腕時計を見ながら、一路《いちろ》に対して気遣《きづか》うように「花岡さんの所に行かなくては。」と言った。一路は、神経疲《しんけいひ》労《ろう》のようになっていて、コクンと頷《うなず》くのがやっとだった。彼女を見送《みおく》る際《さい》の一路は、精根《せいこん》尽《つ》き果《は》てたかのように両手を両膝《りょうひざ》に付いて深々《ふかぶか》と頭を下《さ》げた。一路は、彼女に対して申《もう》し訳《わけ》ないという思いだけだった。暫《しばら》くして、壁の向こうから、花岡矩宣《はなおかのりのぶ》のいつもの子供のように無邪気《むじゃき》に喜んだ大きな話し声が聞こえて来た。その後《あと》、それを受けて上手《じょうず》に対応する緑川周子《みどりかわしゅうこ》の快活《かいかつ》な笑い声が聞こえて来た。一路は、「彼女は大人《おとな》だな」と思った。そして、一路の胸のうちに言いようのない辛《つら》さが渦巻《うずま》いた。一路は、彼女のためにも自分のためにも、二度と彼女に会うまいと決意した。一路は、文科事務室へは決《けっ》して行かなかった。

年《とし》が変わり、二月を迎えた頃、親友の田村《たむら》が、緑川周子が駐車場に留《と》められた車の助手席に一人で座っているのを見たよと一路に伝えた。一路は、交際している男性の車の助手席に座っていたのだなと思った。そして、三月下旬頃に、親友の田村が、緑川周子は哲学科の卒業生iと結婚式を挙《あ》げ、iが高校教員として赴任《ふにん》した関東地方へ行ったそうだよと、一路に伝えた。一路は、心の中に〈虚《むな》しさ〉という大きな空洞《くうどう》ができたように感じた。そして、一路は、緑川周子の幸せを祈《いの》った。

（二十）二十二歳の一路（フッサール現象学）

日高一路《ひだかいちろ》は、二十二歳になる年《とし》に大学四年生へ進級した。一路は、キルケゴール・ハイデガー・ヤスパース・サルトルの〈実存哲学《じつぞんてつがく》〉やニーチェの〈生《せい》の哲学《てつがく》〉の他《ほか》にも、ベルクソンの〈生《せい》の哲学《てつがく》〉やジェイムズの〈プラグマティズム〉にも関心を持った。

アンリ・ベルクソン（一八五九〜一九四一）は、フランスの哲学者で、メーヌ・ド・ビランの唯心論《ゆいしんろん》の伝統を継《つ》ぎつつ、スペンサーの進化論《しんかろん》哲学の影響を受け、創造的進化《そうぞうてきしんか》の〈生《せい》の哲学《てつがく》〉を説いた。彼の課題は、一切《いっさい》を物質化し機械化しようとする十九世紀後半の科学的唯物論《ゆいぶつろん》的傾向に抗《こう》して、生命と精神の独自性を擁護《ようご》することであった。彼によれば、物質の世界は、拡《ひろ》がりをもつ同質的《どうしつてき》な多数のものがただ空間の中に同時的に並存《へいぞん》していて繰《く》り返《かえ》しの行われる因果必然《いんがひつぜん》の世界であるのに対し、精神の世界は、異質的《いしつてき》なものが相互に内面的に浸透《しんとう》し合い時間的に持続《じぞく》しながら不断《ふだん》の創造が行われている自由の世界である。そのような〈純粋持続《じゅんすいじぞく》〉の世界は、〈直観《ちょっかん》〉によって知られる。彼は、物質を、直接感覚された色・形・香《か》などのイマージュ（形象《けいしょう》）の集合として捉《とら》える。それに対して、精神は、過去のイマージュ（形象）を保存する記憶である。イマージュ（形象）の記憶が精神であり、その中から脳髄《のうずい》において選択されたイマージュ（形象）の集合が物質の知覚＝物質である。純粋記憶としての精神は、持続《じぞく》の緊張した極限《きょくげん》であり、選択されたイマージュ（形象）の集合としての物質は、持続の弛緩《しかん》した極限である。このように、精神と物質の二元論《にげんろん》は、生《せい》の持続の一元論《いちげんろん》に統一される。〈精神世界〉を〈生《せい》の純粋持続《じゅんすいじぞく》による自由な創造の世界〉として捉えるベルクソン哲学は、一路《いちろ》にとって目から鱗《うろこ》が落ちる思いであった。

ウィリアム・ジェイムズ（一八四二〜一九一〇）は、アメリカの哲学者で、プラグマティズムの哲学者の一人《ひとり》である。プラグマティズムの哲学は、従来の形而上学的《けいじじょうがく》・思弁《しべん》的哲学に反対し、思想と日常生活とを密接に関連させる経験論《けいけんろん》の伝統を受け継《つ》いだアメリカ的な哲学である。この立場は、具体的経験の中に科学的方法を生かし、知識や観念を行動のもたらす結果によって検証《けんしょう》しようとする点に特徴がある。ジェイムズによれば、思想の真偽《しんぎ》・行為の善悪《ぜんあく》・事物《じぶつ》の美醜《びしゅう》などは、それらが人生において有用《ゆうよう》であるか否《いな》かによって決定される。例《たと》えば、「神が存在する」という命題は、人間に精神的安らぎを与える点で有用であり、その限りにおいて真理なのだ。他《ほか》のプラグマティズムの哲学者に比べて、ジェイムズに特異《とくい》な点は、〈根本的経験論《こんぽんてきけいけんろん》〉の主張である。つまり、具体的な経験としての〈純粋経験《じゅんすいけいけん》〉は、多様な断片《だんぺん》の寄せ集めではなく、〈生命《せいめい》の流動《りゅうどう》〉であるということである。〈純粋経験〉は、意識と無意識、主観と客観、心と物が分かれる以前の〈中性《ちゅうせい》的経験《てきけいけん》〉であり、そこには名詞や形容詞ばかりでなく前置詞や接続詞も織《お》り込まれている。ジェイムズは、〈純粋経験〉を、直接知覚または感覚の半《なか》ば昏睡状態《こんすいじょうたい》と考えている。人間の経験の根本を〈生命の流動〉としての〈純粋経験〉と捉《とら》えるジェイムズ哲学は、一路《いちろ》にとって斬新《ざんしん》なものに思われた。

人間というものを根本的に探究しようとする一路にとって、ベルクソンの〈生《せい》の純粋持続〉とジェイムズの〈純粋経験〉は、衝撃的《しょうげきてき》なものであった。人間の生《せい》（生命《せいめい》）は、〈持続〉であり〈流動〉なのだ。持続し流動するものは、人間の〈生《せい》〉であり、言い換《か》えれば、人間の〈意識《いしき》〉である。人間の生《せい》（生命《せいめい》）の本質は、〈意識〉なのだ。そして、人間の意識の本質を洞察《どうさつ》しようとした哲学者が、実存哲学者《じつぞんてつがくしゃ》としてのハイデガー・ヤスパース・サルトルに決定的な影響を与えたフッサールである。

一路が大学三年生になって間《ま》も無《な》くの頃に、親友の田村剛《たむらつよし》が一路に言った。

「一学年上《いちがくねんうえ》の中沢正吾《なかざわしょうご》さんは、フッサールのドイツ語の原書《げんしょ》と翻訳書《ほんやくしょ》を見比《みくら》べながら一《いち》語一語《ごいちご》を厳密に照合《しょうごう》しているそうだよ。県下《けんか》の名門進学校であるA高校に通っている頃にあまりに神経質で神経性胃炎《しんけいせいいえん》に苦しんで、主治医《しゅじい》からタバコを吸うように指示されていたそうだよ。」

一路《いちろ》は、田村《たむら》に返した。

「一語一語《いちごいちご》を厳密に照合《しょうごう》するとは、中沢《なかざわ》さんは、よほど神経が繊細《せんさい》なのだろうね。それにしても、医者が高校生に対して神経性胃炎の治療のためにタバコを吸いなさいなんて言うかねえ。」

一路は、そう言って苦笑《くしょう》した。田村も、プッと噴《ふ》き出して笑った。

三年次《さんねんじ》の一路から見ても、四年生の中沢正吾《なかざわしょうご》は、一路よりも一回《ひとまわ》り身体《からだ》が小さく痩《や》せこけていて、顎《あご》の下は削《そ》げ落ちたように細く、いかにも神経質そうに見えた。中沢の話はさておき、一路が哲学者フッサールの名を知ったのは、その時のことだった。それから、一路がフッサールについていろいろ調べてみると、フッサールが実存哲学者《じつぞんてつがくしゃ》としてのハイデガー・ヤスパース・サルトルの師匠格《ししょうかく》の哲学者であることが分かった。そこで、一路はフッサールの著書の翻訳本《ほんやくぼん》を購入したのだが、その翻訳本には『厳密な学としての哲学』の全訳と『デカルト的省察《せいさつ》』の全訳と『ヨーロッパの諸学問の危機と超越論的現象《ちょうえつろんてきげんしょう》学《がく》』の大部分の部分訳が掲載《けいさい》されていた。三年次の一路は、『厳密な学としての哲学』の全訳と『デカルト的省察』の全訳を読んではみたが、実存哲学《じつぞんてつがく》の色合《いろあ》いはなく、フッサールのどこがその弟子格《でしかく》の実存哲学者《じつぞんてつがくしゃ》たちと繋《つな》がるのかさっぱり分からなかった。

四年生になった一路《いちろ》は、三年次《さんねんじ》にはまだ読んでいなかった『ヨーロッパの諸学問の危機と超越論的現象学《ちょうえつろんてきげんしょうがく》』の大部分の部分訳を読んでみると、その著作に登場する〈生《せい》〉概念や〈生活世界《せいかつせかい》〉概念に魅《み》せられた。フッサール最晩年《さいばんねん》のこの著作が日常生活の中の生身《なまみ》の具体的人間を主題化しようとしており、その点でフッサールの弟子格の実存哲学者たちと繋がるのではないかということだけは、一路には漠然《ばくぜん》と感じられた。そして、フッサールが経験的意識《けいけんてきいしき》の根底《こんてい》にそれに先立《さきだ》つ超越論的意識《ちょうえつろんてきいしき》を想定しその本質的構造を解明しようとしているが、それはベルクソンの〈生《せい》の純粋持続《じゅんすいじぞく》〉やジェイムズの〈純粋経験《じゅんすいけいけん》〉と結び付くということを、一路は洞察《どうさつ》した。つまり、一路の考えでは、〈生《せい》の純粋持続〉＝〈純粋経験〉＝〈超越論的意識〉なのだ。

ドイツの哲学者エドムント・フッサール（一八五九～一九三八）は、意識の本質的構造を解明しようとする〈現象学《げんしょうがく》〉という哲学の創始者《そうししゃ》である。奇《く》しくも、精神分析学《せいしんぶんせきがく》の創始者であるオーストリアのジグムント・フロイト（一八五六～一九三九）と同時代人《どうじだいじん》である。大局的《たいきょくてき》に見れば、十九世紀末から二十世紀初頭へかけての「世紀の変わり目」は、ベルクソンといい、ジェイムズといい、フッサールといい、フロイトといい、揃《そろ》って〈人間の意識〉を主題化しており、〈人間解明哲学の幕開《まくあ》けの時代〉と言えよう。

フッサール現象学は、意識が自《みずか》らを越えて意識の外へ向かう〈志向性《しこうせい》〉をもっていると説き、このような意識が志向する外界《がいかい》の実在性《じつざいせい》についての素朴な思い込みの停止としての判断中止《はんだんちゅうし》（エポケー）を説く。そして、判断中止（エポケー）後《ご》に反省的に確保される純粋意識《じゅんすいいしき》の本質直観《ほんしつちょっかん》を説く。こうして、経験的意識《けいけんてきいしき》の根底《こんてい》に存《そん》する純粋意識としての超《ちょう》越論的意識《えつろんてきいしき》の本質を捉《とら》える哲学的方法を、〈現象学的還元《げんしょうがくてきかんげん》〉と呼ぶ。

四年生の一路《いちろ》は、フッサール現象学《げんしょうがく》を大雑把《おおざっぱ》には理解したが、これから相当《そうとう》勉強して行かないと深くは理解できないだろうし、フッサール現象学と実存哲学《じつぞんてつがく》との結び付きを深くは分からないだろうと思った。しかし、ハイデガーはフッサールの愛弟子《まなでし》だし、ヤスパースもフッサールとの交流を通じて影響を受けた間接弟子《かんせつでし》だし、サルトルもフッサールおよびハイデガーの講義を聴講《ちょうこう》して独自の実存哲学を築《きず》いた正真正銘《しょうしんしょうめい》のフッサール門下《もんか》生《せい》である。実存哲学を真《しん》に理解するためには、フッサール現象学を真に理解することが不《ふ》可欠《かけつ》だと、一路は強く思った。

（二十一）　二十二歳の一路（実存的決断 ―― 結婚）

大学四年生となって二十二歳を迎えようとしている日高一路《ひだかいちろ》の身《み》の上《うえ》には、生涯《しょうがい》で最も重大な出来事《できごと》の一つとも言うべき〈実存的決断《じつぞんてきけつだん》〉を迫《せま》られる出来事が起きようとしていた。それは、花岡家《はなおかけ》の娘《むすめ》との出会いである。一路は、三年次《さんねんじ》の四月から花岡矩宣《はなおかのりのぶ》の家の貸間《かしま》に入居《にゅうきょ》したのだが、入居する数日前の三月下旬《すうじつまえ》に自分の部屋を十分《じゅうぶん》に下見《したみ》しておこうと密《ひそ》かに足を運んだ。部屋の入口《いりぐち》の障子戸《しょうじど》を開《あ》けると、部屋の中には雑巾《ぞうきん》を手にした二十歳台《だい》の若い娘が居《い》た。少し日焼けした顔をしてやや痩《や》せ気味《ぎみ》の娘だった。娘は、不意《ふい》に障子戸を開《あ》けられて一瞬《いっしゅん》ビクッとしたように一路の方《ほう》へ振り向き、いかにもまだ固い蕾《つぼみ》の生娘《きむすめ》のような口調《くちょう》で一路に向かってはきはきと言った。

「この部屋にもうすぐ学生さんが入《はい》られるので掃除《そうじ》をしておくようにと母に言われて掃除をしていました。たった今《いま》掃除を終えたところです。この部屋は物置部屋《ものおきべや》として使われていましたので、他《ほか》の部屋より手狭《てぜま》で申し訳《わけ》ありませんが、どうぞお使い下さい。」

一路《いちろ》は、娘に向かって言った。

「思いがけず部屋を綺麗《きれい》にして頂いてありがとうございます。こちらは、とても助かります。」

娘は、そそくさと部屋を出て行った。家主《やぬし》の花岡矩宣《はなおかのりのぶ》は武士《ぶし》のような風貌《ふうぼう》の人だが、娘もその物腰《ものごし》がいかにも古風《こふう》な武家《ぶけ》の娘といった趣《おもむき》で、家族三人でテレビの時代劇《じだいげき》を好《この》んで見るような家庭環境で育った一路にとっては、大学のキャンパス内で見掛《みか》ける現代的なファッションで着飾《きかざ》った派手《はで》な娘たちよりもはるかに好《この》ましかった。部屋は、確かに娘が言っていたように手狭《てぜま》で、物置《ものおき》として使われていたことを思わせるように、東側《ひがしがわ》と南側《がわ》が土壁《つちかべ》で西側《にしがわ》に障子《しょうじ》の小窓《こまど》があって北側《きたがわ》の入口《いりぐち》に障子戸《しょうじど》があった。天井《てんじょう》は低く、梁《はり》として渡《わた》された太《ふと》い柱が頑丈《がんじょう》に貫《つらぬ》き、いかにも武家の家屋《かおく》といった風情《ふぜい》があった。一路は、花岡家《はなおかけ》のその娘を、それっきり見掛けなかった。

花岡家の間借《まが》りが二年目となった大学四年生の一路が、五月の或《あ》る日の午後のこと、貸《かし》間《ま》の北側の庭にある洗面所で手を洗っていると、家主の花岡矩宣が大きな庭帚《にわぼうき》を肩に担《かつ》いで鼻歌《はなうた》まじりに北側の裏庭《うらにわ》の方《ほう》へ回《まわ》って来た。おそらく正門前《せいもんまえ》の広い砂利道《じゃりみち》を掃《は》き清めて来たのだろう。この頃には、花岡矩宣と一路は、お互いに気心《きごころ》も知れて懇意《こんい》になっていた。もっと的確に言えば、花岡矩宣にとって、一路は大《だい》のお気《き》に入《い》りだった。花岡矩宣は、一路《いちろ》の方《ほう》へ近づいて来るなり一路に向かって言った。

「日高《ひだか》さん。あーたが頭脳明晰《ずのうめいせき》であることは、誰でも一目《ひとめ》で分かる。その才能の高さは、表《おもて》に出すぎるくらい出ている。だが、〈能《のう》ある鷹《たか》は爪《つめ》を隠《かく》す〉と言うでしょう。あーたがそれをできるようになればもっと大物《おおもの》になる。そのためには、自分より上のさまざまな人間と付き合って人間の幅《はば》を広げることです。ところで、私の娘は、幼児教育を学んで保育士《ほいくし》をしております。子供が好《す》きなようです。どうか、あーたが娘を指導してやって下さい。」

そう言って、花岡矩宣《はなおかのりのぶ》は立ち去った。花岡矩宣は、暇《ひま》な時にはよく日本画《にほんが》を描《えが》いていた。東京の美術学校を出ているそうで、あの有名な横山大観《よこやまたいかん》の指導も受けたことがあるそうだ。花岡矩宣は、お喋《しゃべ》り好《ず》きで気分屋《きぶんや》の面《めん》はあるものの、何《なに》を見るにも画家らしい洞察眼《どうさつがん》の鋭《するど》さがあった。

花岡矩宣が立ち去った後《あと》、一路の部屋の東隣《ひがしどなり》の部屋の戸がスーッと開《あ》き、田上文也《たがみふみや》がにこにこしながら出て来た。田上は、一路と同じくD大学の四年生で、工学部の学生だった。田上は、ラグビー部のマネージャーをしており、物腰柔《ものごしやわ》らかな男だったが、体重が百キログラムを超える巨漢《きょかん》であった。一路と田上とは一年ちょっとの間《あいだ》のお隣付《となりづ》き合いの間柄《あいだがら》なので、お互いに遠慮《えんりょ》は無かった。田上が、にこにこしながら一路に言った。

「日高さん。たった今《いま》のあの爺《じい》さんの言葉は、一体何《いったいなん》ですか。確かに〈娘を指導してやって下さい〉と言いましたよね。あの爺《じい》さんと日高《ひだか》さんとの間《あいだ》で、例《たと》えば〈娘を日高さんの嫁《よめ》にやる〉というような裏取引《うらとりひき》が出来上《できあ》がっているのではないですか。この間《あいだ》、僕が吸っていたタバコの灰《はい》が畳《たたみ》に落ちてほんの五ミリメートルの焦《こ》げ跡《あと》が付いたのをたまたまあの爺さんが見つけて、鬼《おに》の形相《ぎょうそう》で僕をこっ酷《ぴど》く叱《しか》り付けましたよ。あの爺さんは、僕にとっては恐《こわ》いイメージしかありません。それなのに、先程《さきほど》のあの爺さんの言葉は、何《なん》ですか。僕と日高さんの親しい仲《なか》じゃないですか。本当のところを教えて下さいよ。」

一路《いちろ》は、田上《たがみ》に対して隠《かく》し立《だ》てすることなど全く無かった。一路の方《ほう》こそ、花岡矩宣《はなおかのりのぶ》の言葉に唖然《あぜん》としていたのだ。それというのも、花岡家《はなおかけ》の娘には、一年ちょっと前の入居《にゅうきょ》の数日前《すうじつまえ》に出会ったきり、一度も会ったことが無かったからである。一路は、田上に言った。

「裏取引だなんて、そんなことは全くありません。本当なのです。僕の方《ほう》こそ、あんな事を言われて驚いているのです。そもそも、娘さんとちゃんと話し合ったことすらないのですから。」

その場《ば》は、それで終わった。

六月の或《あ》る夕方《ゆうがた》のこと、午後七時頃一路が銭湯《せんとう》へ行こうとして風呂桶《ふろおけ》を抱《かか》えて正門《せいもん》に差《さ》し掛《か》かったところ、正門の向こうから自転車を押して上《のぼ》って来る娘の姿が、正門の横柱《よこばしら》に設置《せっち》された電燈《でんとう》の光《ひかり》に照らし出された。娘は、一路を見るなり咄嗟《とっさ》に一路に向かって言った。

「あら、日高《ひだか》さん。日高さんは、哲学科の学生さんですよね。今度の日曜日に本を借りに行ってもいいですか。」

一路《いちろ》は、思いがけないことで一瞬《いっしゅん》ビクッとしたが、笑顔で返した。

「ええ、いいですよ。」

日曜日の午前十時頃、一路の部屋へ娘がやって来た。娘は、四人兄弟の次女《じじょ》で、花岡孝《はなおかたか》代《よ》という名前だった。

「私、短大の幼児教育科を卒業して、今年の四月から私立保育園で保育士《ほいくし》をしているのです。短大の学生の時は遠方《えんぽう》に下宿していたのでこの家には居《い》なかったのですが、四月からはこの家から保育園へ通勤しているのです。日高さんは哲学科の学生さんだと聴《き》いていましたので、本をたくさんお持ちと思い、いつか本を借りようと思っていたのです。短大では社会学の科目を学んだことがありますけれども、私に適当な本を貸して頂けませんか。」

一路は、返した。

「それだったら、十九世紀のフランスの社会学の創始者コントの著作の翻訳本《ほんやくぼん》がありますから、それを貸しましょう。高校生でも読めるように平明《へいめい》な文章に訳されていますから。」

一頻《ひとしき》り雑談《ざつだん》した後《あと》に、帰り際《ぎわ》に花岡孝代は快活《かいかつ》に一路に向かって言った。

「来週の日曜日に、この本を返しに来てもいいですか。」

一路《いちろ》は、笑顔で答えた。

「ああ、いいですよ。」

その翌週の日曜日の午前十時頃、花岡孝代《はなおかたかよ》が一路の部屋へやって来た。

「この借りた本は、私には難《むずか》しくてあまり分かりませんでした。折角《せっかく》貸して頂いたのに申《もう》し訳《わけ》ありません。」

一路は、花岡孝代が先週本を借りに一路の所へ来たのは一路に会うための口実《こうじつ》だったのだと思った。案《あん》の定《じょう》、花岡孝代は、身《み》の上《うえ》相談のように堰《せき》を切ったように話し出した。

「私、保育園の仕事が一杯一杯《いっぱいいっぱい》で小出《こだ》しにしているのです。………私、末端肥大《まったんひだい》で、手や足が大きくて見苦《みぐる》しいのです。それに、小さい頃から頭が大きくて〈ガボ〉という渾名《あだな》が付いていたのです。」

花岡孝代は、四月からのこの三カ月の間《あいだ》にまだ慣れない保育園の仕事に悪戦苦闘していることや、自分の体付《からだつ》きのコンプレックスについて、あたかもカウンセリングを受けているかのように赤裸々《せきらら》に語った。一路は、花岡孝代の話を聴《き》いていて思った。この人は、良く言えば謙虚《けんきょ》で優《やさ》しいが、悪く言えば自分に自信が持てずネガティブ（自己否定的《じこひていてき》）で逃避的《とうひてき》だなあ、と。その訳《わけ》は、後々《あとあと》になって漸《よう》く分かった。花岡孝代の父親は、今でこそ高齢になって身体《からだ》が弱ってきたので酒を飲まなくなり穏《おだ》やかになっているが、花岡孝代《はなおかたかよ》が小さかった頃は時々《ときどき》夜中《よなか》に酒乱《しゅらん》になって木刀《ぼくとう》を持って見境《みさかい》も無く家族を追い回したのだ。おそらく、その体験が、花岡孝代のトラウマ（心的外傷《しんてきがいしょう》）になっているのだろう。だから、花岡孝代は、小さい頃からその時までずっと心の奥底《おくそこ》に男性に対する恐怖心《きょうふしん》があった。しかし、花岡孝代は、初めて一路《いちろ》の所へ本を借りに来た時から、一路という男性に対して微塵《みじん》も恐怖心を抱《いだ》かなかった。後々《あとあと》花岡孝代が一路に語ったところによれば、花岡孝代は、本を借りに来た最初の時から一路に対して〈干《ほ》し草《くさ》のような温《ぬく》もり〉を感じ、〈愛《いと》おしさ〉を感じたのだった。後々の花岡孝代の母親の言葉を借りれば、〈一路さんが孝代の開《あ》かずの間《ま》を開《あ》けて下さった〉ということになる。

孝代が本を返しに来て数日後の夜の午後八時頃《ごろ》に、孝代は、パジャマの上に赤いガウンを羽織《はお》って一房《ひとふさ》のブドウを皿《さら》に載《の》せて一路の部屋へ届けに来た。一路は、あんな無防備《むぼうび》な姿で男の部屋へブドウを届けに来るなんて、一路の方《ほう》こそ赤面《せきめん》してしまいそうになり呆《あき》れた。孝代としては、一路が愛おしくて居《い》ても立ってもおられず、衝動的《しょうどうてき》に動いたのだろう。

その後《ご》の展開は、孝代の一路に対する波状攻撃《はじょうこうげき》だった。孝代は、「父親に美術館の入場券を二枚貰《もら》ったので一緒《いっしょ》に行きませんか」と一路を誘ったり、「自宅から西方《せいほう》へ十キロメートル離れた野《の》の道《みち》までのサイクリングに一緒に行きませんか」と誘ったりした。孝代は、大好《だいす》きな一路《いちろ》の傍《そば》に居《い》るだけで幸せだった。一路も、清楚《せいそ》で清純《せいじゅん》な孝代《たかよ》と一緒に居ると楽しかった。

七月の或《あ》る日曜日のこと、一路は、孝代に誘われて市《し》の中心部の繁華街《はんかがい》へ一緒《いっしょ》にバスに乗って行った。孝代は、バスを降《お》りると突風《とっぷう》が吹いたので日除《ひよ》けの麦わら帽子《ぼうし》が飛《と》ばされそうになり、咄嗟《とっさ》に両手で麦わら帽子を押さえた。その格好《かっこう》が、一路にはとても無邪気《むじゃき》で可愛《かわい》らしく見えた。孝代がルンルン気分《きぶん》でウキウキして嬉《うれ》しそうにしているのが、一路にははっきりと感じられた。孝代は、繁華街の食堂へ一路を連れて行き、ハンバーグ定食を御馳走《ごちそう》してくれた。一路は、食べながら、向かい席に座っている孝代と対話した。

「ところで、孝代さんは、何歳なの。」

「私、今年で二十七歳になるの。」

「ええっ！　そんな風《ふう》には見えないなあ。僕は、あなたがせいぜい二十四歳くらいだろうと思っていたよ。」

「私、私立の女子高校を卒業して、血清《けっせい》を製造する会社に勤めていたのです。ところが、二十一歳の時に、仕事で鶏小屋《にわとりごや》に入《はい》るので脳膜炎《のうまくえん》に罹《かか》って入院したのです。それで、そんな危ない仕事は辞《や》めるようにと家族に言われて辞職したのです。それから、子供が好きだから保育士《ほいくし》になろうと思って通信教育で必要な科目の単位を取得して行っていたのですけれども、思い切って二十五歳から二十六歳までの二年間に短大の幼児教育科に通って保《ほ》育士《いくし》の免許を取得し、今年の四月から私立の保育園に勤《つと》めているということなのです。」

そうした事があってから、一路《いちろ》は、孝代《たかよ》のことについて深く考えるようになった。一路から見れば、孝代は、実年齢《じつねんれい》の二十七歳にはとても見えない。どう見てもせいぜい二十四歳くらいにしか見えない。孝代は、良く言えば世間《せけん》ずれしておらず純真無垢《じゅんしんむく》だとも言えるが、悪く言えば標準よりは幼稚《ようち》な生娘《きむすめ》とも言える。一路は、孝代の利害打算《りがいださん》の無い純粋で真《ま》っ直《す》ぐなところを父親譲《ゆず》りのものだと思った。一路は、孝代が自分より五歳年上《としうえ》なのは気になったが、孝代は、そんなことは全く気にならない風《ふう》で、一路を尊敬し信頼していた。そして、孝代は、何《なに》よりも一路を深く愛していた。孝代は、結婚適齢期《けっこんてきれいき》であり、花《はな》岡家《おかけ》は旧家《きゅうか》でもあるので、各方面から見合い話が相次《あいつ》ぎ、それまでに既《すで》に四件の見合いを経《へ》ており、すべて孝代の方《ほう》から断《ことわ》っていた。一路は、孝代の一路に対する全身全霊《ぜんしんぜんれい》の愛を受け入れて結婚を決断しなければならないと考えていた。

その後《ご》も、一路と孝代は、裏山《うらやま》の登山道《とざんどう》の散策《さんさく》や市内の名勝地《めいしょうち》の観光等々《とうとう》でデートを重《かさ》ね、さまざまな事について話し合った。二人は、いつも意気投合《いきとうごう》した。そうこうしているうちに、十月になった。その頃には、一路は、孝代が勤めている保育園の傍《そば》まで自転車で迎えに行くこともあった。孝代は、自宅から東へ六キロメートルの所にある保育園へ自転車で通勤していたので、一路《いちろ》が迎えに行った時には、帰りは一緒《いっしょ》に自転車を走らせ、途中からは裏通《うらどお》りの小道《こみち》に入って自転車を押して互いに喋《しゃべ》りながら帰った。小道沿いの家の庭の金木犀《きんもくせい》の満開の花々《はなばな》から放《はな》たれる甘い香《かお》りが、若い二人の甘い気分を一層うっとりさせた。

それから暫《しばら》くして十月下旬の或《あ》る日のこと、孝代《たかよ》は、一路に対して突然悲しげな顔付《かおつ》きで「別《わか》れましょう。」と告《つ》げた。孝代は、一路に理由を一言《ひとこと》も言わずに辛《つら》そうに立ち去った。一路は、呆然《ぼうぜん》とした。一路は、訳《わけ》が分からなかった。それからずっと、孝代は、一路に連絡を取らなかった。一路は、どうすることもできず、辛《つら》い悶々《もんもん》とした日々《ひび》を送った。一路は、哲学の恩師《おんし》である石崎文雄《いしざきふみお》先生に相談した。石崎先生は、一路に対して、花岡家《はなおかけ》には居《い》づらいだろうから石崎先生宅に隣接《りんせつ》した石崎先生所有の空《あ》き家《や》に引っ越して来るように勧《すす》めた。その空き家は、石崎先生の息子夫婦がかつて住んでいた家であった。一路は、石崎先生の恩情《おんじょう》に甘えて、十一月中旬に石崎先生所有の空き家へ引っ越した。石崎先生は、夫人に相談して女心《おんなごころ》というものを尋ねたところ、「日高《ひだか》さんの相手の女の方《かた》は、心底《しんそこ》から日高さんのことを愛しておられる。日高さんを愛するあまり、自分は身《み》を引いたのでしょう。」という答えだった。石崎先生からその事を聴《き》いた一路は、十二月上旬に意《い》を決めて花岡家へ電話した。一路は、孝代の反応を心配していたが、意外と孝代の口調《くちょう》は嬉《うれ》しそうだったので安堵《あんど》した。

それから三日後《みっかご》の夕方のこと、一路《いちろ》が入居《にゅうきょ》していた石崎《いしざき》先生所有の家の南側《みなみがわ》の雨戸《あまど》を叩《たた》く音がした。一路が雨戸を開《あ》けると、そこに居《い》たのは、一路が花岡家《はなおかけ》に間借《まが》りしていた時に東隣《ひがしどなり》の部屋に居《い》た田上文也《たがみふみや》だった。田上は、「花岡孝代《はなおかたかよ》さんに頼まれた手紙を持って来ました。」と言って、一路に手紙を渡して帰って行った。一路宛《あて》の孝代の手紙には、一路に対する愛情に満ちた思いが連綿《れんめん》と綴《つづ》られていた。自分が一路の勉強の妨げになっているのではないかと心配して理由も告《つ》げずに別《わか》れたこと、別れた後《あと》に一路に会いたい思いに苛《さいな》まれたこと、一路が花岡家を去った後《あと》の言い知れぬ空虚感《くうきょかん》、思いがけず一路から電話してもらった時の起死回生《きしかいせい》の喜び等々《とうとう》が、切々《せつせつ》と語られていた。やはり石崎先生の夫人が推察された通りの事だったのだと、一路は思った。

石崎先生に孝代からの手紙のことを話すと、石崎先生は、孝代と面談してみようと言った。その事を電話で孝代に伝え、十二月中旬に孝代が石崎先生宅を訪《たず》ねることになった。そして、十二月中旬の或《あ》る日の午後のこと、孝代は、石崎先生宅の応接間《おうせつま》で石崎先生と二時間くらい面談した。面談を終えて、孝代は、一路の部屋へ晴《は》れ晴《ば》れとした顔付《かおつ》きで入《はい》って来た。石崎先生は、古代ギリシア哲学の用語であるパトス（情熱）とロゴス（論理）という二語を使って、孝代を分かり易《やす》く説得《せっとく》したのだった。つまり、「日高君《ひだかくん》は、若いからパトス（情熱）が旺盛《おうせい》だが、それだけではなく、ロゴス（論理）を兼《か》ね備《そな》えた人でもある。あなたが信頼するに値《あたい》する人物である。心配することは何《なに》も無い。」と。孝代《たかよ》は、安心したような笑顔になっていた。そして、別れ際《わかれぎわ》に、一路《いちろ》は、その後暫《あとしばら》く孝代と歓談《かんだん》して夕方に途中まで孝代を送って行った。そして、別れ際に、一路は、孝代に「結婚しよう。」と言った。孝代は、今にも天《てん》に舞《ま》い上《あ》がらんばかりの喜びの表情を浮かべて嬉《うれ》しそうにコクリと頷《うなず》いた。そして、孝代は、帰宅するや否《いな》や両親に報告した。孝代の両親は、「願ったり、叶《かな》ったり。」とばかりに即座《そくざ》に喜んで了承《りょうしょう》した。

一路は、孝代が一路に別れを告《つ》げた十月下旬から十一月上旬へかけての最も辛《つら》かった苦《く》悩《のう》の時期に、「結婚を考えているけれども、なかなか儘《まま》ならない。」といった内容の電話を実家の父親に深刻《しんこく》な沈《しず》んだ声ですると、父親は、一路に自殺でもされたら堪《たま》らないと思ったのか、「人間は、一人《ひとり》では寂《さび》しいものだから、結婚して家庭を作るのだ。」といった内容のことを言い、あまり思い詰《つ》めないようにと一路を諭《さと》した。そして、十二月中旬に孝代との結婚の合意《ごうい》が成立し孝代の両親の承諾《しょうだく》を得たことを一路が実家の両親に連絡すると、実家の両親は、昔気質《むかしかたぎ》の封建的《ほうけんてき》な意識を持っていて旧家《きゅうか》の花岡家《はなおかけ》に対しては一目置《いちもくお》いていただけに、喜んで承諾した。日高《ひだか》・花岡《はなおか》の両家《りょうけ》も、そして何《なに》より一路・孝代の両人《りょうにん》も、一路が大学生の身《み》で結婚して経済的にどうするのかといったことを問題にしなかった。世《せ》間《けん》一般《いっぱん》の常識とは全く次元《じげん》の異《こと》なる〈世《よ》にも奇妙《きみょう》な結婚の決定〉であった。それは、「ただ愛し合う二人が一緒に暮らしたい」という純然《じゅんぜん》たる固い絆《きずな》に貫《つらぬ》かれただけの〈強固《きょうこ》な実存的決断《じつぞんてきけつだん》〉であった。

年《とし》が改《あらた》まって一月上旬に両家の親同士《おやどうし》の挨拶《あいさつ》が行われ、三月上旬に両家の親族・友人・知人が集《つど》った簡素《かんそ》な結婚式が挙行《きょこう》された。結婚式の披露宴《ひろうえん》の最後に、事前《じぜん》の打ち合わせも無く「新郎挨拶《しんろうあいさつ》」のためのマイクが一路《いちろ》に手渡《てわた》された。一路は、アドリブで喋《しゃべ》った。

「本日《ほんじつ》は、お忙《いそが》しい中《なか》、皆様方《みなさまがた》のご列席を賜《たまわ》り、このように心温《こころあたた》まる披露宴を挙行できましたことを、心より御礼《おれい》申し上げます。まだまだ未熟者《みじゅくもの》の二人ではございますが、これからもこれまで同様にご指導ご鞭撻《べんたつ》のほどよろしくお願い申し上げます。さて、私は、これからD大学大学院へ進学し、働きながらさらに勉学に邁進《まいしん》するつもりでございます。

………」

孝代《たかよ》は、マイクを持った一路の隣《となり》に立って、アドリブで流暢《りゅうちょう》に喋る一路にただただ感心して聴《き》き惚《ほ》れていた。一路は、三月初めにD大学大学院修士課程文学研究科哲学専攻（定員五名）を受験し、実《じつ》は合格発表は一週間後だったのだが、合格を確信した上で「新郎挨拶」の中に盛《も》り込《こ》んだのだった。そして、一週間後に合格発表があり、一路は首席《しゅせき》で合格したのだった。

（二十二）　二十三歳～二十四歳の一路（大学院修士課程）

日高一路《ひだかいちろ》は、二十三歳になる年《とし》にD大学《だいがく》大学院《だいがくいん》修士《しゅうし》課程《かてい》文学《ぶんがく》研究科《けんきゅうか》哲学《てつがく》専攻《せんこう》に入学し、大学院一年生となった。一路と孝代《たかよ》は、三月上旬に結婚式を挙《あ》げ、三月下旬の春分《しゅんぶん》の日《ひ》に市役所に婚姻届《こんいんとど》けを提出したのだが、実際には二月初めから一路と孝代の同居生活《どうきょせいかつ》は始まった。二人《ふたり》は、一月上旬に両家《りょうけ》の承認の下《もと》に結婚が決定すると、早速不動産屋《さっそくふどうさんや》を当たり、借家《しゃくや》を借りた。その借家は、孝代が勤《つと》める保育園の東隣《ひがしどなり》の公園のそのまた東隣の神社の東側《ひがしがわ》の道を挟《はさ》んだ所にあった。だから、孝代は、借家の西側《にしがわ》の道を横切《よこぎ》り神社の境内《けいだい》を通り抜けて公園を通り抜けると保育園へ至《いた》るので、保育園までの通勤時間は三分《さんぷん》であった。借家は、南向《みなみむ》きの玄関《げんかん》を入《はい》ると廊下《ろうか》があって突《つ》き当《あ》たりがトイレになっていて、廊下の西側に六畳二間《ろくじょうふたま》とその北側《きたがわ》に洗面所《せんめんじょ》・風呂場《ふろば》があり、廊下の東側に六畳一間《ろくじょうひとま》があった。廊下の東側の六畳一間が、一路の書斎《しょさい》となった。

孝代は、金銭《きんせん》に対しては、父親譲《ゆず》りなのか実《じつ》に恬淡《てんたん》としていた。孝代が一路に対して生活費のことを口《くち》にしたことは、一度も無かった。否《いな》、むしろ、一路《いちろ》が手堅《てがた》く稼《かせ》いだために孝代《たかよ》が生活費のことを考える必要が無かったと言う方《ほう》が、的確かもしれない。一路は、幼い頃から倹約家《けんやくか》であった。そのうえ、豆腐配達で金銭授受《きんせんじゅじゅ》をする商売人《しょうばいにん》の母親の血を引いているのか、一路は、短大の学費や嫁入《よめい》り道具としての箪笥《たんす》・布団《ふとん》購入で孝代の預金残高《よきんざんだか》がわずかだと知るや生活費を稼ぐことに執念《しゅうねん》を燃やした。一路は、家庭教師は大学一年生の時から少しずつやっており、大学四年生の時には隣県《りんけん》の学習塾の中学生対象の二週間の夏休み講習に講師として雇《やと》われて行ったりしており、家庭教師で稼ぐ自信があった。大学院一年次《いちねんじ》には、勉学との両立を考慮しながら、中学生や高校生対象の家庭教師を三〜四件担当した。一件当たり一回二時間の週二回だから、ほぼ毎日一件をこなす勘定《かんじょう》になる。家庭教師の腕前《うでまえ》が保護者たちに高く評価され信頼されていたので、当時の相場《そうば》よりは高い報酬《ほうしゅう》を受け取っていた。孝代の保育園勤務は非常勤職員としてであったから、孝代は常勤職員以上に園児《えんじ》から好《す》かれ保護者から信頼されていたにも拘《かか》わらず薄給《はっきゅう》だった。そんなわけで、月々《つきづき》の稼ぎについて言えば、新婚生活の当初から一路の稼ぎが孝代の稼ぎを上回《うわまわ》った。孝代の母親は、時々《ときどき》新婚宅に様子を見に訪《たず》ねて来たが、一路の勉学と労働の両立を趣味の短歌に詠《よ》んだりしながら娘の孝代にいつも「一路さんは若いのに偉《えら》いねえ」と嬉《うれ》しそうに言っていた。孝代の父親は、「日高一路《ひだかいちろ》」と自分の筆《ふで》で書いた手作りの表札《ひょうさつ》を届けに一度新婚宅に訪《たず》ねて来たが、照れ屋《てや》なので玄関先《げんかんさき》で渡《わた》すなり帰って行った。

　大学院の開講科目の中には、北島浩治《きたじまこうじ》先生の原書講読《げんしょこうどく》の演習科目で、フッサールの最晩《さいばん》年《ねん》の原稿を弟子のラントグレーベがフッサール死去の翌年《よくねん》に編集して出版した『経験と判断』を講読する講義があったので、一路《いちろ》はそれに参加した。一路は、四年次《よねんじ》に北島先生の原書講読の演習科目で、カントの『純粋理性批判《じゅんすいりせいひはん》』を講読する講義に参加していたので、北島先生の誠実な人柄《ひとがら》を熟知《じゅくち》していた。一路は、三年次《さんねんじ》の初めにフッサールを知り、四年次にフッサールの生前《せいぜん》の最後の大作《たいさく》『ヨーロッパの諸学問の危機と超越論的現象学《ちょうえつろんてきげんしょうがく》』（略称は『危機書』）の大半部分《たいはんぶぶん》の部分訳《ぶぶんやく》を読んで〈生概念《せいがいねん》〉や〈生活世界概念《せいかつせかいがいねん》〉に魅了《みりょう》されていたので、何《なん》という運命の綾《あや》なのか、〈渡《わた》りに舟《ふね》〉という思いでフッサールの『経験と判断』を講読する講義に参加したのだった。『経験と判断』は、『危機書』とほぼ同時期に執筆されたものなので、『危機書』を理解する上での大きな参考資料となった。『経験と判断』の講読は、一路の大学院二年次《にねんじ》にも続行《ぞっこう》されたので、じっくり読み込むことができて、一路には大いに役立《やくだ》った。

　『経験と判断』の概要《がいよう》について言えば、「人間の日常生活は〈前述語的経験《ぜんじゅつごてきけいけん》〉を基底《きてい》としてその上に〈述語的経験《じゅつごてきけいけん》〉が積み上げられている」ということである。〈前述語的経験〉とは、視覚・聴覚・嗅覚《きゅうかく》・味覚・触覚《しょっかく》の感覚的経験のことであり、色・形・音・香《か》・

味・手触《てざわ》り等々《とうとう》の感覚的データを受け取る受動的経験《じゅどうてきけいけん》のことである。それに対して、〈述《じゅつ》語的経験《ごてきけいけん》〉とは、受け取った感覚的データに対応する言葉を構成する言語表現的経験《げんごひょうげんてきけいけん》のことであり、認識可能な意味を作り上げて行く能動的経験《のうどうてきけいけん》のことである。つまり、人間の日常生活における経験は、言語化以前《げんごかいぜん》の〈前述語的経験《ぜんじゅつごてきけいけん》〉という下層《かそう》と言語化以後《げんごかいご》の〈述語的経験〉という上層《じょうそう》の二層構造《にそうこうぞう》になっているということである。『危機書』では、地上二階に抽象《ちゅうしょう》的言語で編《あ》まれた〈学問的世界〉があり、地上一階に具体的言語で編《あ》まれた〈生活世界〉があり、地下に経験に先立《さきだ》って先天的《せんてんてき》に人間に備《そな》わる認識機能《にんしききのう》としての〈超越論的主観性《ちょうえつろんてきしゅかんせい》〉があるという三層構造《さんそうこうぞう》が取られるから、『経験と判断』は、『危機書』の三層構造の中の地上一階の生活世界をクローズアップしていることになる。

孝代《たかよ》の勤務する保育園の秋の運動会が、保育園の東隣《ひがしどなり》の公園で開催《かいさい》された。園児《えんじ》たちの演技を遠巻《とおま》きに保護者たちが見つめていた。一路《いちろ》は、保護者たちの群《む》れに交《ま》じって見物した。園児たちが円《えん》になって音楽に合わせて可愛《かわい》く踊《おど》っている中に、孝代が保育士《ほいくし》として加《くわ》わっていた。一路は、孝代が保育士として職務を果《は》たしているさまを直《じか》に見るのは初めてだった。白のトレシャツ・トレパン姿で踊る孝代の生き生きとした姿を見た一路は、保育士が孝代の天職《てんしょく》だと思った。しかし、その頃には、妊娠《にんしん》した孝代のお腹《なか》は小さく膨《ふく》らんでいた。十二月には、孝代のお腹の胎児《たいじ》は、内側から足でポンポン蹴《け》るようになり、孝代は、出産に備えて辞職した。年《とし》が明《あ》けて一月末に、孝代《たかよ》は、三千二百グラムの元気な男《だん》児《じ》を出産し、哲路《てつろ》と命名《めいめい》された。帝王切開《ていおうせっかい》の手術による出産だったので、一路《いちろ》は、看護師に呼ばれて手術室に入《はい》り、ラグビーボールのように膨《ふく》らんだ孝代の子宮《しきゅう》をほんの少しの間《あいだ》だけ見た。産院《さんいん》の外では、小雪《こゆき》が舞っていた。日高《ひだか》・花岡両家《はなおかりょうけ》の両親も産院に集《つど》い、看護師に抱《だ》かれた生《う》まれたばかりの赤子《あかご》を透明なガラス越《ご》しに見て、皆《みな》が無類《むるい》の喜びの表情を浮かべた。一路は、父親になったことを強く自覚し、父親としての責任の重みをひしひしと感じた。

日高一路《ひだかいちろ》は、二十四歳になる年《とし》の四月に大学院二年生となった。生活費をもっと稼《かせ》ごうと思った一路は、小さな学習塾で週二回勤《つと》めるようになり、家庭教師の件数も倍増《ばいぞう》して七〜八件担当するようになった。そうすると、家庭教師は、土曜・日曜は複数件こなすことになり、平日でも二件こなすこともあった。一路は、塾講師・家庭教師は天職《てんしょく》と言ってもいいくらい楽しかったので、ハードスケジュールにも拘《かか》わらず苦《く》にならなかった。一路の稼ぎは、孝代の保育士《ほいくし》としての稼ぎの三倍くらいに増加したので、孝代は働かずして育児《いくじ》に専念《せんねん》すればよかった。

一路は、高校教員になるつもりはなかったが、万《まん》が一《いち》の事も考えて、高校教員免許も取得しておこうと考えた。高校の社会科の教員免許の取得に必要な科目の単位数の大部分は既《すで》に学部時代の四年間で取得しているので、残りの不足する分《ぶん》の科目の単位数を大学院修士課程二年間で取得すればよかった。そうは言っても、大学院の専門科目の単位の取得と並行《へいこう》する形なので、大学での受講《じゅこう》のスケジュールは、教員免許取得に無関係の他《ほか》の大学院生よりは密《みつ》になった。当時の高校教員免許に関しては、大学院修士課程を修了すると特典《とくてん》があった。学部卒業の場合は二級免許なのに対して、大学院修士課程修了の場合は一級免許なのだった。

高校教員免許取得には、高校現場での二週間の教育実習が必須要件《ひっすようけん》であった。一路《いちろ》は、借家《しゃくや》から東へ十五キロメートル離れた所にある一路の母校《ぼこう》のC高校で教育実習を受けることにした。有《あ》り難《がた》い事《こと》に、C高校には、倫理担当の久留島啓介《くるしまけいすけ》先生がまだ在職していた。一路は、六月の二週間、母校のC高校で久留島先生の指導の下《もと》に教育実習を行《おこな》った。二年生六学級の倫理の授業を行《おこな》った。窓から差し込む光の反射を考慮して教室の廊下側前《ろうかがわぜん》方《ぼう》の座席の生徒でも板書《ばんしょ》が見えるように黒板の文字を書く範囲を黒板の左端《さたん》よりもやや右《みぎ》寄《よ》りまでにするといった、学習塾講師の体験から培《つちか》った教授技術が役立《やくだ》った。女子生徒からすれば一路は皇太子《こうたいし》に似ていたらしく、一路が廊下を歩いて当該《とうがい》教室へ近づくと、廊下側に座っていた一部の女子生徒は、窓から首を突き出して待ち構《かま》えていて「皇太子が来た！」と級友たちに向かって叫《さけ》んだこともあった。二週間の教育実習を終えて暫《しばら》くして、

C高校の久留島先生の所へ教育実習の証明書を受け取りに行くと、久留島先生は、「教育実習を終えて君《きみ》が去った後《あと》も、二週間くらいは君の授業の余韻《よいん》が生徒たちの間《あいだ》にずっと残っていたよ。」と笑いながら一路《いちろ》に言った。

大学院二年生の一路は、翌年《よくねん》一月上旬には修士論文《しゅうしろんぶん》を提出しなければならなかった。一路は、大学院修士課程の二年間、フッサールの最晩年《さいばんねん》の大作《たいさく》『ヨーロッパの諸学問の危機と超越論的現象学《ちょうえつろんてきげんしょうがく》』の研究に取り組んだ。そして、修士論文の主題は、「超越論的主観《ちょうえつろんてきしゅかん》性《せい》へ至《いた》る二つの道」に決めた。フッサールの〈生概念《せいがいねん》〉と〈生活世界概念《せいかつせかいがいねん》〉に魅了《みりょう》された一路は、地上一階の生活世界から超越論的現象学的還元《ちょうえつろんてきげんしょうがくてきかんげん》によって地下の超越論的主観性へ遡行《そこう》する道を、〈生活世界の存在論《そんざいろん》を介《かい》して超越論的主観性へ至る道〉と〈心理学を介して超越論的主観性へ至る道〉に分けて、前者《ぜんしゃ》を意識対象《いしきたいしょう》（ノエマ）に照準《しょうじゅん》を定めた道として捉《とら》え、後者《こうしゃ》を意識作用《いしきさよう》（ノエシス）に照準を定めた道として捉えた。十二月に入《はい》り、修士論文の提出期限が迫《せま》って来ると、哲学科の人情味《にんじょうみ》のある北島浩治《きたじまこうじ》先生は、勉学と労働の負担《ふたん》の重さの中で修士論文に取り組んでいる一路を気遣《きづか》って何度か一路宅へ電話した。一路は、修士論文としては質《しつ》の高い論文を提出し高い評価を得て翌年三月に大学院修士課程を修了した。

（二十三）　二十五歳〜二十八歳の一路（軍資金の蓄財）

日高一路《ひだかいちろ》は、二十三歳になる年にD大学大学院修士課程に入学したわけだが、入学して間《ま》も無《な》い五月頃に、一路の借家《しゃくや》の西側《にしがわ》の道を挟《はさ》んで西隣《にしどなり》にある神社の境内《けいだい》の北側《きたがわ》の入口《いりぐち》前《まえ》のバス停で、哲学科のヘーゲル哲学およびマルクス哲学が専門のe先生にバッタリ出会った。e先生は、普段《ふだん》なら大学前《だいがくまえ》バス停から自宅近くの最寄《もよ》りのバス停まで乗車するのだが、当日は天気がよくそして足腰強化《あしこしきょうか》のためにも途中下車《とちゅうげしゃ》してバス停幾《いく》つ分《ぶん》かの距離を歩いたのだった。

e先生は、飽《あ》く迄《まで》も雑談《ざつだん》として軽い気持ちで一路に向かって言った。

「日高君《ひだかくん》、君《きみ》は、確《たし》か大学院修士課程に首席《しゅせき》で入《はい》ったと思うけれども、うちの大学院は修士課程二年しかないからね。もし君が後々《あとあと》研究者としてやって行きたいのであれば、博士課程三年を出ていた方《ほう》がいいと思うよ。もし君がそのつもりなら、E大学大学院修士課程に入《はい》り直《なお》した方《ほう》がいいと思うよ。だって、E大学の大学院では、修士課程の五名の大学院生のうち普段《ふだん》から見ていて優秀な二名に対してお前《まえ》とお前《まえ》は博士課程（定員二名）を受験してもよいと試験日のずっと前に告《つ》げるのだよ。その告げられた二名は、合格を約束されたようなもので、その二名の家庭では告げられたその日の夕食はお祝いの赤飯《せきはん》だよ。よその大学院修士課程を出ていきなりE大学大学院博士課程を受けに行ったって、どこの馬《うま》の骨《ほね》とも分からぬ者《もの》を入《い》れることはまずないね。」

それを聴《き》いて、一路《いちろ》は、頭にカチンと来た。冷静に考えれば、e先生の言う事は一理《いちり》あるのだが、折角《せっかく》D大学大学院修士課程に入学したばかりなのにという思いと、物価高《ぶっかだか》の東京で暮らすのは経済的に無理だという思いと、E大学大学院の権威《けんい》の裏返《うらがえ》しとしての閉塞《へいそく》性《せい》に対する腹立《はらだ》たしい気持ちが、一路にはあった。

一路は、二十五歳になる年《とし》となり、三月にD大学大学院修士課程を修了した。一路は、フッサール研究をもっと深めて行きたいし、将来は哲学研究者になりたいと思った。世間《せけん》の常識を以《もっ》てすれば、妻子《さいし》を抱《かか》えて大学院博士課程への進学に挑《いど》むことは、無謀《むぼう》だと言われるかもしれない。しかし、一路は、それを試みなければ生涯の悔《く》いになると思った。一路は、E大学大学院博士課程に勝るとも劣《おと》らないどこかの大学院博士課程を目指《めざ》すという大きな実存的決断《じつぞんてきけつだん》を下《くだ》した。孝代《たかよ》も、「あなたと一緒ならどこへでも付いて行く」と言った。そのためには、引《ひ》っ越《こ》し費用や引っ越した後《あと》の当座《とうざ》の生活費等々《とうとう》の〈軍資金《ぐんしきん》の蓄財《ちくざい》〉

をしなければならない。

　四月からの一路《いちろ》は、もはや学生ではないのだから、プロの学習塾講師・家庭教師として社会人の自覚を持って〈軍資金《ぐんしきん》の蓄財《ちくざい》〉に励《はげ》むことになった。大学院修士課程時代からの小さなG学習塾に加えて、キリスト教団体が運営するH学習塾にも週二回勤めるようになった。H学習塾は、腕利《うでき》きの現役《げんえき》中学教員で固められていて報酬《ほうしゅう》が高く、一路は、その中にただ一人《ひとり》現役中学教員ではない者《もの》として割り込んだ形だが、現役中学教員を凌《しの》ぐ一路の腕前《うでまえ》が認められて、夏休み講習・冬休み講習には断《だん》トツの授業コマ数を配当《はいとう》された。家庭教師は、六件をこなしたので、土曜は三軒《けん》、日曜は四軒を回ることになった。

　一路の借家《しゃくや》の隣近所《となりきんじょ》はどうなっていたかと言えば、私道《しどう》を挟《はさ》み南側《みなみがわ》に持家《もちいえ》四軒、北側《きたがわ》に借家《しゃくや》四軒という具合《ぐあい》になっていた。長男の哲路《てつろ》が一歳数カ月となり、母の孝代《たかよ》と共に外をよちよち歩きで散歩すると、哲路は、隣近所の可愛《かわい》いアイドルになった。孝代・哲路親子の周囲に井戸端会議《いどばたかいぎ》のようによく集まって来たのは、三人の奥様族《おくさまぞく》だった。一路の借家の西隣《にしどなり》の借家の奥さんは、夫が菓子メーカー勤務で高校生の娘と中学生の娘が居《お》り、四十歳台半《だいなか》ばのお喋《しゃべ》り好《ず》きの奥さんで、夫の会社のお菓子を日高《ひだか》家はしばしば貰《もら》った。斜《はす》向《む》かいの持家の奥さんは、夫が新聞社の印刷工《いんさつこう》で、小学生の二人の息子が居り、三十歳台《だい》後半のふくよかな奥さんで、日高家はその息子たちの古着《ふるぎ》を貰った。向かいの持家の奥さんは、夫が郵便局員で、小学生の三人娘が居《お》り、四十歳くらいの痩《や》せた奥さんで、一番下の娘は孝代《たかよ》が保育士《ほいくし》をしていた時に保育園に通っていたので孝代のことを〈先生〉と呼んでいた。皆《みな》が人柄《ひとがら》のいい人たちばかりで、孝代・哲路親子《てつろおやこ》は、温《ぬく》もりのある小さなコミュニティの中で育《はぐく》まれて行ったと言えよう。

八月になると、日高家《ひだかけ》に或《あ》るピンチが訪れた。孝代が先天性股関節症《せんてんせいこかんせつしょう》で、左足の骨切《こっき》り術《じゅつ》という手術を受けなければならなくなったのである。八月上旬に整形外科《せいけいげか》に入院して十一月下旬に退院したので、三カ月半の長期入院だった。孝代の父親は前年に哲路が生まれて半年後に肝硬変《かんこうへん》で亡《な》くなったので、当時は一人《ひとり》暮らしになっていた孝代の母親の花岡《はなおか》須磨《すま》が、日高家に泊《と》まり込《こ》みで哲路の世話や家事全般をやってくれた。花岡須磨は、第二次世界大戦前の名家《めいか》の出《で》で、旧制女学校《きゅうせいじょがっこう》を出た教養人《きょうようじん》であり、一路は、この義母《ぎぼ》とは意《い》思疎通《しそつう》がスムーズに出来《でき》てとてもうまく行《い》っていた。そして、このピンチは、義母のおかげで乗り切れたわけで、一路は、義母には感謝してもしきれない思いであった。

一路が二十六歳になる年《とし》の四月からは、〈軍資金《ぐんしきん》の蓄財《ちくざい》〉の活動が、いよいよ本格化した。学習塾講師としての非常勤の勤務は、それまでの小規模のG学習塾とキリスト教団体が運営するH学習塾に加えて、市内最高の名門学習塾とも言えるI学習塾にも及んだ。I学習塾は、県下《けんか》を代表する名門進学校であるA高校およびB高校への合格者数が群《ぐん》を抜いて多かった。この学習塾には、幾《いく》つかの教室があったのだが、その中の一つの教室には、教室の後方《こうほう》の隅《すみ》の天井《てんじょう》近くの高さの所に小さな鳥の巣箱《すばこ》のようなものがあった。生徒には気づかれないような小箱《こばこ》だったのだが、実《じつ》はその小箱の中にビデオカメラが設置《せっち》されており、時々《ときどき》授業風景が撮影されていた。塾長《じゅくちょう》は、時々撮影されるビデオカメラをチェックして各講師の力量を把握《はあく》していたのだ。Ｉ学習塾勤務は、最初は週二日で、午後五時から午後九時まで一時間一コマの授業を四コマこなしていた。しかし、やがて、塾長は、一路《いち》の腕前《うでまえ》を認めて是非《ぜひ》とも週三日《しゅうみっか》来てくれと言い出した。塾長は、一路に言った。

「これまで、私は、百人以上の講師を見て来たけれども、あなたのように優《すぐ》れた人は見たことがない。うちに週三日来てくれるなら、Ｈ学習塾よりもはるかに高い報酬を支払いましょう。そして、このあなたへの特別の報酬額は、うちの他《ほか》の専任講師には決《けっ》して漏《も》れないようにして下さい。」

確かに一路に約束された報酬額は、破格《はかく》に高いものだった。Ｉ学習塾の一月《ひとつき》の稼《かせ》ぎだけでも、孝代《たかよ》の保育《ほいく》士《し》時代の月給《げっきゅう》の二倍になった。さらに、地元新聞社運営《じもとしんぶんしゃうんえい》のＪ学習塾にも週一日勤めた。Ｊ学習塾も、Ｈ学習塾と同様に現役中学教員《げんえきちゅうがくきょういん》で固めていた。そのうえ、家庭教師を六件くらい持っていたので、一月《ひとつき》の稼ぎは、孝代の保育士時代の月給の四倍になった。夏休み講習や冬休み講習は、Ｉ学習塾に主《しゅ》として勤務し、午前九時から午後九時までの間《あいだ》に十《じっ》コマをこなした。吐《は》きそうなくらい疲労したが、若いからこそ耐《た》えられた。夏休み講習のある八月には、Ｉ学習塾の稼《かせ》ぎだけでも五十万円になった。一路《いちろ》が帰宅して五十万円の報酬《ほうしゅう》が入《はい》った封筒《ふうとう》を孝代《たかよ》に渡すと、孝代は、嬉《うれ》しそうに一万円札《さつ》五十枚を畳《たたみ》の上に数えながら並べた。孝代のそんな無邪気《むじゃき》な姿を見て、一路は、苦労が報《むく》われる思いだった。

一路が二十七歳になる年《とし》も、〈軍資金《ぐんしきん》の蓄財《ちくざい》〉の活動は、続行《ぞっこう》された。しかし、一路が二十八歳になる年《とし》は、違った。一路は、年《とし》が明《あ》けたらいよいよどこかの大学の大学院博士課程を受験しようと決意した。軍資金《ぐんしきん》は相当額《そうとうがく》が貯《た》まったので、一路は、四月から労働量を減らして大学院博士課程の受験準備に入《はい》ることにした。労働については、報酬額の高いＩ学習塾・Ｈ学習塾・Ｊ学習塾への勤務と家庭教師一件に絞《しぼ》り、研究時間を増《ふ》やすことにした。そして、一路は、受験する大学について考え出した。

一路から見て、現象学《げんしょうがく》の尊敬すべき先生は、私立のＫ大学のｊ教授・私立のＬ大学のｋ教授・Ｅ大学のｌ教授の三名で、いずれも東京の大学の先生であった。そして、三名の先生の中でも一路が最も尊敬していたのは、私立のＫ大学のｊ先生であった。それというのも、一路がフッサール研究に入《はい》るきっかけとなったフッサールの最晩年《さいばんねん》の大作《たいさく》『ヨーロッパの諸学問の危機と超越論的現象学《ちょうえつろんてきげんしょうがく》』の翻訳者《ほんやくしゃ》は、ｊ先生だったからである。

一路《いちろ》は、年《とし》が明《あ》けて一月末にK大学大学院博士課程を受験した。試験の第一日目は、哲学のドイツ語原書《げんしょ》の部分訳の問題と哲学の幾《いく》つかの専門用語の説明を求める問題から成る筆記試験であった。試験の第二日目は、口頭試問《こうとうしもん》の面接であった。面接会場では、五名の教員が扇形《おうぎがた》に並《なら》んで座り、その面前《めんぜん》に座る一人《ひとり》の受験生に対面《たいめん》した。五名の教員の中央に座っていたj先生が、一路に向かって言った。

「日高君《ひだかくん》は、D大学大学院修士課程を修了しているよね。D大学には博士課程は無かったのかな。」

一路は、答えた。

「はい、D大学は、修士課程までしかありません。」

j先生は、再び言った。

「そうか。ところで、日高君は、何歳《なんさい》だね。」

一路は、答えた。

「二十八歳です。今年で二十九歳になります。」

j先生は、葉巻《はまき》のパイプを吹かしながら天井《てんじょう》を見上げて言った。

「二十八歳か。ウーン！　博士課程で勉強するにはちょうどいい年齢だなあ！」

その後《ご》も、他《ほか》の教員との質疑応答《しつぎおうとう》が続いた。そして、最後に、j先生が、ニヤリと笑って一路《いちろ》に向かって言った。

「後《あと》で連絡するから、控室《ひかえしつ》で暫《しばら》く待っておきなさい。」

一路は、控室で暫く待っていた。すると、戸で隔《へだ》てた隣《となり》の部屋から事務助手らしい二人の若い女の話し声が聴《き》こえて来た。

「今年は、久しぶりに博士課程の受験者があったわねえ。ここ二～三年は、修士課程しか合格者はいないのよねえ。」

「そうねえ、先々《さきざき》の就職のこともあるから、よほど優秀じゃないと合格させないでしょうね。」

それを聴いて、一路は、「そうなのか。博士課程はなかなか合格させないのだな。それじゃあ、自分はおそらく不合格だろう。それでも、尊敬するj先生に会えただけでも幸せだ。」と心の中で呟《つぶや》いた。そうしているうちに、十五分くらい経《た》った頃、j先生が控室へやって来て笑顔で一路に言った。

「日高君《ひだかくん》。いいようだから。引っ越しの準備をするように！」

j先生の思いがけない言葉に、一路は、一瞬《いっしゅん》驚いたが、次《つぎ》の瞬間《しゅんかん》には満面《まんめん》の笑《え》みを浮かべてj先生に深く御辞儀《おじぎ》をしながら言った。

「はい、分かりました。ありがとうございます。」

一路《いちろ》は、喜び勇《いさ》んでキャンパスの斜面《しゃめん》を駆《か》け下《お》り、公衆電話で孝代《たかよ》に合格を知らせた。

それから、一路は、二月上旬に東京近県《きんけん》の国立のM大学大学院博士課程を受験した。M大学は、E大学と並んで歴史と伝統がある大学だった。M大学の前身《ぜんしん》は、明治初期に設立された日本初《はつ》の師範《しはん》学校まで遡《さかのぼ》り、その後《ご》日本初の高等師範学校となり、昭和初期には文理科大学《ぶんりかだいがく》となり、第二次世界大戦後は教育大学となり、その後《ご》工学部や医学部等々《とうとう》を増設して東京近県の地へ移転しM大学となったのだった。大学院の通例は、修士課程二年の上に博士課程三年となっているのだが、M大学は、全国で唯一の五年一貫制博士課程《ごねんいっかんせいはくしかてい》であった。だから、学部卒業で受験する者も居《い》れば、修士課程修了で受験する者も居た。そして、哲学の分野では、当時の全国の国立大学で博士課程が設置《せっち》された大学は、第二次世界大戦前の帝国大学《ていこくだいがく》またはそれと同格の伝統のある大学に限られていた。M大学の大学院《だいがくいん》博士課程哲学《はくしかていてつがく》・思想研究科《しそうけんきゅうか》は、哲学専攻《てつがくせんこう》（定員二名）・倫理学専攻《りんりがくせんこう》（定員二名）・宗教比《しゅうきょうひ》較思想専攻《かくしそうせんこう》（定員二名）の三つの専攻に分かれていたが、一路は、哲学専攻を受験した。

試験の第一日目は、筆記試験であり、試験の第二日目は、口頭試問《こうとうしもん》の面接であった。一路が口頭試問の面接会場に入《はい》ると、一名の受験者を六名の教員が扇形《おうぎがた》に囲む形になっていた。教員六名のうち、中央の席には、ヘーゲル哲学で全国屈指《ぜんこくくっし》の文学博士m教授が座っていた。そのm教授が、一路に向かって言った。

「あなたの修士論文の題名は、フッサールの著作である『ヨーロッパの諸学問の危機と超越論的現象学《ちょうえつろんてきげんしょうがく》』の書名のドイツ語表記《ひょうき》になっていますね。それは、どうしてですか。」

一路《いちろ》は、答えた。

「はい、この著作にあまりに感銘《かんめい》を受けたので、ドイツ語の書名をそのまま修士論文の題名にしました。」

m教授は、クスッと笑って、一路に言った。

「そうですか。私は、題名がドイツ語だから中身《なかみ》もドイツ語かと思ったのだけれども。ところで、あなたには、妻子《さいし》がおられますね。あなたの学問的なレベルの高さは申《もう》し分《ぶん》ないのですが、家族で見知《みし》らぬ地《ち》へ来られるのは大変《たいへん》でしょう。奥《おく》さんは、何《なん》とおっしゃっていますか。」

一路は、一瞬《いっしゅん》涙ぐみそうになりながら答えた。

「はい、妻は、私に付いて来ると言ってくれています。」

その瞬間《しゅんかん》、会場の教員たちも、貰《もら》い泣《な》きしそうな雰囲気《ふんいき》になった。二月中旬に合格発表が行《おこな》われ、一路は、見事《みごと》に合格した。そして、M大学の学部卒の受験者が、不合格になっていた。M大学の大学院博士課程の合否判定《ごうひはんてい》は、実力主義でリベラルに行われたのだ。

一路は、東京の私立のK大学の大学院博士課程と東京近県《きんけん》の国立のM大学の大学院博士課程に合格したわけだが、国立のM大学の大学院博士課程へ進学することに決めた。それというのも、私立大学は学費が高額であること、東京は物価高《ぶっかだか》であること、後々《あとあと》の研究者への就職を考慮した場合にM大学の学閥《がくばつ》の人脈《じんみゃく》の圧倒的な強大《きょうだい》さがあること等々《とうとう》を、一《いち》路《ろ》は考えたからである。一路は、K大学のj先生宛《あて》に、合格の御礼《おれい》と入学辞退《にゅうがくじたい》のお詫《わ》びの書簡《しょかん》を丁重《ていちょう》に書いて送った。j先生は、度量《どりょう》の大きな人で、「K大学への入学を辞退したことは、気にしなくてもよい。M大学に合格したことは、本当に良かった。毎週月曜日の午後七時から午後九時までK大学の水道橋《すいどうばし》近くの校舎でハイデガーの原書講読《げんしょこうどく》を二十名〜三十名の弟子たちとやっているから、よかったら出席しなさい。M大学の方《ほう》からだったらK大学の水道橋近くの校舎まで列車で一時間半くらいだから。」という心温《こころあたた》まる返信が、一路に届いた。

（二十四）　二十九歳〜三十三歳の一路（大学院博士課程）

日高一路《ひだかいちろ》は、二十九歳になる年《とし》の四月にM大学大学院博士課程哲学《だいがくだいがくいんはくしかていてつがく》・思想研究科哲学《しそうけんきゅうかてつがく》専攻《せんこう》に入学した。M大学は、第二次世界大戦前後の頃の文理科大学《ぶんりかだいがく》当時に、日本を代表する二人の哲学者つまりヨーロッパ近世哲学を専門とするn教授とヨーロッパ現代哲学の潮流の一つを成す現象学《げんしょうがく》を専門とするo教授を擁《よう》していた。o教授のおかげであろうか、百数十万冊の蔵書を誇る中央図書館の地階《ちかい》には、一路が予想もしなかった現象学関連の貴重な書物が豊富にあった。フッサール現象学を究明しようとする一路は、o教授との約半世紀の隔《へだ》たりを超える〈運命の赤い糸の結び付き〉を感じた。

一路は、学習塾勤務を考慮して、大学から十二キロメートル離れたJRの駅の近くのアパートを借りた。最寄《もよ》りのその駅から東京の上野駅《うえのえき》までは、列車で五十分だ。アパートから大学までは、車で二十分だ。一路は、アパートから車で五分くらいの所に勤務先《きんむさき》の小さな学習塾を見つけ、週五日勤めた。そして、成績優秀により、返済義務《へんさいぎむ》の無い奨学金《しょうがくきん》を受給できたし、授業料は全額免除となった。以前に比べてはるかに楽《らく》になった無理のない範囲での学習塾勤務の稼《かせ》ぎと奨学金《しょうがくきん》を合算《がっさん》すれば、以前に最大限に稼いでいた頃の三分の二くらいの収入になり、博士課程の五年間は経済的にまあまあ余裕《よゆう》をもつことができた。

Ｋ大学のｊ先生に誘われた通りに、一路《いちろ》は、Ｍ大学の大学院博士課程の一年次《いちねんじ》に、Ｋ大学の水道橋《すいどうばし》近くの校舎で毎週月曜日の夜に開かれるハイデガー講読《こうどく》に通った。それに集《つど》う二十名〜三十名のｊ先生の弟子たちの大半《たいはん》は、Ｋ大学の大学院博士課程を出たＯＢたちだった。ハイデガーのドイツ語の原書《げんしょ》を訳す当番は、Ｋ大学の大学院博士課程在学中の二名だった。その原書は、ハイデガーが古代ギリシアの哲学者アリストテレスの或《あ》る著書を解読する内容だったので、至《いた》る所《ところ》に古代ギリシア語が出て来るのだが、二名の当番が難解な古代ギリシア語を厳密に訳して行くレベルの高さに一路は驚いた。一路は、ｊ先生が弟子たちを愛の鞭《むち》でいかに厳しく鍛《きた》え上げているのかを痛感させられた。

Ｍ大学の大学院博士課程での一路の指導教員は、日本一のスピノザ研究者で文学博士のｐ教授に決まった。スピノザ（一六三二〜一六七七）は、十七世紀のオランダの哲学者で、デカルト・スピノザ・ライプニッツと続く十七世紀〜十八世紀のヨーロッパ大陸合理論《たいりくごうりろん》の系譜《けいふ》に位置づけられる。デカルトは、精神（心）と物体（身体）を二つの異なる実体《じったい》とする二元論《にげんろん》を説いたのに対して、スピノザは、神を無限で永遠の唯一《ゆいいつ》の実体とし、思考（精神）と拡《ひろ》がり（物体）は神の二つの属性《ぞくせい》であり、両者は神において統一されていると説いた。p先生の原書講読《げんしょこうどく》の講義は、スピノザの主著《しゅちょ》『エチカ』だった。エチカとは、古代ローマのラテン語で倫理学《りんりがく》という意味である。p先生は、講義の始まりに十センチメートルくらいの分厚《ぶあつ》さの数千ページの『エチカ』のラテン語の原書《げんしょ》をドンと机に置いて、当該《とうがい》箇所《かしょ》をサラサラと朗読してサラサラと訳した。博士課程の大学院生の翻訳当番もその他《た》の大学院生も、『エチカ』のドイツ語訳またはフランス語訳に依拠《いきょ》しながら付いて行くのがやっとだった。一路《いちろ》は、これが日本一のレベルなのだなと思った。

博士課程の入学試験の口頭試問《こうとうしもん》の面接の折《おり》に座長を務《つと》めたm先生は、一路の博士課程の一年次《いちねんじ》の年《とし》が定年退職前《ていねんたいしょくまえ》の最後の年《とし》で、哲学原論《てつがくげんろん》という講義を行《おこな》った。その講義は、参加した博士課程の大学院生の各々《おのおの》が当番制で自分の研究している専門分野の内容をできるだけ一般化して発表し、それに対してm先生や他《ほか》の学生が質問し当人《とうにん》が応答するという形式のものだった。一路が当番になった時に、フッサールの最晩年《さいばんねん》の現象学《げんしょうがく》について発表すると、m先生は、一路に質問した。

「フッサールは、哲学者人生の最後になってどうして〈生活世界〉といった生臭《なまぐさ》い概念を持ち出すのかい。」

一路は、答えた。

「そこが、実《じつ》は、僕も知りたいのです。それは、僕が究極的に解明しようとする課題の核《かく》心《しん》なのです。」

m先生は、笑って言った。

「フフッ、そうなのかい。」

そんな事があって、何回か後《あと》の講義の時だった。年齢は一《いち》路《ろ》より五歳下《ごさいした》だが一学年上《いちがくねんうえ》の本田修吾《ほんだしゅうご》が、現代ドイツの哲学者ハンス・ゲオルグ・ガダマー（一九〇〇〜二〇〇二）の哲学的解釈学《てつがくてきかいしゃくがく》について発表した。本田修吾が、言った。

「ガダマーによれば、〈近代的主体性《きんだいてきしゅたいせい》〉を超克《ちょうこく》する哲学的解釈学の根幹《こんかん》は、〈影響作用史《えいきょうさようし》的意識《てきいしき》〉であり、歴史的現在に生きている者が、伝統としての歴史の影響を受けていることを意識しているということです。それゆえ、歴史的現在が伝統の影響を被《こうむ》りながら伝統を理解し保持する過程を解明することが、ガダマーの哲学的解釈学なのです。」

それに対して、一路が質問した。

「伝統理解の鍵《かぎ》を握《にぎ》るのは、〈言語〉だけですか。」

本田修吾が、答えた。

「そうです。対話の媒介《ばいかい》となる〈言語〉です。」

他《ほか》の者からも幾《いく》つか質問が出て、それに対して、本田修吾が、答えた。その講義が終わって一路《いちろ》が廊下へ出て行くと、本田修吾《ほんだしゅうご》が、慌《あわ》てて一路を追いかけて来て言った。

「日高《ひだか》さん。伝統理解の鍵《かぎ》を握《にぎ》るのは、〈言語〉以外に何《なに》か他《ほか》にありますか。」

一路は、答えた。

「例《たと》えば、芸術・芸能・技能等々《とうとう》は、言語化できないものを含《ふく》んでいるのではないでしょうか。」

それを聴《き》いて、本田修吾は、立ち止《ど》まったままその場《ば》で考え込んでいた。一路は、本田修吾の学問への徒《ただ》ならぬ執念《しゅうねん》を感じた。一路は、心の中で「これが一流のレベルなのだ」と呟《つぶや》き、こうしたレベルの高い学友《がくゆう》が居《い》る環境を誇《ほこ》りに思うと共に、自分をさらに向上させようと誓《ちか》った。

一路は、三十歳になる年《とし》の四月に大学院博士課程の二年生となった。一路は、一年次《いちねんじ》の終わり頃に、ドイツ文学が専門でありながら講義でフッサールの原書講読《げんしょこうどく》を行《おこな》っているq先生が、博士課程の他《ほか》の研究科に居《い》ることを知った。大学院博士課程の規定では、他《ほか》の研究科の科目の履修単位でも自己の研究科の履修単位に含《ふく》めることができることになっている。そこで、一路は、二年次《にねんじ》からq先生の原書講読の講義に参加することにした。結果的に見れば、一路のq先生の講義への参加は、五年次《ごねんじ》まで四年間続くことになった。q先生の自宅は東京にあり、q先生はE大学出身者だったので、時には原書講読をE大学構内の会館《かいかん》の研修室を借りて行《おこな》うこともあった。q先生との出会いは、後々《あとあと》一路《いちろ》の研究が飛躍するきっかけともなったのであり、〈運命の綾《あや》〉とでも言うしかなかった。

q先生の原書講読《げんしょこうどく》のテキストは、フッサリアーナ（フッサール全集）第二十三巻だった。

q先生がこのテキストを講読する理由は、他《ほか》の国立大学の哲学科の或《あ》る先生と組《く》んでこのテキストの翻訳本《ほんやくぼん》を共訳《きょうやく》で出版する予定だということである。だから、q先生としては、翻訳本にふさわしい質《しつ》の高い訳文《やくぶん》を作り上げることが、狙《ねら》いだったのだ。最初のうちは、一路と同年齢《どうねんれい》くらいのドイツ文学科の助手も参加していたのだが、何分《なにぶん》にもフッサールのドイツ語の文章は難解《なんかい》な哲学的内容なので理解不能《りかいふのう》になって辞《や》め、それからはずっとq先生と一路の二人だけで行《おこな》った。三カ月くらい経《た》った或る日のこと、一路は、テキスト講読の最中《さいちゅう》に躍《おど》り上《あ》がって「これだ！」と叫《さけ》んだ。そして、一路は、q先生に向かって興《こう》奮気味《ふんぎみ》に言った。「ここの箇所《かしょ》は、フッサールの哲学的方法である〈現象学的還元《げんしょうがくてきかんげん》〉が着《ちゃく》想《そう》された瞬間《しゅんかん》なのです。」q先生は、何《なん》のことだか皆目《かいもく》分からない表情だった。

一路は、q先生との原書講読の際《さい》に閃《ひらめ》いた大発見《だいはっけん》つまり現象学的還元の核心《かくしん》は〈空想における反省〉であることをネタにして、「〈現象学的還元〉の思想の源流《げんりゅう》」という論文を執筆《しっぴつ》し、その論文は、M大学教員・M大学大学院OB・M大学の大学院生を主《しゅ》たる会員とする学会の学会誌《がっかいし》『哲学・思想論叢《ろんそう》』に審査をパスして掲載《けいさい》され、年度末《ねんどまつ》の三月に発行された。この論文の抜《ぬ》き刷《ず》りをＫ大学のｊ先生へ送ると、普段《ふだん》は辛口《からくち》のｊ先生から「教えられることの多い良い論文です。この流れを追究すると、面白《おもしろ》いことになりそうですね。」という称賛《しょうさん》の返信が一路《いちろ》に届いた。これは、一路にとってとても大きな励《はげ》みとなった。因《ちなみ》に、一路の論文は、一年次《いちねんじ》から三年次《さんねんじ》まで三年連続で『哲学・思想論叢《ろんそう》』に掲載《けいさい》されたのだが、『哲学・思想論叢』に掲載されるのは、通例は五年次《ごねんじ》以上になってからのことだから、一年次から掲載されるのは、特例中《とくれいちゅう》の特例であった。一路の入学当初に、助手たちを初めとして哲学・思想研究科内の教員・大学院生の間《あいだ》で、一路のことを指して「新進気鋭《しんしんきえい》の者が入学して来た」と評判になったくらいだから、それに結果で応《こた》えた形となった。

　一路は、三十一歳になる年《とし》の四月に大学院博士課程の三年生になった。夏休みに入《はい》る前に、一路は、指導教員のｐ先生から或《あ》る事を頼まれた。それは、Ｋ大学のｊ先生にＭ大学の大学院博士課程へ集中講義《しゅうちゅうこうぎ》に来てもらえないか打診《だしん》してほしいということだった。一路がｊ先生に連絡すると、ｊ先生は、即座《そくざ》に快諾《かいだく》した。ｊ先生は、九月中旬に二泊三日《にはくみっか》で集中講義を行《おこな》った。一路は、集中講義開始前《かいしまえ》に控室《ひかえしつ》でｊ先生に付き添い、受講する大学院生用の配付プリントを準備していると、五名の大学院生がｊ先生の著書を手に持って「サインして下さい」と言いながら入って来た。ｊ先生は、「俺《おれ》は芸能人《げいのうじん》じゃないからな」

と言って、照れながらも快《こころよ》くサインした。集中講義の初日の夜には、哲学・思想研究科の全教員によるj先生の歓迎会があった。集中講義の最終日は、講義は午前中で終了し、午後は一路《いちろ》のアパートの部屋の斜《なな》め下《した》の部屋に入居《にゅうきょ》している気《き》のいいおじさんから借りたデラックスな車を一路が運転し後部座席にj先生とp先生を乗せて山の温泉ホテルへ連れて行って入浴し、それから、帰りにp先生を大学で降《お》ろして、j先生を一路のアパートの最寄《もよ》りの駅まで乗せて行った。

M大学の大学院は、五年一貫制の博士課程であったから、博士号取得をめざすのが建前《たてまえ》であったが、五年間で博士課程を修了して博士号を取得する者は居《お》らず、六年・七年在籍して博士号を取得する者が稀《まれ》に居《い》たくらいだった。優秀な者でも、博士課程を出てから数年ないし十年以上の後《のち》に博士号を取得することになり、その数はきわめて少なかった。当時は、全国的に哲学の文学博士は稀少《きしょう》であり、哲学の分野は、学問の全分野において博士号取得が最も困難であったと言える。全国の哲学の博士課程のある大学では、博士課程を出た者は、ほとんど博士課程単位取得満期退学という形になり、学位は修士号ということであった。M大学の博士課程を出た者が、他《ほか》の大学の博士課程を出た者と比べて不利《ふり》にならないように、M大学の博士課程では二年次《にねんじ》または三年次《さんねんじ》を終える際《さい》に修士論文を提出し審査に合格すれば修士号を取得できるという規定になっていた。そこで、一路は、D大学の修士課程を修了して修士号を取得してはいたが、資格はどれだけ持っていても損《そん》にはならないのでM大学の修士号も取得することにした。一路《いちろ》は、三年次《さんねんじ》を終えようとする一月にフッサールの後期思想の展開を主題化した修士論文を提出し三月に修士号を取得した。

一路は、三十二歳になる年《とし》の四月に大学院博士課程の四年生になった。再来年《さらいねん》の三月には、五年一貫制博士課程《ごねんいっかんせいはくしかてい》を満了《まんりょう》することになる。一路は、妻子扶養《さいしふよう》の責任があり、高齢の両親の面倒《めんどう》を見なければならない。この年《とし》で、父親は七十八歳、母親は六十二歳となる。一路は、就職活動に執念《しゅうねん》を燃やした。当時は、大学・短大・高専の教員人事はすべてが公開された公募制《こうぼせい》となっていたわけではなく、公募制をとらない場合も多く、教員採用情報そのものが入手困難であった。そこで、背水《はいすい》の陣《じん》を敷《し》いた一路は、全国の大学・短大・高専に多くの哲学の教員を輩出《はいしゅつ》しているM大学の人脈を活用することにした。一路は、実家のある県およびその周辺の広範《こうはん》な地域の先輩哲学教員《せんぱいてつがくきょういん》に対して何通もの書簡《しょかん》を精力的《せいりょくてき》に書いて送った。すると、九月の初めに、一路の実家のある県の隣県《りんけん》のN高専のr先生から返信が届いた。それは、r先生が再来年の三月で定年退職するから、それと入《い》れ替《か》わりに再来年の四月からN高専に勤務してはどうかという誘《さそ》いであった。r先生によれば、一路の学歴や研究業績からすれば一路には都市部の有名大学への勤務がふさわしいが、将来はそうしたところへ勤務するための踏《ふ》み台《だい》にしてもよいから先《ま》ずはN高専へ来てはどうかということだった。N高専であれば、一路《いちろ》の実家まで車で二時間の距離である。哲学教員としての研究の場《ば》は確保されるし、両親の面倒《めんどう》を見ることができる。一路は、どこに所属しているかという肩書《かたがき》が重要であるのではなく、どういう傑作《けっさく》を研究業績として生み出すかが重要であるのだと思った。一路は、r先生の誘いに感謝すると共に快諾《かいだく》した。r先生の退職の年《とし》と一路の大学院博士課程満了の年《とし》が重《かさ》なるというのも、何《なん》という〈運命の綾《あや》〉であることか。この人事《じんじ》は、翌年《よくねん》にN高専によって正式に決定され、一路は、翌々《よくよく》年《ねん》の四月にN高専へ哲学教員として赴任《ふにん》した。

一路は、三十三歳になる年《とし》の四月に大学院博士課程の五年生になった。一路は、四年次《よねんじ》の頃から、K大学のj先生が翻訳し出版したF・F著『現象学《げんしょうがく》と表現主義《ひょうげんしゅぎ》』に惹《ひ》かれていた。F・Fは、一九三九年生まれのドイツの哲学者で、現象学を初めとする哲学の社会に対する影響史的関係《えいきょうしてきかんけい》を究明した諸著作を公刊していた。『現象学と表現主義』においてF・Fが打ち出した〈脱現実化的現実化《だつげんじつかてきげんじつか》〉という思考形態《しこうけいたい》が、とりわけ一路を惹きつけた。〈脱現実化的現実化〉は、十九世紀末から二十世紀初めへかけてのドイツの急激な近代化の歩みの中で生じた疎外《そがい》の経験の裏返《うらがえ》しとしての思考形態であり、眼前《がんぜん》の経験的現実《けいけんてきげんじつ》を否定しながら新たな現実を求めようとする思考形態である。具体的に言えば、F・Fによれば、〈脱現実化的現実化〉は、ホフマンスタールやカフカやリルケの詩作《しさく》や創作《そうさく》を支《ささ》えている思考形態であり、フッサールの現象学的還元《げんしょうがくてきかんげん》の思想の骨格《こっかく》となっている思考形態である。これは、大学院博士課程二年次《にねんじ》の一路《いちろ》がフッサールの現象学的還元の核心《かくしん》として閃《ひらめ》いた〈空想における反省〉に他《ほか》ならない。〈脱現実化的現実化《だつげんじつかてきげんじつか》〉は、現実世界《げんじつせかい》を脱却《だっきゃく》することによってそれまで見えなかった真《しん》の現実を見ようとすることである。比喩的《ひゆてき》に言えば、地球に居《い》たのでは地球の真実《しんじつ》は見えないが、宇宙船に乗って暗黒《あんこく》の宇宙空間へ飛び出した時に初めて水色の天体である地球が見えるということである。一路がフッサールの現象学的還元の核心として見出《みいだ》した〈空想における反省〉は、現象学者《げんしょうがくしゃ》が実在界《じつざいかい》を遮断《しゃだん》した空想風船《くうそうふうせん》という実験室の中でサンプルとしての現実的世界経験《げんじつてきせかいけいけん》を詰《つ》め込《こ》んだ空想カプセルをその外側《そとがわ》から洞察《どうさつ》しながら現実的世界経験の本質的構造を反省的に捉《とら》えることである。要するに、現象学者は、空想を用いて現実世界を脱却し、空想を用いて人間的経験の普遍的な本質的構造を捉えようとするのである。

一路は、F・Fのことを調べてみると、F・Fが『現象学《げんしょうがく》と表現主義《ひょうげんしゅぎ》』を公刊して間《ま》も無《な》く『ドイツにおける生きられる哲学』を公刊していることに気づいた。そして、一路は、大学院博士課程の四年次《よねんじ》から五年次《ごねんじ》へかけて、F・F著『ドイツにおける生きられる哲学』の原書《げんしょ》を入手《にゅうしゅ》して翻訳した。五年次に翻訳を完成させて翻訳本《ほんやくぼん》を出版しようと思った一路は、K大学のj先生に『ドイツにおける生きられる哲学』の序文部分の訳稿《やっこう》のコピーを送り、一路《いちろ》に出版社を紹介してもらうように頼んだ。暫《しばら》くして、j先生からの一路への返信が届いた。訳稿《やくこう》のコピーの一ページ目だけが赤ペンで添削《てんさく》されており、一ページ目は、j先生の赤インクで埋《う》め尽《つ》くされていた。そして、「翻訳の出版は、よほど修練《しゅうれん》してからでなければ、つまり、未熟なまま出版して世間《せけん》の読者の信頼を損《そこ》なえば、翻訳者としての生命は終わりです。」といった内容の文面《ぶんめん》が、添えられていた。一路は、j先生に翻訳のプロの厳しさを教えられた思いだった。一路は、N高専への赴任後《ふにんご》にこの訳稿をプロのレベルまで練《ね》り上げて出版することを誓《ちか》った。

（二十五）　三十四歳〜三十八歳の一路
（翻訳書出版とドイツ留学）

日高一路《ひだかいちろ》は、三十四歳になる年《とし》の四月にN高専に哲学担当教員として赴任《ふにん》した。高専は、工業高等専門学校の略称《りゃくしょう》であり、機械工学科・電気工学科・情報工学科・土木工学科といった学科から成る。中学校を卒業した者が入学して五年間の教育を受けて卒業するから、高校と短大に相当《そうとう》する年齢の学生が学ぶことになり、卒業によって〈準学士《じゅんがくし》〉という称《しょう》号《ごう》を取得する。一部の学生は、二年制の専攻科《せんこうか》へ進学し、修了によって大学卒業と同様の〈学士《がくし》〉という称号を取得する。一路は、五年生の「哲学概説」・二年生の「倫理」・一年生の「政治経済」等々《とうとう》を担当し、N高専に専攻科が設置されてからは専攻科二年生の「哲学特論」も担当した。

一路は、M大学の大学院博士課程四年次《よねんじ》から取り組んだF・F著『ドイツにおける生きられる哲学』の訳稿《やくこう》の練《ね》り上げに全力を傾注《けいちゅう》した。そして、一路は、N高専への赴任から二年半経《た》った三十六歳の年《とし》の十一月に、プロのレベルに達したと一路《いちろ》には確信された訳《やく》稿《こう》を幾《いく》つかの出版社へ送付し、出版してくれないかと打診《だしん》した。すると、翌年《よくねん》の三月に東京のO出版社のs編集長から「出版権が取れたので出版しましょう」という連絡が一路に届いた。一路は、天《てん》にも昇《のぼ》る思いでとても喜んだ。

『ドイツにおける生きられる哲学』の翻訳本《ほんやくぼん》の書名は、出版社との調整により、『生きられる哲学』と決まった。そして、副題は、「生活世界の現象学《げんしょうがく》と批判理論《ひはんりろん》の思考形式《しこうけいしき》」と決まった。副題が示す通り、F・Fは、フッサールの後期現象学《こうきげんしょうがく》とユルゲン・ハーバーマス（一九二九年生まれ）の批判理論を、それらの社会史的背景《しゃかいしてきはいけい》から解釈しようとする。そして、F・Fは、フッサールの生活世界概念《せいかつせかいがいねん》とハーバーマスの関心概念《かんしんがいねん》に新たな資料を引き合いに出しながら、体系的合理性《たいけいてきごうりせい》のもつ感情的諸層への通路を手に入れる。その際《さい》に明らかになるのは、生《せい》の哲学《てつがく》の影響下《えいきょうか》で超越論的哲学《ちょうえつろんてきてつがく》の理念がどのように変化するかということだ。超越論的哲学の理念は、超越論的機能《ちょうえつろんてききのう》が同時に社会的現実《しゃかいてきげんじつ》の解釈図式《かいしゃくずしき》として働くというように、認識問題を捉《とら》える。こうした意味において、F・Fは、生きられる哲学つまり思考形式《しこうけいしき》と生《せい》の形式《けいしき》との統一について語る。このように見れば、フッサールの生活世界の現象学は、保守革命《ほしゅかくめい》の思考へ近づくし、他方、ハーバーマスの批判理論には、学生運動の決起気分《けっききぶん》が透《す》けて見える。したがって、生きられる哲学は、相反《あいはん》する精神的政《せいしんてきせい》治的《じてき》形成《けいせい》において、ドイツ精神にとって今日《こんにち》まで魅力《みりょく》を何《なん》ら損《そこ》なわなかったように思われる統合的合理性《とうごうてきごうりせい》という同一の理念を表明するものなのだ。

Ｆ・Ｆのこの著作によって、一路《いちろ》は、二十歳の頃からずっといつも頭の隅《すみ》にあった大きな課題について一つのヒントを得た思いであった。その課題とは、理論《りろん》と実践《じっせん》の統一、言い換《か》えれば、認識《にんしき》と生《せい》の統一である。そして、そうした統一を標榜《ひょうぼう》するものは、Ｆ・Ｆによれば、〈生《せい》の哲学《てつがく》〉に他《ほか》ならない。そして、もちろん、フッサールの後期の生活世界《せいかつせかい》の現象学《げんしょうがく》とハーバーマスの批判理論《ひはんりろん》は、Ｆ・Ｆによって〈生の哲学〉として捉《とら》えられている。〈生の哲学〉が認識しようとするものは、「生《せい》の意味《いみ》」であり、〈生の哲学〉によって立てられるあらゆる特殊な問いは、同時に生の意味への全体的問いに答えるものとして論じられる。だから、〈生の哲学〉による思索《しさく》の合理性は、科学の方法的合理性《ほうほうてきごうりせい》に対して「包括的合理性《ほうかつてきごうりせい》」と呼ばれる。フッサールの後期の生活世界の現象学とハーバーマスの批判理論の深部《しんぶ》にある共通性は、こうした「包括的合理性」であり、それはまた、Ｆ・Ｆによって「統合的合理性」とも呼ばれる。理論と実践の全領域を覆《おお》い尽《つ》くそうとする「統合的合理性」は、単に形式的なもの、機能的なもの、技術的なものを拒絶する。それは、実《じっ》証主義《しょうしゅぎ》に対する批判である。そして、その批判の核心《かくしん》は、近代的合理主義による究極的洞察の断念つまり生の意味の喪失《そうしつ》に対する補償《ほしょう》ということである。近代的合理性とは質的に異《こと》なる新たな合理性としての包括的合理性《ほうかつてきごうりせい》は、理性の革新《かくしん》を求める。それは、理性の〈生《せい》〉との結び付きによって期待される。こうした期待の中で、フッサールとハーバーマスは、認識問題を生《せい》の問題として把握《はあく》し解明しようとした。彼らにとって、〈真《しん》の〉合理主義は、それの全体性への要求が理性をより高次《こうじ》の反省段階へ高めることになるような生《せい》そのものにおいてのみ基礎づけられうる。そのようにF・Fによって捉《とら》えられたフッサールやハーバーマスと同様、一路《いちろ》も、統合的合理性《とうごうてきごうりせい》によって生全体《せいぜんたい》を包括《ほうかつ》してしまいたいという強い衝動《しょうどう》に駆《か》られる哲学徒《てつがくと》であった。しかし、F・Fは、それに対して警鐘《けいしょう》を鳴らす。F・Fは、次のように述べる。すなわち、認識論の社会史的研究は、理論的にも実践的にも哲学的反省の限界を意識している特殊化した合理性の正当化を含意《がんい》している。批判的理性は、その可能的活動領域の境界《きょうかい》の守りを固めることによってのみ、自己を保存しうる。領域分割《りょういきぶんかつ》のためには、基礎づけの要求が緩和《かんわ》されなければならない、と。つまり、F・Fは、要求の切《き》り詰《つ》めが獲得をもたらすのだ、と言うのである。F・Fはまた、究極よりも一歩手前《いっぽてまえ》の確実なものの領域で動きうる状態に哲学を置く慎《つつし》み深《ぶか》さを推奨《すいしょう》している。一路は、自分には耳の痛い話であるけれども大いに傾聴《けいちょう》すべき点だと思った。

一路が翌年《よくねん》の四月からドイツ留学ということになったため、翻訳本《ほんやくぼん》の出版へ向けての作業は、一路の帰国後ということになった。そして、諸般《しょはん》の事情《じじょう》で、『生きられる哲学』の翻訳本《ほんやくぼん》が出版されたのは、四年後の一路《いちろ》の四十一歳の年《とし》のことであった。

『生きられる哲学』の出版が決まった頃、一路は、N高専の一路の前任者のr先生とも相談しながら、ドイツ留学を考えていた。r先生は、「留学は、若いうちにする方《ほう》がよい。一年間の日高《ひだか》さんの留学期間中は、私が非常勤講師《ひじょうきんこうし》として日高さんの授業を担当するから心配は要《い》らない。」と一路に言った。そこで、一路は、O出版社のs編集長にF・Fの連絡先を調べてもらうように依頼した。六月になると、F・Fから一路に連絡があった。一路は、ドイツへ留学する場合にはF・Fが受け入れ者《しゃ》になってくれるようにF・Fに頼んだ。F・Fは、一路の頼みを快諾《かいだく》したので、一路は、翌年《よくねん》の四月から一年間公費《こうひ》でドイツへ留学するための申請手続《しんせいてつづ》きを取り、その申請が承認されて一路のドイツ留学が決定した。

一路が三十八歳になる年《とし》の四月一日に、一路は、成田空港を発《た》って十二時間の飛行でフランクフルト空港に着いた。一路は、フランクフルト空港近くのホテルで一泊《いっぱく》し、翌日にフランクフルトから特急列車に四時間の乗車でドイツ北西部のミュンスターに着いた。その後《あと》、小さなPホテルに暫《しば》くの間滞在《あいだたいざい》することにし、夕食を取るために近くのレストランに入《はい》った。すると、フランクフルトに着いてからずっとドイツ語しか聴《き》こえない周囲の環境の中で、一路の背後《はいご》から何《なん》と日本語の会話が聴こえて来たのだ。ミュンスター在住の日本人の男性tとその母であった。tは、一路より年少の三十歳くらいのバイオリン作りの職人であった。tは、ミュンスターで数年間働いていたのだが、久しぶりに母親を呼び寄せたのであり、一路《いちろ》と同じ飛行機に乗っていたことが分かった。tとの出会いだけでも奇跡的《きせきてき》だが、奇跡は、それればかりではなかった。一路がドイツ留学に備えてドイツの生活事情を知るために予《あらかじ》め読み込んでいた『ドイツ・会話と暮らしのハンドブック』の著者である女性uがミュンスターで日本人の世話役《せわやく》をしており、困《こま》った事があったらuに相談したらよいとtはuの連絡先を教えてくれたのだった。uとの出会いもまた、奇跡以外の何《なに》ものでもなかった。その翌日に、一路は、早速《さっそく》u宅を訪問した。uは、四十歳台《だい》後半の女性でミュンスター大学の生物学の教員と結婚していた。uによれば、ミュンスターは住宅難《じゅうたくなん》で、学生たちもなかなかアパートを借りられず、夏場《なつば》はテント暮らしをする学生さえ出る始末《しまつ》とのことだった。そして、uからK大学法学部の教員vを紹介された。その翌日にv宅を訪問すると、vは、前年度からミュンスター大学へ留学しており、住居《じゅうきょ》は、留学の三年前から申し込んでおいたとのことだった。それを聴《き》いて、一路は、愕然《がくぜん》とした。一路の場合は、ドイツ留学が一年足《た》らずで急遽《きゅうきょ》決まり、ミュンスターの住宅事情など知る由《よし》も無かった。さらに、そうした一路の不利《ふり》な状況に追い打ちをかけるかのように、頼《たの》みの綱《つな》の受け入れ者《しゃ》のF・Fは、選《よ》りによって一路が四月にドイツへ渡る半年前《はんとしまえ》の前年十月にドイツ北西部のミュンスター大学教授からドイツ東部のケムニッツ大学教授へ転任したのだった。Ｆ・Ｆは、急遽《きゅうきょ》転任した事を一路《いちろ》に詫《わ》びて、一路の研究上の便宜《べんぎ》を図《はか》るようにミュンスター大学哲学科のＦ・Ｆの元秘書《もとひしょ》ｗに託《たく》してあると言うので、翌日ｗを訪《たず》ねると、住居探《じゅうきょさが》しは自分でやるしかないとのことだった。一路は、日本人の世話役《せわやく》をしているｕに同行《どうこう》してもらってミュンスター大学学生課へも行ったが、斡旋《あっせん》できる住居は皆無《かいむ》とのことだった。そこで、背水《はいすい》の陣《じん》の一路は、住居探しに執念《しゅうねん》を燃《も》やした。公衆電話の電話帳で最寄《もよ》りの不動産屋の住所を調べて、地図を片手《かたて》に不動産屋を何軒《なんげん》も回った。一路の妻子《さいし》も後々《あとあと》呼び寄せることになっていたので、所帯持《しょたいも》ち用《よう》の住居を探したが、どの不動産屋もミュンスター市内での物件《ぶっけん》は皆無だった。そんな中で、一路が足を運んだ時には従業員だけで社長が不在だった或《あ》る不動産屋へ、一路は、再び足を運び、社長と面談した。その時、奇跡《きせき》は起きた。一年間といった短期間の貸借《たいしゃく》ならば、正規《せいき》の不動産屋ではないが貸借の斡旋をしている所《ところ》があるから行ってみてはどうかと、社長は、一路にその斡《あっ》旋所《せんじょ》を教えてくれた。一路がそこへ行ってみると、三十歳くらいのドイツ人の若夫婦《わかふうふ》が一年間オーストラリアへ行くので、その間《あいだ》一路に住居を貸してくれるという話に出くわした。一路は、即座《そくざ》に契約《けいやく》した。四月八日のことであった。一路は、後日《ごじつ》、日本人の世話役をしているｕ夫妻に事後報告《じごほうこく》すると、「まさに奇跡だ。ドイツ人でも探せないのに。」と言われた。一路は、四月十九日に妻子を迎え入れた。

一路《いちろ》は、五月半《なか》ばに、F・Fの紹介状を持参してケルン大学付属フッサールアルヒーフを訪《たず》ねた。ケルンはドイツ西部最大の都市で、ミュンスターからケルンまでは特急列車で百分《ひゃっぷん》の乗車時間であった。実《じつ》は、フッサールの死後《しご》に、四万枚に及《およ》ぶ膨大《ぼうだい》な量の遺稿《いこう》が残っていた。その原本《げんぽん》は、ベルギーのルーヴァンカトリック大学付属フッサールアルヒーフに保管されている。その原本の部分的コピーが、その分量はまちまちなのだが、ドイツのケルン大学、ドイツのフライブルク大学、フランスのソルボンヌ大学、アメリカのバッファロー大学に保管されている。だから、一路は、ケルン大学付属フッサールアルヒーフに通い、フッサールの遺稿のコピーを閲覧《えつらん》することにしたのだ。一路のケルン大学付属フッサールアルヒーフ通《がよ》いは、五月から十月まで続いた。その間《あいだ》、夏休みを除いて、半分くらいの週は、フッサールアルヒーフへ足を運んだ。一路がフッサールアルヒーフへ足を運ぶ週は、月曜日から金曜日までケルンに滞在し、火曜日・水曜日・木曜日はケルンの小さなホテルに宿泊し、金曜日の夕方にミュンスターへ戻《もど》った。一路は、大和魂《やまとだましい》を発揮《はっき》して、フッサールアルヒーフの開館時間の午前九時から午後四時まで昼食抜きで重要と思われる遺稿のコピーを自分のノートに必死《ひっし》に筆写《ひっしゃ》した。暫《しばら》くすると、フッサールアルヒーフに常駐《じょうちゅう》し事実上現場《じじつじょうげんば》の最高権限を持っていた副所長のxが、一路の大和魂のあまりの根《こん》気強《きづよ》さに心を打たれて、一路が金曜日の夕方にミュンスターへ戻る際《さい》に一路が望む遺稿のコピーを持ち帰り、月曜日に来た時に返却《へんきゃく》してくれればよいと一路《いちろ》に言った。一路は、ミュンスターへ戻《もど》った土曜日および日曜日に持ち帰った遺稿《いこう》のコピーを密《ひそ》かに複写《ふくしゃ》することができた。xは、一路と同年齢であり、後《のち》のドイツ現象学界《げんしょうがくかい》を背負《せお》うと期待されている人物だった。一路は、考えられないようなこのxの特段の配慮によって一路の望む豊富《ほうふ》な資料を入手し、その後《ご》の一路の研究は、それによって格段に進んだ。とりわけ、フッサールの遺稿のコピーのうちに〈実存《じつぞん》〉について言及《げんきゅう》したものを見出《みいだ》した事は、一路にとって大きな収穫《しゅうかく》であった。さらに、一路は、十一月上旬に、ドイツ南西部のフライブルク大学付属フッサールアルヒーフをも訪《たず》ね、資料を収集すると共に、フッサールの墓地《ぼち》へも赴《おもむ》き、感慨《かんがい》に浸《ひた》った。

　一路は、十月下旬にはＦ・Ｆに招かれてドイツ東部のケムニッツを訪れた。ケムニッツ大学でのＦ・Ｆの講義に参加して多数の学生たちの歓迎を受けたり、Ｆ・Ｆ宅で夫人の手《て》料理《りょうり》を御馳走《ごちそう》になったりした。

　ドイツ留学は、貴重《きちょう》な豊富な資料を得ると共に、何《なに》よりも現場《げんば》の空気に触れることによって、一路にとって何物《なにもの》にも代《か》え難《がた》い財産となった。

（二十六）　三十九歳〜五十歳の一路（学位取得と著書出版）

日高一路《ひだかいちろ》は、三十九歳になる年《とし》の四月からドイツ留学の成果を結実《けつじつ》させようと俄然《がぜん》研究に没頭《ぼっとう》した。一路は、七月には、N高専の紀要《きよう》に掲載《けいさい》する論文「エポケー、中立性変様《ちゅうりつせいへんよう》、還元《かんげん》の始原《しげん》」を脱稿《だっこう》した。この論文において、一路は、次のような事を論じた。すなわち、フッサールの〈志向性《しこうせい》の理論〉の端緒《たんちょ》とも言える一八九三／九四年の研究は、現象学的《げんしょうがくてき》還元《かんげん》以前の素朴な心理学的レベルに留《とど》まりながらも、一九〇五年頃の〈現象学的還元〉という理念の着想《ちゃくそう》を準備する上できわめて重要な基盤となるものであり、揺籃期《ようらんき》に付《つ》き物《もの》の概念規定の不安定さはあるものの、とりわけ〈再現《さいげん》〉についての記述的分析のうちにはきわめて実《みの》り多い思想が孕《はら》まれている。一九〇〇／〇一年の『論理学研究《ろんりがくけんきゅう》』へ至《いた》る過渡《かと》期《き》としての所産《しょさん》は、「心理学主義《しんりがくしゅぎ》から論理主義《ろんりしゅぎ》への転換《てんかん》」を可能にすると共に、エポケー、中立性変様、還元といった後《のち》の現象学的方法論にとっての〈始原〉つまり後《のち》の〈現象学的還元〉の思想の〈源流《げんりゅう》〉を作り出す「湧《わ》き出《で》る泉《いずみ》」たる意義を担《にな》うものと言える。

一路《いちろ》が大学院博士課程の二年次《にねんじ》つまり三十歳になる年《とし》に見出《みいだ》したように、フッサールの哲学的方法論である現象学的還元《げんしょうがくてきかんげん》の核心《かくしん》は、〈空想における反省〉である。つまり、現象学者が実在界《じつざいかい》を遮断《しゃだん》した空想風船という実験室の中でサンプルとしての現実的世界経験を詰《つ》め込《こ》んだ空想カプセルをその外側《そとがわ》から洞察《どうさつ》しながら現実的世界経験の本質的構造を反省的に捉《とら》えることである。だから、〈エポケー〉とは、サンプルとしての現実的世界経験を詰め込んだ空想カプセルをその外側から洞察する現象学者が判断を中止することであり、空想カプセルに詰め込まれたサンプルとしての現実的世界経験に介入《かいにゅう》しないことである。そして、〈中立性変様《ちゅうりつせいへんよう》〉とは、空想カプセルの外側から洞察する現象学者が空想カプセル中《ちゅう》のサンプルとしての現実的世界経験を中立的な立場でさまざまに空想的に変様することである。さらに、空想カプセル中のサンプルとしての現実的世界経験をさまざまに空想的に変様しても変わらない現実的世界経験の骨格《こっかく》としての本質的構造が、空想カプセルの外側から洞察する現象学者によって反省的に捉えられる。そのように〈空想における反省〉を通《つう》じて現実的世界経験の骨格としての本質的構造を捉えることが、現象学的真理へ引《ひ》き戻《もど》すこととしての〈還元〉なのである。

一路は、「エポケー、中立性変様、還元の始原《しげん》」という論文を仕上《しあ》げた直後に、N高専の紀要《きよう》に掲載《けいさい》する論文「フッサールによる初期の空想分析」を立《た》て続《つづ》けに仕上《しあ》げた。それというのも、論文「エポケー、中立性変様《ちゅうりつせいへんよう》、還元《かんげん》の始原《しげん》」においては、フッサールが一八九三／九四年に志向性《しこうせい》の理論に着手《ちゃくしゅ》し、素朴な段階においてではあるものの、再現《さいげん》概念《がいねん》を区分し分析的に記述して〈像表象《ぞうひょうしょう》〉としての空想概念を獲得したことが明らかにされるが、論文「フッサールによる初期の空想分析」においては、フッサールが一八九八年に空想を〈像《ぞう》を用いた表象《ひょうしょう》〉として捉《とら》え、空想の志向的分析を飛躍的に促進したことが明らかにされるのであり、両論文は時間的継起《けいき》的に連関するからである。

こうして、一路《いちろ》は、一九〇五年に着想される現象学的還元《げんしょうがくてきかんげん》の核心《かくしん》である〈空想における反省〉へ至るまでのフッサールの一八九〇年代の思想形成過程の究明に乗り出したのだ。四十歳になる年《とし》の一路は、現象学的還元の具体的遂行《すいこう》の支柱《しちゅう》となる〈現象学的反省〉としての〈空想における反省〉が、フッサールの中期の主著『イデーンI』（一九一三年）に先立《さきだ》つ時期つまり一九〇九年から一九一二年へかけての時期にどのように形成されて行ったのかを、解明しようとした。そして、N高専の紀要に掲載する論文「〈現象学的反省〉の形成過程」を仕上げた。その論文の概要は、以下の通りである。すなわち、フッサールは、一九〇九年夏あるいは初秋《しょしゅう》の〈内容―統握《とうあく》―図式の修正〉において意識のより一層豊かな領野《りょうや》に気づき、再現前化《さいげんぜんか》から再生《さいせい》への空想概念の転換を成就《じょうじゅ》し、さらに、

〈空想における反省〉を含意《がんい》する〈内的空想〉という概念に到達した。それから、〈再生《さいせい》〉は、〈空想における反省〉の基盤として位置づけられることになった。そして、一九一〇年に、反省される再生されたものと反省のまなざしという二つの異なる位相《いそう》を可能にする〈非顕在性概念《ひけんざいせいがいねん》〉が登場し、現象学的反省と呼ぶに値《あたい》する〈空想における反省〉の輪郭《りんかく》が浮かび上がった。そして遂《つい》に、一九一一年あるいは一九一二年初めに、〈内的意識〉という意識概念が獲得され、それに伴《ともな》って〈再生〉は〈内的意識の特殊な準現在化《じゅんげんざいか》〉として明確に定義され、〈内的反省〉という反省概念が導入された。ここに、〈内的意識において再生を基底《きてい》とする内的反省〉という現象学的反省の根本的枠組《わくぐ》みが、確立されたのである。さらに、一九一二年の三月から四月へかけて、現象学的反省における〈態度〉が究明され、カプセル内に収《おさ》められて遮断《しゃだん》された反省さるべき空想世界とそれを中立的に反省する〈純粋な自我〉という現象学的反省の骨格《こっかく》が確定されたのである。

四十歳になる年《とし》の一路《いちろ》は、一八九三／九四年から一九一二年までのフッサールの現象学的反省の形成過程についての研究を、十一月にQ大学で開催された現象学会の研究大会で発表し、審査をパスして、一路の論文「現象学的反省という方法の形成―再現前化《さいげんぜんか》から再生《さいせい》へ―」は、翌年十月発行の学会誌『現象学年報』に掲載《けいさい》された。

四十二歳になる年《とし》の一路は、自分の研究がかなりの成果をあげるようになったと確信できたので、文学博士の学位の取得をめざそうとした。M大学大学院博士課程を出てから八年目のことである。四月に、一路《いちろ》のM大学大学院博士課程時代の指導教員だったp先生に相談すると、p先生は、既《すで》に定年退職していたので、M大学大学院博士課程の現職教員であるy先生に学位論文審査の主査《しゅさ》になってもらうことを勧《すす》めた。一路は、M大学大学院博士課程時代にy先生の講義には出ていたので、y先生に学位論文審査の主査を依頼《いらい》すると、y先生は承諾《しょうだく》してくれた。一路が審査用論文を五部製本してy先生へ送付すると、一カ月後に返事があり、審査教員四名で検討《けんとう》した結果、学位論文の水準に一応《いちおう》達しているということだった。一カ月半後に手直《てなお》しした論文を四部製本してy先生へ送付すると、二カ月後にy先生より便《たよ》りがあり、論文の抜本的《ばっぽんてき》な手直しを要求された。

他方《たほう》で、一路は、フッサールの美学《びがく》に関する研究を、五月にR大学で開催された哲学会の研究大会で発表し、審査をパスして、一路の論文「フッサールの美学——現象学的方法との関連性」は、翌年四月発行の学会誌『哲學《てつがく》』に掲載《けいさい》された。この論文は、一九〇六年のフッサールの未公開の遺稿《いこう》AⅦと一九〇七年のフッサールのホフマンスタール宛《あて》の書簡《しょかん》に基づいて、一九〇六年頃のフッサールの美学がどのようなものであったのかを、そして、その美学がフッサールの現象学的方法とどのように密接に関連していたのかを、解明しようとするものである。その論文の概要《がいよう》は、以下の通りである。すなわち、一九〇六／

〇七年時点のフッサールは、それまでの数年間で熟成《じゅくせい》してきた空想分析の成果を踏まえて、方法的に〈純粋空想〉に基づく〈美学《びがく》〉を主題化したものと言える。そして、〈現象《げんしょう》学的還元《がくてきかんげん》〉の着想も、そもそも空想分析の熟成に根差《ねざ》していたわけだから、主題化された美学が、〈現象学的方法〉と密接に関連していたのは、必然的であった、と言わなければならない。

四十三歳になる年《とし》の一路《いちろ》は、四月に手直《てなお》しした審査用論文をy先生へ送付した。すると、七月に四名の審査員と面談することになった。面談の場《ば》では、四名の審査員からさまざまなアドバイスがなされた。一路は、学位取得の道程《みちのり》はなかなか険《けわ》しいものだなと思った。

一路が四十四歳になる年《とし》の四月に、y先生から一路に主査交代《しゅさこうたい》の連絡があり、新たな主査は、それまでの四名の審査員の一人《ひとり》であったz先生になった。四十五歳になる年《とし》の一路は、九月に手直しした審査用論文をz先生へ送付した。十一月にz先生より「格段に良くなった」旨《むね》の批評《ひひょう》が届いた。一路が四十八歳になる年《とし》の五月に、z先生から「あと少し」という旨の批評が届いた。一路は、やっとのことでもうすぐゴールインだなと思った。一路が四十九歳になる年《とし》の一月に、z先生から「ほぼ完成という域《いき》に達していると思われ、よくまとめられたという感想を持っています。」というコメントが届いた。十二月に、一路は、学位申請論文《がくいしんせいろんぶん》「フッサールの現象学的還元の研究」をM大学事務局へ提出した。一路が五十歳になる年《とし》の一月下旬に、M大学で公開審査が行われた。四名の審査員のうち、二名は、当初の審査員とは入《い》れ替《か》わっていた。副査を務《つと》めた或《あ》る先生は、「三十歳台《だい》前半の者が取得する課程博士の論文と比べれば、やはり論文の重みが違う。」と言った。また、副査を務めた別の或る先生は、「現象学的還元《げんしょうがくてきかんげん》についての描写《びょうしゃ》の所で写真とビデオの比喩《ひゆ》はとても分かり易《やす》く、これからももっとお教え下さい。」と言った。一路《いちろ》は、三月に、文学博士の学位を取得した。一路が文学博士の学位の取得をめざし始めた四十二歳の四月から、もう既《すで》に八年が経過していた。

他方《たほう》で、一路が四十二歳になる年《とし》の十一月に、京都のS出版社との間《あいだ》で一路の〈フッサールの現象学的還元〉に関する著作を出版することが決まっていた。その著作は、一路が四十七歳になる年《とし》の二月に『フッサールの現象学的還元―一八九〇年代から「イデーンI」まで―』という書名で出版された。その著作の目的は、フッサールの現象学的還元の具体的内実《ないじつ》を究明することであった。そして、その究明の結果として明らかになったことは、現象学的エポケー（判断中止《はんだんちゅうし》）および態度変更《たいどへんこう》という現象学者の覚悟《かくご》によって現実世界から遮断《しゃだん》されると共に反省作用の中立化という枠《わく》を嵌《は》められた空想世界が、再生《さいせい》的変様《てきへんよう》と思惟的変様《しいてきへんよう》から成《な》る中立性変様《ちゅうりつせいへんよう》を通じて分析対象としての空想カプセルとそれに対する反省のまなざしという現象学的反省の機構《きこう》を備《そな》えた現象学的還元の舞台《ぶたい》となる、ということである。

一路《いちろ》が四十九歳になる年《とし》の八月に、京都のS出版社との間《あいだ》で前著《ぜんちょ》『フッサールの現象《げんしょう》学的還元《がくてきかんげん》——一八九〇年代から「イデーンI」まで——』の続編《ぞくへん》の出版が決まった。前著の続編としてのこの著作は、現象学的還元の目的を脱現実化《だつげんじつか》的現実化《てきげんじつか》（現象学的還元という哲学的方法によって実在的現実を脱却《だっきゃく》し真《しん》の現実を捉《とら》えること）と捉え、現象学的還元という哲学的方法の形成過程において段階的に進展する脱現実化的現実化およびその所産《しょさん》として獲得される段階的に進展する真《しん》の現実を究明しようとする点で前著とは異なる。つまり、前著においては脱現実化的現実化の成熟過程《せいじゅくかてい》の解明に重点が置かれたのに対して、この著作は、脱現実化的現実化の成熟過程でその所産として獲得される段階的に進展する真《しん》の現実の解明に重点を置こうとするのである。この著作は、一路が五十歳になる年《とし》の八月に、『フッサールの脱現実化的現実化』という書名で出版された。

フッサールの哲学的方法としての現象学的還元のように、人間が自己を知るためには自己の経験を空想カプセルに詰《つ》め込《こ》んでその外側《そとがわ》から中立的なまなざしで反省的に洞察《どうさつ》するしかない。要するに、人間にとって自己を知るための唯一《ゆいいつ》の方法は、徹底した自己反省なのだ。そして、そこからそのつど自己本来の生き方を自覚し実践するのだ。そうした生き方こそが、悔《く》いの無《な》い幸せな人生を創造するのだ。

（二十七）　五十一歳〜六十一歳の一路（フッサールの後期思想の解明）

日高一路《ひだかいちろ》は、五十一歳になる年《とし》に、それまでの自分の人生とそれからの自分の人生について考えた。二十二歳になる年《とし》からこれまで三十年間に亙《わた》ってフッサール哲学を研究して来たが、現象学的還元《げんしょうがくてきかんげん》というフッサール独自《どくじ》の哲学的方法の究明を通じてフッサールの前期・中期思想は捉《とら》えられた。しかし、一路のフッサール研究の出発点は、フッサールの最晩年《さいばんねん》の著作『ヨーロッパの諸学問の危機と超越論的現象学《ちょうえつろんてきげんしょうがく》』（一九三五年〜一九三六年執筆、略称《りゃくしょう》は『危機書《ききしょ》』）なのであった。だから、これからは、フッサールの前期・中期思想を踏まえて、多年《たねん》に亙る念願であったフッサールの後期思想の解明に乗り出さなければならない。そして、とりわけ『危機書』の解明に取り組まなければならない。

一路は、フッサールの中期の主著である一九一三年の『イデーンⅠ』後《ご》の後期思想つまりフッサールの最晩年の大作《たいさく》である一九三五年〜一九三六年執筆の『危機書』へ至るまでの後期思想の展開を〈還元《かんげん》〉の問題を軸《じく》にして追跡することにした。一路《いちろ》は、五十一歳になる年《とし》から六十歳になる年《とし》まで、フッサールの後期思想を追跡する論文を毎年執筆し、その論文は、翌年三月にM大学大学院博士課程哲学・思想研究科哲学専攻の紀要《きよう》に掲載《けいさい》された。一路は、五十一歳になる年《とし》に「フッサールの存在論《そんざいろん》（一九〇六／〇七〜一九一七／一八）の展開」という論文を執筆し、五十二歳になる年《とし》に「フッサールの形相的心理学《けいそうてきしんりがく》（一九一一〜一九一七）の展開」という論文を執筆し、五十三歳になる年《とし》に「フッサールの『危機書《ききしょ》』の前夜《ぜんや》」という論文を執筆し、五十四歳になる年《とし》に「フッサールの実在論的転回《じつざいろんてきてんかい》」という論文を執筆し、五十五歳になる年《とし》に「フッサールの学問論的転回点《がくもんろんてきてんかいてん》」という論文を執筆し、五十六歳になる年《とし》に「フッサールの必当然的基礎《ひっとうぜんてききそ》づけ」という論文を執筆し、五十七歳になる年《とし》に「フッサールの非《ひ》デカルト的道《てきみち》の形成《けいせい》」という論文を執筆し、五十八歳になる年《とし》に「フッサールの現象学的心理学《げんしょうがくてきしんりがく》の深化《しんか》（一九二五〜一九二八）」という論文を執筆し、五十九歳になる年《とし》に「フッサールの〈自然的《しぜんてき》な生《せい》のあり方《かた》への帰還《きかん》〉（一九二六年十月）」という論文を執筆し、六十歳になる年《とし》に「フッサールの〈哲学的に真《しん》正《せい》の人間学〉（一九三〇年夏）」という論文を執筆した。

　五十一歳になる年《とし》から六十歳になる年《とし》までの十年間のこうした継続的な粘《ねば》り強《づよ》い研究の成果を踏まえて、一路は、六十一歳になる年《とし》に京都のS出版社から『フッサールの後期還元思想――『危機書《ききしょ》』への集束《しゅうそく》』を出版した。この著作によって、一路《いちろ》は、『危機書』に出会った二十二歳になる年《とし》に抱《いだ》いた疑問つまり『危機書』へ至るまでのフッサールの後期思想がどのような過程を辿《たど》って生み出されたのかという疑問に対して、自《みずか》ら応答《おうとう》したのである。それは、四十年の歳月《さいげつ》を費《つい》やしてのことであった。

一路が六十一歳になる年《とし》に出版した『フッサールの後期還元思想――『危機書』への集束』という著作に関する概要《がいよう》は、以下の通りである。

『危機書』は、三部構成になっており、第一部「ヨーロッパの人間の根本的な生《せい》の危機の表現としての学問の危機」において、単なる事実学《じじつがく》への学問の理念の実証主義的還元《じっしょうしゅぎてきかんげん》つまり学問の生《せい》に対する有意義性《ゆういぎせい》の喪失《そうしつ》を学問の危機と呼び、その危機を克服《こくふく》する手掛《てが》かりをヨーロッパの人間の自律性《じりつせい》の根源《こんげん》である古代ギリシア哲学ないしプラトン主義のもつ理論的自律性および実践的自律性に見出《みいだ》している。そして、第二部「物理学的客観主義と超越論的主観主義との間《あいだ》の近代の対立の起源の解明」において、超越論的哲学が前《ぜん》学問的並びに学問的客観主義を基礎づけることを説いている。さらに、第三部「超越論的問題の解明とそれに関連する心理学の機能」において、「（A）前以《まえもっ》て与えられた生活世界からの遡《そ》行的《こうてき》問《と》いにおける現象学的超越論的哲学への道」と「（B）心理学から現象学的超越論的哲学へ至る道」というように区分して、前者《ぜんしゃ》の「生活世界の存在論《そんざいろん》を介《かい》して超越論的現象学へ至る道」と後者《こうしゃ》の「心理学を介《かい》して超越論的現象学へ至る道」を展開している。『危機書《ききしょ》』と出会った当時の二十二歳になる年《とし》の一路《いちろ》にとって、〈生《せい》〉概念や〈生活世界〉概念の主題化を内包《ないほう》する『危機書』の第三部が主要な関心事《かんしんじ》であったが、第三部がなぜ（A）と（B）に区分されるのかすら見当《けんとう》が付《つ》かなかったし、ましてや『危機書』の第一部や第二部との第三部の関係もどういう必然性でそうなるのか全く分からなかった。

そこで、フッサール中期思想の総決算《そうけっさん》の書《しょ》である『イデーンⅠ』（一九一三年）からフッサール後期思想の集大成《しゅうたいせい》の書《しょ》である『危機書』（一九三五年〜一九三六年執筆）へ至る「フッサールの後期還元思想」の変遷《へんせん》の透徹《とうてつ》した解明は、当時の二十二歳になる年《とし》の一路から今日《こんにち》の六十一歳になる年《とし》の一路へ至る四十年来《よんじゅうねんらい》の悲願となった。ここで、一路のこの著作が「フッサールの後期思想」という書名《しょめい》にはならず「フッサールの後期還元思想」という書名になったのは、この著作が飽《あ》く迄《まで》も『イデーンⅠ』から『危機書』へ至る還元思想の変遷の基軸《きじく》の明確な叙述《じょじゅつ》をめざしたものだからである。つまり、還元思想とは、フッサールの哲学的方法たる現象学的還元《げんしょうがくてきかんげん》に関する思想であり、フッサールの広範《こうはん》に亙《わた》る諸主題を解明して行く上《うえ》でのバックボーン（背骨《せぼね》）となるような哲学的方法論的思想である。それゆえ、『イデーンⅠ』から『危機書』へ至るフッサールの哲学的方法論的思想の変遷の基軸の明確化つまりフッサールの後期還元思想の明確化は、フッサールの後期思想(一九一三年〜一九三六年)の理解を明解なものにするはずである。漸《ようや》く一路《いちろ》なりに見通《みとお》しが立って来たので、これまでの一路の研究をここにこうしてまとめることにした次第《しだい》である。この著作は、全体として二部構成とされ、各部に六つの章を配《はい》されている。

この著作の第Ⅰ部「『危機書《ききしょ》』の基礎を形作《かたちづく》るフッサール現象学の諸転回《しょてんかい》(一九一〇年代)」は、一九一〇年代のフッサール現象学が学問論的に諸転回を遂《と》げながら『危機書』の基礎を形作って行った過程を究明したものである。一九一〇年代というこの時期に『危機書』の学問論の原型《げんけい》が形作られる。つまり、『危機書』の第一部で展開される「近代的学問としての実証主義的科学への学問の理念の限局化《げんきょくか》への批判」という学問論の原型、『危機書』の第二部で展開される「超越論的哲学による前《ぜん》学問的並びに学問的客観主義の基礎づけ」という主張の原型、『危機書』の第三部(A)で展開される「生活世界の存在論《そんざいろん》を介《かい》して超越論的現象学へ至る道」の原型、『危機書』の第三部(B)で展開される「心理学を介して超越論的現象学へ至る道」の原型は、既《すで》にこの時期に形作られるわけである。そして、『危機書』の第三部(A)の生活世界の存在論の基礎を形作る「存在《そんざい》論的転回《ろんてきてんかい》」や『危機書』の第三部(B)の心理学の基礎を形作る「形相的心理学的転回《けいそうてきしんりがくてきてんかい》」が、一九一〇年代というこの時期に遂行《すいこう》される。フッサール現象学は、主観(人間)の意識作用がその意識対象としての客観(人間によって認識される対象の意味)を構成するさまを分析する哲学であるが、自然的次元《しぜんてきじげん》（生活世界の次元としての経験的次元つまり地上一階）で客観を内包《ないほう》する世界を分析するのが存在論《そんざいろん》であり、自然的次元で主観（人間）の意識作用を分析するのが形相的心理学《けいそうてきしんりがく》である。フッサール現象学の真髄《しんずい》は、超越論的次元（先験的次元つまり地下）の超越論的主観性（先験的意識回路）を分析する超越論的現象学にあるから、自然的次元で行使《こうし》される存在論や形相的心理学は、本命《ほんめい》の超越論的現象学へ至る準備段階ということになる。それゆえ、目的地としての超越論的現象学へ至るための出発点として、相関《そうかん》する客観（世界）と主観（意識作用）のそれぞれを分析する存在論と形相的心理学が、『危機書《ききしょ》』の第三部（A）の生活世界の存在論および『危機書』の第三部（B）の心理学の基礎としてこの時期に形作られるわけである。また、『イデーンI』（一九一三年）の観念論的傾向に対して、フッサールを取り巻く弟子たちの思想的状況や思想的影響関係からフッサールの「実在論的転回《じつざいろんてきてんかい》」が遂《と》げられる。哲学史上、意識や主観を超えた独立の実在《じつざい》を認めて何《なん》らかの意味でそれと関《かか》わることによって認識や世界が成立すると説く実在論と、物質ではなく観念的なものとしての意識を根本的本質とすることによって認識や世界が成立すると説く観念論との闘争があるが、そもそも、フッサールの超越論的現象学は、意識としての主観性が意識対象としての事物《じぶつ》や世界の意味を構成するさまを分析する学問なのだから、観念論的傾向をもつ。しかし、一九一〇年代というこの時期のフッサールは、〈自然と精神〉という実在を主題化する際《さい》に実在論的傾向を帯《お》びて行くようになるのである。さらに、その延長線上で、フッサール後期還元思想の大転回点《だいてんかいてん》とも言うべき〈具体的事実的転回〉が遂行《すいこう》される。つまり、〈実在論的転回〉を遂《と》げたフッサールは、一九一七／一八年のベルナウ草稿において、〈個体化《こたいか》の現象学〉によって〈具体的事実的転回〉を遂行するのである。個体化とは、根源的意識が個体としての対象を構成して成立させることであるが、そのさまを分析する〈個体化の現象学〉は、純粋な理念的可能性の次元で遂行されたフッサールの従来の実在的存在論に対して、経験的な事実的現実性の領域を開示《かいじ》し、個体としての対象の認識を中核《ちゅうかく》とする具体的事実的な経験および現実的な経験的世界に基づいて抽象的理念的な認識および可能的な理念的世界を現象学的に基礎づけるというフッサール後期還元思想の基軸《きじく》を樹立《じゅりつ》するという大転回《だいてんかい》を遂げ、〈具体的事実的転回〉を遂行するわけである。そして、第一次世界大戦（一九一四〜一九一八）という時代状況下で、〈生活世界〉概念導入の背景にあるフッサールの〈実存的転回《じつぞんてきてんかい》〉が遂げられる。実存的転回とは、フッサール自身がその時代状況下で苦難を被《こうむ》りながらその個人的体験がフッサールの学問的姿勢に影響を及ぼし、生《せい》および生活世界がフッサールの思索《しさく》の射程《しゃてい》に主題として内包《ないほう》されることになるということであり、それは、『危機書《ききしょ》』の〈学問の生《せい》に対する有意義性《ゆういぎせい》の喪失《そうしつ》〉としての〈学問の危機〉の克服《こくふく》の契機《けいき》となるような〈学問による生《せい》の把握《はあく》〉の萌芽《ほうが》である。総《そう》じて言えば、一九〇五年四月にフッサールの哲学的方法としての〈現象学的還元《げんしょうがくてきかんげん》〉が〈空想における反省〉という舞台《ぶたい》装置《そうち》として着想され、『イデーンⅠ』（一九一三年）において現象学という新たな哲学がいわば教科書的に体系的に叙述《じょじゅつ》され、その後《ご》の一九一〇年代は、フッサール現象学が学問論的に諸転回を遂《と》げながら『危機書《ききしょ》』の基礎を形作って行った時期だと捉《とら》えられる。

それに対して、一路《いちろ》のこの著作の第Ⅱ部「実存的生《じつぞんてきせい》の把握《はあく》としての実存的現象学《じつぞんてきげんしょうがく》の形成（一九二〇・三〇年代）」は、一九二〇・三〇年代のフッサールの〈実存的生《じつぞんてきせい》を把握《はあく》する実存的現象学《じつぞんてきげんしょうがく》〉の形成過程を究明したものである。一九二〇年代前半のフッサールは、〈第一哲学《だいいちてつがく》〉の理念の樹立《じゅりつ》に基づいて、『危機書』の学問論的枠組《わくぐ》みたる〈非《ひ》デカルト的《てき》道《みち》〉を形成する。つまり、一九一〇年代までは学問論的に見た〈現象学の理念〉に基づいて〈現象学入門〉を叙述することで精一杯《せいいっぱい》であったフッサールは、一九二〇年代前半になると、学問論的に見た〈第一哲学〉としての〈哲学の理念〉に基づいて〈哲学入門〉を叙述する。それは、学問論的に見て〈哲学的体系の普遍性《ふへんせい》〉という量的契機《りょうてきけいき》と〈哲学的体系の絶対的正当化〉という質的契機《しってきけいき》を軸《じく》にして展開し、〈必当然性《ひっとうぜんせい》（必然性《ひつぜんせい》を上回《うわまわ》って当《とう》然《ぜん》そうあらざるをえないという性質）〉を指標《しひょう》とする〈現象学の自己批判〉による学問論の絶対的普遍化および絶対的正当化を標榜《ひょうぼう》する。それはまた、学問論的な必当然的《ひっとうぜんてき》基礎づけを標榜《ひょうぼう》するあまり、超越論的現象学が開示《かいじ》する超越論的主観性が空虚《くうきょ》なものになりかねないような〈デカルト的道《てきみち》〉（デカルト哲学が「我思《われおも》う、ゆえに、我《われ》あり。」と端的《たんてき》に自己の存在に自己の意識を先行《せんこう》させたのと同様に、フッサール現象学が一足飛《いっそくと》びに超越論的意識としての超越論的主観性へ至ろうとした一九一三年の『イデーンI』で取られた道《みち》）とも言える。そこで、〈デカルト的道《てきみち》〉を補完《ほかん》する〈非《ひ》デカルト的道《てきみち》〉が取られる。すなわち、学問論の扇《おうぎ》の要《かなめ》である〈第一哲学《だいいちてつがく》〉としての超越論的現象学へ至る道として、自然的次元《しぜんてきじげん》（生活世界の次元としての経験的次元つまり地上一階）の形相的心理学《けいそうてきしんりがく》（現象学的心理学《げんしょうがくてきしんりがく》）を介《かい》して超越論的次元（先験的次元つまり地下）の超越論的現象学へ至る道としての〈非《ひ》デカルト的道《てきみち》〉を形作り、経験的世界（自然）の形相的心理学（現象学的心理学）を介して超越論的主観性へ至る道つまり〈存在論《そんざいろん》を介しての道〉と、主観的《しゅかんてき》生《せい》の形相的心理学（現象学的心理学）を介して超越論的主観性へ至る道つまり〈心理学を介しての道〉という二つの道として体系化されるのである。一九二〇年代後半になると、現象学者という生涯の天職《てんしょく》を貫《つらぬ》く無限の意志として、現象学を行使《こうし》する常習性《じょうしゅうせい》を創立《そうりつ》する意志が説かれ、〈実存的現象学《じつぞんてきげんしょうがく》〉が遂行《すいこう》される。この時期には、自然的態度《しぜんてきたいど》（日常生活的態度）を取る自然的生《しぜんてきせい》（日常生活を送る生《せい》）の主題化が、超越論的世界考察へ至る際《さい》に不可欠《ふかけつ》であることが明言《めいげん》され、自然的態度の意義の転換が存立《そんりつ》し、自然的態度を取る自然《しぜん》的生《てきせい》は、純粋心理学（現象学的心理学）の主題となりうると同時に超越論的現象学の主題ともなりうるのであり、二重《にじゅう》の主題化を被《こうむ》りうる。そして、〈世界の前所与性《ぜんしょよせい》〉という概念の導入と共に自然的生《しぜんてきせい》の様式一般およびその世界の超越論的解釈としての超越論的観念論が確立される。さらに、超越論的現象学によって主題化される自然的生は、可能な抽象的理念的生ではなく、〈現実の具体的事実的生〉としての〈実存的生《じつぞんてきせい》〉である、ということが明らかになる。こうした〈実存的生の主題化〉としての〈実存的現象学《じつぞんてきげんしょうがく》〉が形作《かたちづく》られて行く中で、〈実存的超越論的現象学的形而上学《けいじじょうがく》〉が説かれる。つまり、神性《しんせい》ないし永遠のものとしての理性的生つまり絶対的生が、個々人《ここじん》におけるそしてその時代における有《ゆう》限性《げんせい》をもつ生《せい》を必然的に超越論的に貫《つらぬ》いているのであるが、現実の不完全な人間としてのモナドは、絶対的生から逸《そ》れて隔《へだ》たりそうになりつつも、理性的に自覚してモナドの真理やモナドの究極的目標へ近づくように努めなければならない、という〈実存的超越論的現象学的形而上学〉が説かれるのである。これは、紛《まぎ》れもなく、『危機書《ききしょ》』の第一部「ヨーロッパの人間の根本的な生《せい》の危機の表現としての学問の危機」で提示される問題に対する応答《おうとう》に他《ほか》ならない。つまり、『危機書』の第一部が説く〈学問の生《せい》に対する有意義性《ゆういぎせい》の喪《そう》失《しつ》〉としての〈学問の危機〉を克服《こくふく》する〈理論的自律性《じりつせい》〉および〈実践的自律性〉として、〈実存的超越論的現象学的形而上学〉が呈示《ていじ》されるのである。この時期には、現象学的心理学の方法としての形相的《けいそうてき》ヴァリエーションの具体的操作が記述され、それから、形相的ヴァリエーションにおける形相の真《しん》の意義《いぎ》がフッサールによってアリストテレス的な意味において把握《はあく》される。そうして、質料的事物《しつりょうてきじぶつ》から成《な》る自然の領域の一般性つまり領域的一般性に対してのみ形相的ヴァリエーションを適合させるという形で現象学的心理学を事実に即《そく》したより一層具体的な実証的学問にし、また、〈事物領域一般という領域の形式様式〉の解明と〈純粋自我や自我共同体一般や意識生一般の全く不変の様式〉の解明という両解明の同時進行によって同時発生的テーゼ（世界のヴァリエーションと自我のヴァリエーションは同時に発生するというテーゼ）に基づく形相的ヴァリエーションをより一層具体的に行使《こうし》して現象学的心理学を深化させる。一九三〇年代前半になると、『危機書《ききしょ》』の第二部「物理学的客観主義と超越論的主観主義との間《あいだ》の近代の対立の起源の解明」と、『危機書』の第三部「超越論的問題の解明とそれに関連する心理学の機能」といった『危機書』という著作を構想する上《うえ》での枠組《わくぐ》みが、確立される。そして、現象学的心理学に関するフッサールの思索《しさく》は、徹底化し、現象学的心理学の具体的内実《ないじつ》とその困難に関するフッサールの叙述は、従来に比べてはるかに深化する。さらに、フッサールの超越論的反省の方法とその実存的意味の強調による人間的主観性の可能なかぎりの理解は、実存的生のあらゆるあり方《かた》を捉《とら》えようとする〈哲学的に真正《しんせい》の人間学〉つまり〈実存的生の把握《はあく》〉

としての〈実存的現象学〉となる。そして、『危機書《ききしょ》』を生み出す直前のいわば『危機書』の前夜《ぜんや》と呼ぶべきこの時期の〈最晩年《さいばんねん》の現象学の射程《しゃてい》〉においては、世界内的現象《せかいないてきげんしょう》学《がく》（現象学的心理学）を経由《けいゆ》して超越論的現象学へ至るという構図《こうず》を取る。さらに、〈自《し》然的世界生《ぜんてきせかいせい》を前提とした普遍的エポケー（超越論的現象学的エポケー）〉によって、世界内的現象学（現象学的心理学）には隠《かく》されたままであった超越論的構成ないし超越論的世界創造の〈露呈《ろてい》〉ないし〈解釈〉ないし〈解明〉が遂行《すいこう》される。それから、『危機書』で取られる超越論的現象学へ至る二つの道つまり〈存在論《そんざいろん》を介《かい》しての道《みち》〉と〈心理学《しんりがく》を介《かい》しての道《みち》〉が、胚胎《はいたい》される。また、最晩年《さいばんねん》の超越論的現象学的本質つまり自然的生の事実性に根差《ねざ》した〈事実的本質〉を把握《はあく》するために、〈超越論的想起《ちょうえつろんてきそうき》〉という超越論的現象学的本質把握の方法が、用いられる。そうして、〈最晩年の超越論的現象学的本質把握の具体的操作としてのヴァリエーション〉という〈〈必当然的《ひっとうぜんてき》〉世界確信《せかいかくしん》によって拘束《こうそく》された世界の形相学《けいそうがく》における空想〉が、用いられる。総《そう》じて言えば、一九二〇・三〇年代は、地上二階の理念的次元の学問的世界を地上一階の自然的次元《しぜんてきじげん》の生活世界が基礎づけ、地上一階の自然的次元の生活世界を地下の超越論的次元の超越論的主観性が基礎づけるという三層《さんそう》構造《こうぞう》を形作《かたちづく》り、具体的事実的な超越論的主観性（超越論的現象学的生）を開示《かいじ》する超越論的現象学が学問論の扇《おうぎ》の要《かなめ》としての〈第一哲学《だいいちてつがく》〉としての役割を果《は》たすという〈哲学の理念〉が形成され、その理念の具体的内実《ないじつ》として〈実存的生を把握《はあく》する実存的現象学〉が形成されて行った時期だと捉《とら》えられる。

一路《いちろ》が六十一歳になる年《とし》に出版したこの著作によって、二十二歳になる年《とし》の一路を魅了《みりょう》した〈生《せい》概念〉や〈生活世界概念〉が第一次世界大戦下の一九一六年～一九一八年にフッサールの〈実存的転回《じつぞんてきてんかい》〉によって導入されたことが明らかにされると共に、二十二歳になる年《とし》の一路が『危機書《ききしょ》』に実存哲学の気配《けはい》を感じたことが正当なものであったことが一九二〇年代後半のフッサールの〈実存的現象学の遂行《すいこう》〉によって証明された。さらに、『危機書』の第一部が説く〈学問の生《せい》に対する有意義性《ゆういぎせい》の喪失《そうしつ》〉としての〈学問の危機〉を克服《こくふく》する〈理論的自律性〉および〈実践的自律性〉として、〈実存的超越論的現象学的形而上学《じょうがく》〉が呈示《ていじ》されることが、明らかにされた。こうした事は、〈哲学の申し子《もうご》〉である一路の哲学的嗅覚《てつがくてききゅうかく》が生み出した大きな成果であり、これまで世界中《せかいじゅう》から全く顧《かえり》みられることのなかった「実存哲学者としてのフッサール像《ぞう》」の樹立《じゅりつ》へ向けての大きな第一歩であった。

こうして、二十二歳になる年《とし》の一路によってフッサール哲学に期待された〈実存哲学〉の開示《かいじ》の風穴《かざあな》が、哲学徒《てつがくと》としての一路の四十年に亙《わた》る苦闘《くとう》によって開《あ》けられた。さあ、これからは、これを契機《けいき》に前方《ぜんぽう》に立ちはだかる分厚《ぶあつ》い壁を打ち破って、前人未到《ぜんじんみとう》の〈フッサールの実存哲学の完全究明〉を成就《じょうじゅ》しなければならない。

（二十八）六十一歳以降の一路（フッサールの実存哲学）

日高一路《ひだかいちろ》は、フッサールの中期の主著である一九一三年の『イデーンI』からフッサールの最晩年《さいばんねん》の大作《たいさく》である一九三五年～一九三六年執筆の『危機書《ききしょ》』へ至《いた》るまでのフッサールの後期思想の展開を解明したが、それだけでは未《いま》だ満足しなかった。それというのも、フッサールの『危機書』に登場する〈生《せい》〉概念や〈生活世界〉概念に魅了《みりょう》された一路は、フッサール哲学のうちに、「人間とは何か？」とか「いかに生きるべきか？」とかといった問いに対して答える〈実存哲学《じつぞんてつがく》〉を期待していたからである。

しかし、一路が二十二歳になる年《とし》から二十年余《あま》り、フッサリアーナ（フッサール全集）として公刊されたフッサールの著作や遺稿《いこう》は、論理学《ろんりがく》や認識論等々《にんしきろんとうとう》の理論哲学的なものが大半《たいはん》であり、一路にとって不満な状態がずっと続いた。

それでも、フッサールの最晩年の『危機書』に実存哲学的な気配《けはい》を感じ取った一路は、フッサールの四万枚に及ぶ膨大《ぼうだい》な量の遺稿のうちに必ずや実存哲学的内容の遺稿が含《ふく》まれているはずだという確信にも似た執念《しゅうねん》を燃やし続けた。そして、一路《いちろ》が三十八歳になる年《とし》のドイツ留学時《りゅうがくじ》に、一路は、ケルン大学付属フッサールアルヒーフで、フッサールの実存哲学的内容を含《ふく》む遺稿《いこう》の存在を遺稿目録カードによって確認した。その時、一路は、「やはり、そうだったのか！」という無上《むじょう》の喜びが満《み》ち溢《あふ》れると共に、「よし！　これから徹底的に究明してやるぞ！」という興奮がむらむらと込《こ》みあげて来《く》るのだった。

　それから、その後《ご》の二十年余《あま》りの間《あいだ》に、フッサールの実存哲学的遺稿が、満《まん》を持《じ》して漸《ようや》くフッサリアーナ（フッサール全集）において公刊されるようになって来た。そして、一路も、「我《わ》が意《い》を得《え》たり！」とばかりに遺稿に基づく〈フッサールの実存哲学〉つまり〈フッサールの実存的現象学《じつぞんてきげんしょうがく》〉の究明に邁進《まいしん》したのだった。

　一路が四十六歳になる年《とし》には、フッサールの哲学的方法である現象学的還元《げんしょうがくてきかんげん》に関する遺稿を集めたフッサリアーナ第三十四巻が公刊され、その編者《へんじゃ》S・Lは、序文において、フッサールの後期の超越論的現象学《ちょうえつろんてきげんしょうがく》が実存的意味をもつことを指摘すると共に、フッサールの後期の超越論的現象学を〈哲学的に真正《しんせい》の人間学〉と捉《とら》えていた。そして、一路が五十三歳になる年《とし》の夏にベルギーのルーヴァンカトリック大学付属フッサールアルヒーフを訪問した折《おり》に出会った研究員R・Sが編集したフッサリアーナ第三十九巻が、フッサールの生活世界概念に関する膨大《ぼうだい》な遺稿を集めた形で一路が五十二歳になる年《とし》に公刊された。さらに、一路《いちろ》が五十九歳になる年《とし》の夏に再びルーヴァンのフッサールアルヒーフを訪問した折《おり》に対応してくれた研究員T・VがR・Sと共同編集したフッサリアーナ第四十二巻が一路が五十八歳になる年《とし》に公刊され、その中には待望《たいぼう》のフッサールの実存哲学的遺稿が含《ふく》まれていた。因《ちなみ》に、その編者《へんじゃ》R・Sは、序文において、「フッサール自身にとって、厳密な学の精神において哲学の改革へ使命を課《か》せられることは、フッサールが自己の書簡においてそれについて繰《く》り返《かえ》し表現したような実存的経験であった。フッサールは、自己の講義や研究草稿において、こうした経験を現象学的に分析し、自己の倫理学《りんりがく》にとって実《みの》り多いものにした。」と述べている。

世界的に見ても、一路のように〈フッサールの実存的現象学《じつぞんてきげんしょうがく》〉を唱《とな》える者は、希有《けう》であるかもしれないが、フッサールの弟子であるハイデガーやその同時代の実存哲学者を自《じ》認《にん》するヤスパースやフッサールの影響下にあるサルトルが実存哲学者と評されるにも拘《かか》わらず、その師匠格《ししょうかく》のフッサールに実存哲学が無いことの方《ほう》が、むしろきわめて不自然に思える。一路は、哲学を学ぶ志《こころざし》を立てた二十歳頃から、哲学の中核的《ちゅうかくてき》分野は人間哲学ないし人生哲学であると確信しており、それは、未《いま》だに何《なん》ら変わらない。

そういう次第《しだい》で、一路が〈フッサールの実存哲学〉つまり〈フッサールの実存的現象学〉を究明する研究環境が、漸《ようや》く整《ととの》った。

六十一歳になる年《とし》の一路《いちろ》は、〈フッサールの実存哲学〉つまり〈フッサールの実存的現象学〉を追跡することにした。一路は、六十一歳になる年《とし》から六十五歳になる年《とし》まで、〈フッサールの実存的現象学〉を追跡する論文を毎年執筆し、その論文は、翌年《よくねん》三月にM大学大学院博士課程哲学・思想研究科哲学専攻の紀要《きよう》に掲載《けいさい》された。一路は、六十一歳になる年《とし》に「フッサールの実存的現象学（一九三〇年夏）」という論文を執筆し、六十二歳になる年《とし》に「フッサールの実存的現象学（一九三三年）」という論文を執筆し、六十三歳になる年《とし》に「フッサールの実存的現象学（一九二二／二三年）—倫理《りんり》的生《てきせい》—」という論文を執筆し、六十四歳になる年《とし》に「フッサールの実存的現象学（一九二二／二三年）—文《ぶん》化的生《かてきせい》—」という論文を執筆し、六十五歳になる年《とし》に「フッサールの実存的現象学（一九二三年二月）」という論文を執筆した。

一路は、六十三歳でN高専を定年退職したので、六十四歳になる年《とし》と六十五歳になる年《とし》の二年間に、その他《た》の未掲載《みけいさい》の六編《ろっぺん》の論文を執筆した。そして、六十一歳になる年《とし》から六十五歳になる年《とし》までの五年間のこうした豊富な研究成果を踏まえて、一路は、六十六歳になる年《とし》に京都のS出版社から『フッサールの実存的現象学』を出版した。この著作によって、一路は、『危機書《ききしょ》』に出会って〈実存的気配《じつぞんてきけはい》〉を感じた二十二歳になる年《とし》から数《かぞ》えて四十四年振《よんじゅうよねんぶ》りに、世界に先駆《さきが》けて〈フッサールの実存哲学〉を究明したのだった。

一路《いちろ》が六十六歳になる年《とし》に出版した『フッサールの実存的現象学』に関する概要《がいよう》は、以下の通りである。

一路のこの著作は、一九一六年から一九三五年までの〈フッサールの実存的現象学〉を究明しようとするものである。

一路の前著《ぜんちょ》『フッサールの後期還元思想――『危機書《ききしょ》』への集束《しゅうそく》』の第六章において、フッサールの実存的転回《じつぞんてきてんかい》（一九一六年～一九一八年）が、詳述《しょうじゅつ》された。すなわち、第一次世界大戦（一九一四～一九一八）の最中《さなか》にフッサールの身《み》の上《うえ》には次男の戦死・長男の戦場での重症・母の病死といった悲しい出来事《できごと》が起こり、フッサールは、厳《きび》しい実存的状況に置かれると共に、フライブルク大学の戦争参加者用講座の枠内《わくない》で「フィヒテの人間性の理想」という実存的講義を行《おこな》い、前期・中期の認識論的理論哲学から後期の実存的実践哲学への転換を象徴する〈生活世界概念〉を思想的転換の旗印《はたじるし》として用いながら思想的に〈実存的転回〉を遂《と》げるのである。それゆえ、一九一六年～一九一八年時点のフッサールは、理論的領域・実践的領域・宗教的領域における〈実践的生《じっせんてきせい》〉を主題化するのである。

したがって、一路のこの著作は、第一章「自律的な実践的生（一九一六年～一九一八年）」において、一九一六年～一九一八年時点のフッサールが理論的領域・実践的領域・宗教的領域における〈実践的生〉を主題化しそれをどのように考察しているのかを明らかにする。

すなわち、第一に、フッサールは、理論的領域における本来的な理性的実践の最も重要な中核《ちゅうかく》は、分別《ふんべつ》ないし観取力《かんしゅりょく》としての賢《かしこ》さつまり知恵《ちえ》である、と捉《とら》えている、ということである。第二に、フッサールは、実践的領域における本来的な理性的実践は、非本来的《ひほんらいてき》な理性的実践としての他律的《たりつてき》行動ではなく自律的《じりつてき》行動である、と考えているが、非本来的な他律的行動としての権威《けんい》に従う行動も、権威の実践的経験をわがものにし根源的《こんげんてき》な直観《ちょっかん》および思惟《しい》においてわがものにされた知《ち》を得《え》れば本来的な自律的行動と同等のものとなる、と考えている、ということである。第三に、フッサールは、信者は教会に対して単に他律的に従う者ではなく、教会は信者の自律的信仰を促進《そくしん》すべき組織であり、宗教的領域においても理性的実践を中軸《ちゅうじく》とする人格的な自律的実践を重視している、ということである。

ここで、フッサールは、古代ギリシアの哲学者であるソクラテスが重んじた〈知恵〉を、理論的領域における本来的な理性的実践の最も重要な中核だと見ている。人間は、実践へ移る前に状況を正しく見極《みきわ》めなければならないが、その際《さい》に状況の本質を理性的に把握《はあく》する能力が分別ないし観取力としての〈知恵〉である。人間の理想とも言える〈賢い人間〉とは、教養を積んで〈知恵〉を身に付けた人間であり、〈知恵〉は、人格の中核だと言える。〈知恵〉を以《もっ》て実践する人間は、自分で自分の行動を理性的に律《りっ》することができる〈自律的人間〉である。自分があまり詳《くわ》しくない領域では権威に従う〈他律〉も致《いた》し方《かた》ないが、できるだけ自分で理性的に見極《みきわ》めて自分の行動に責任を持てる〈自律的人間〉でありたいものだ。それは、宗教においても同じである。

理論的領域・実践的領域・宗教的領域における〈実践的生《じっせんてきせい》〉を主題化したフッサールは、一九二〇年時点になると、生活世界という現実世界に生きる生々《なまなま》しい人間つまり〈実存《じつぞん》〉を具体的に考察するようになる。すなわち、現実世界の義務の概念・法や慣習や道徳を主題化すると共に、真《しん》の自己実現の方向性を模索《もさく》する実存哲学的人間・人生行路に立ちはだかる天災《てんさい》や人災《じんさい》としての非合理的偶然性《ひごうりてきぐうぜんせい》を克服《こくふく》する実存的人間等々《とうとう》を考察するようになるのである。

したがって、一路《いちろ》のこの著作は、第二章「真《しん》の自己実現へ向かう実存的生（一九二〇年）」において、一九二〇年時点のフッサールが義務の概念・法や慣習や道徳・実存哲学的人間としての有徳《ゆうとく》の人間・非合理的偶然性を克服する実存としての人間・理想的な神的《しんてき》生《せい》の理念と現実の不完全な罪深《つみぶか》い生《せい》を主題化しそれをどのように考察しているのかを明らかにする。すなわち、第一に、フッサールは、命令する立場・国家・警察等々の命令する意志は、命令者の事情《じじょう》の心得《こころえ》の下《もと》であるいは社会的－心理的客観化という仕方《しかた》で把握《はあく》された〈共通意志〉という主人とそれに理性的に服従する個人としての自律的自我という召《めし》使《つか》いとの生《せい》の関係ないし行動様式であり、義務は、理性的で自律的なものなのである、ということを析出《せきしゅつ》している、ということである。第二に、フッサールは、慣習も道徳も社《しゃ》会的当為《かいてきとうい》であるが、徳《とく》を有《ゆう》するか否《いな》かという点に慣習と道徳の差異《さい》が存《そん》するのであり、そして、道徳的なものは、徳の固有の本質ではなく、徳そのものをその意味から見て問うのは、倫理《りんり》であり、さらに、倫理は、道徳のような外的《がいてき》な社会的当為性格ではなく、徳の内的《ないてき》な当為性格を問題にする、ということを析出している、ということである。第三に、フッサールは、不完全に道徳化された未熟《みじゅく》な人間は、道徳的批判なしに本能的に善《ぜん》へ向かう人間であるが、完全に道徳化された人間は、道徳的批判としての自己探究によって真《しん》の自我へ向かう人間であり、有徳《ゆうとく》の人間は、自己自身を絶えず探究し真《しん》の自己へ向かう実存哲学的人間である、ということを析出している、ということである。第四に、フッサールは、人間は、非合理的偶然性《ひごうりてきぐうぜんせい》を克服《こくふく》して理性的必然的に善《ぜん》なる世界の創造に努めなければならないが、善なる世界の創造に没頭《ぼっとう》して自己自身を見失《みうしな》っては本末転倒《ほんまつてんとう》であり、飽《あ》く迄《まで》も絶えず自己探究を怠《おこた》らず、自己成長を遂《と》げなければならないのであり、実存としての人間の投企《とうき》は、人間の理性的必然的努力にも拘《かか》わらず、非合理的偶然性の中で失敗するかもしれないが、何《なに》より大切な事は、人生行路の各局面を自己自身の獲得の通路として不《ふ》屈《くつ》の信念を以《もっ》て絶えず自己探究を継続することなのである、ということを析出している、ということである。第五に、フッサールは、正常な人間は、その真《しん》の自己を志《こころざ》すのであり、真《しん》の自己という理念の下《もと》での理想的な生《せい》は、絶えず真《しん》の目標を立てて真の目標達成から真の目標達成へ進行するような神的生《しんてきせい》であるが、現実の不完全な罪深《つみぶか》い生《せい》は、非合理的な抵抗によって失敗し、失敗そのものによって共《とも》に作り出された状況に順応《じゅんのう》した新たな真の目標を芽吹《めぶ》かせ、逆境《ぎゃっきょう》という試練《しれん》に耐《た》えて絶えず自己の生《せい》の理念を改造しながら真の自己実現へ向けて生きるのであり、罪深さと謙虚《けんきょ》さにおける有徳《ゆうとく》の生《せい》を生きるのである、ということを析出《せきしゅつ》している、ということである。

ここで、フッサールは、「社会の中で、人は、こんな時にはまさにこうすべきである。」という〈当為《とうい》〉を問題にしている。社会的義務・法・慣習・道徳・倫理は、皆《みな》〈当為〉であるが、それには〈外的当為《がいてきとうい》〉と〈内的当為《ないてきとうい》〉の区別がある。〈内的当為〉を問題にするのは、倫理《りんり》であり、〈倫理的人間〉は、道徳的批判としての自己探究によって真の自己へ向かう人間であり、〈有徳の人間〉である。〈徳《とく》〉とは、自分が取ろうとする行動の善悪を見極《みきわ》める能力であり、自分が取るべき行動を見極めることができる人間が〈有徳の人間〉であり、自分が取るべき行動を実践する人間が〈真の自己〉としての〈本来的自己〉であり、〈本来的自己〉を絶えず探究し〈本来的自己〉へ向かおうとする人間が〈実存哲学的人間〉なのだ。だから、〈実存哲学的人間〉は、自己の天命《てんめい》としての生《せい》を最大限に生かそうとするのだが、その根源には〈徳〉という名の倫理的な枠《わく》が嵌《は》まっている。そして、

〈実存哲学的人間〉の行く手には天災や人災等々の〈非合理的偶然性〉が立ちはだかるが、〈実存哲学的人間〉は、逆境という試練に屈することなく、自己の生の理念を改造しながら真の自己実現に努めなければならない。そうした生き方のうちにこそ、幸福があるのだ。

〈真の自己実現へ向かう実存的生〉を考察したフッサールは、一九二二／二三年時点になると、理想から掛け離れた現実の不完全な人間を理想へ近づけて行く〈自己革新〉の問題とその方法を考察するようになる。そして、それは、フッサールの〈個人倫理学〉の形成となり、〈革新的生としての倫理的生〉の析出となるのである。

したがって、一路のこの著作は、第三章「革新的生─倫理的生（一九二二／二三年）」において、一九二二／二三年時点のフッサールが『改造』論文において革新の問題と方法・厳密な学の本質研究の方法・倫理的生の本質研究としての実存的現象学を主題化しそれをどのように考察しているのかを明らかにする。すなわち、第一に、フッサールは、革新への信念によるその目標および目標実現方法の本質および可能性の明瞭な認識を獲得しようとする厳密な学を、真正なあるいは理性的な人間の理念の学問的本質分析をめざすものである、と捉えている。第二に、フッサールは、人間性の領域の本質研究も、数学的手法と類比的に、範例的に機能する個別的人間において一般的にヴァリエーションを施すことができる一切の諸契機のきわめて自由なヴァリエーションによるようなものとして最上級の理念を観取《かんしゅ》し、そこから特殊化を通《つう》じてさまざまな下位《かい》の諸理念を導出《どうしゅつ》し、究極的な基本的理念の直観的呈示《ちょっかんてきていじ》へ突き進む手法である、と説いている、ということである。第三に、フッサールの個人倫理学《こじんりんりがく》は、生《せい》が詳細《しょうさい》に本質的にどのように経過しなければならないのかということ、生《せい》の特有の危険はどのようなものであるのかということ、自己欺瞞《じこぎまん》や自己過失《じこかしつ》といった生《せい》の可能な類型《るいけい》、生《せい》の持続的な堕落《だらく》、常習的《じょうしゅうてき》な自己に対する不誠実《ふせいじつ》という生《せい》の形式、気づかれざる予防措置《よぼうそち》、等々《とうとう》を体系的に明示《めいじ》し詳述《しょうじゅつ》することを課題とする〈実存的現象学〉である、ということである。

ここで、フッサールは、理想から掛《か》け離《はな》れた現実の不完全な人間を理想へ近づけて行く〈自己革新《じこかくしん》〉の問題を取り上げている。そして、〈自己革新〉のために必要な厳密な学は、真正《しんせい》なあるいは理性的な人間の理念の学問的本質分析をめざす学であると説かれ、その学の方法は、数学的手法と類比的《るいひてき》であると説かれている。さらに、〈個人倫理学〉としてのその学は、自己欺瞞や自己過失といった生《せい》の可能な類型・生《せい》の持続的な堕落・常習的な自己に対する不誠実という生《せい》の形式・気づかれざる予防措置等々を体系的に明示し詳述する〈実存的現象学〉であると説かれている。神のように完全ではない現実の不完全な人間は、自分を理想に近づけるように絶えず〈自己革新〉に努めなければならないが、そのためには、現実の不完全な人間の本質を明示し詳述する〈個人倫理学〉としての〈実存的現象学〉が必要なのだ。
〈革新的生《かくしんてきせい》としての倫理的生《りんりてきせい》〉を考察したフッサールは、同じく一九二二/二三年の時点で、〈個人倫理学《こじんりんりがく》〉の延長線上の〈共同体倫理学《きょうどうたいりんりがく》〉を考察することになる。すなわち、人間は共同体の中での個人であるから、個人の考察は共同体の考察へ拡張せざるをえないのであり、個人的革新の問題は共同体的革新の問題へ拡張せざるをえないのであり、それゆえ、フッサールは、宗教的生《しゅうきょうてきせい》や学問的生《がくもんてきせい》を含《ふく》む〈文化的生《ぶんかてきせい》〉としての共同体的生《きょうどうたいてきせい》を主題化することになるのである。

したがって、一路《いちろ》のこの著作は、第四章「革新的生―文化的生(一九二二/二三年)」において、一九二二/二三年時点のフッサールが絶対的に価値の高い生《せい》の共同体としての倫理的共同体の形成・真正《しんせい》な理性的共同体の形成の条件としての哲学・学問に依拠《いきょ》した共同体的生の革新・宗教的文化的生の自由運動・宗教的文化的生の革新・学問的文化的生の自由運動・学問的文化的生の革新を主題化しそれをどのように考察しているのかを明らかにする。すなわち、第一に、フッサールは、絶対的に価値の高い倫理的共同体は、必然的に倫理的に既《すで》に方向づけられた個々《ここ》の主観およびその倫理的反省によって形成される、と考え、そして、そこでは、絶対的に価値の高い倫理的共同体を形成する文化的生に関するフッサールの実存的現象学が展開されている、ということである。第二に、フッサールは、哲学を真正《しんせい》な理性的共同体の形成の条件とみなしており、そして、そこでは、哲学を真正な理性的共同体の形成の条件となす文化的生に関するフッサールの実存的現象学が展開されている、ということである。第三に、フッサールは、真正な人間性の自己実現の技術としての学問的な〈倫理的〉技術による共同体的意志規定は、共同体的生を一切《いっさい》の前以《まえもっ》て与えられた形態に応じて改造するのであり、共同体的生の革新は、学問に依拠《いきょ》する、と捉《とら》え、そして、そこでは、学問に依拠した共同体的生の革新を行《おこな》う文化的生に関するフッサールの実存的現象学が、展開されている、ということである。第四に、フッサールは、根源的《こんげんてき》な宗教的経験の源泉《げんせん》に基づいて宗教であろうとするキリスト教が、宗教に対する自由な態度を以《もっ》て宗教の改革を行いうる自由な宗教であり、世界宗教へ向かう自由な宗教の使命の意識をもっており、そして、そこでは、革新を行う宗教的文化的生に関するフッサールの実存的現象学が、展開されている、ということである。第五に、フッサールは、宗教改革運動という〈宗教的文化的生の自由運動〉によって、〈宗教的文化的生の革新〉が遂行《すいこう》される、ということを捉えており、そして、そこでは、革新を行う宗教的文化的生に関するフッサールの実存的現象学が、展開されている、ということである。第六に、フッサールは、ヨーロッパの学問的文化的生は、定言命令《ていげんめいれい》に適合した展開形式を獲得するように意図的に努める自律的運動としての自由運動を遂行《すいこう》する生《せい》である、と捉えており、そして、そここでは、自由運動を行う学問的文化的生に関するフッサールの実存的現象学が、展開されている、ということである。第七に、フッサールは、自由な理性に基づく厳密な学としての哲学という理念は、決定的で一切《いっさい》を支配する文化理念であり、古代ギリシアの学問的文化的生は、ソクラテスとプラトンという二つの巨星《きょせい》を擁《よう》する厳密な学としての哲学によって革新された、と捉《とら》えており、そして、そこでは、革新を行《おこな》う学問的文化的生に関するフッサールの実存的現象学が、展開されている、ということである。

ここで、フッサールは、〈個人倫理学〉の延長線上に〈共同体倫理学〉を取り上げている。そして、フッサールは、個人的革新の問題を共同体的革新の問題へ拡張している。さらに、フッサールは、〈共同体的生〉を、宗教的生や学問的生を含《ふく》む〈文化的生〉として主題化している。個人的生としての〈実存的生〉の根源に倫理の枠《わく》が嵌《は》まるのと同様に、共同体的生としての〈文化的生〉の根源に倫理の枠が嵌まる。そして、真正《しんせい》な理性的共同体を形成するために倫理の枠を嵌《は》めるのは哲学の使命であり、哲学は、真正な人間性の自己実現の技術を提供して共同体的生の革新に奉仕しなければならない。共同体的生としての文化的生を成《な》す〈宗教的生〉も〈学問的生〉も、哲学に基づいて自律的に自己革新を遂《と》げて行くのだ。〈革新的生としての倫理的生・文化的生〉を考察したフッサールは、一九二三年二月時点になると、生《せい》そのもののみならず、生《せい》を取り巻く世界をも考察の射程《しゃてい》に入れるようになる。

すなわち、生《せい》と世界は相互作用的に変化して行くものであり、革新の問題は生《せい》の革新のみならず世界の革新をも包括《ほうかつ》するのであり、それゆえ、フッサールは、〈理性に基づく世界と生《せい》の一体化〉を主題化することになるのである。

したがって、一路《いちろ》のこの著作は、第五章「理性に基づく世界と生《せい》の一体化（一九二三年二月）」において、一九二三年二月時点のフッサールが現在から未来へ向かう実存としての人間の本質的構造・生《せい》の価値と高潔《こうけつ》な生《せい》・理性に基づく世界と生《せい》の一体化・環境世界を改造する倫理的生・理性的生と理性反逆的運命《りせいはんぎゃくてきうんめい》との闘《たたか》い・人間性の倫理化《りんりか》が実現されうる〈相対的《そうたいてき》に完全な世界〉を主題化しそれをどのように考察しているのかを明らかにする。すなわち、第一に、フッサールは、現在から未来へ向かう人間の本質的構造を、人間の力の支配による人間的生《にんげんてきせい》の必然的な目的実現の確実性と、人間の力の支配を超《こ》える偶然に基づく人間的生の目的実現の不確実性との相克《そうこく》と捉《とら》えている、ということである。第二に、フッサールは、高潔《こうけつ》な生《せい》の信念は、低次《ていじ》の有用性《ゆうようせい》をめざすものではなく、自己にとって浄福《じょうふく》となる高次《こうじ》の最良の目的達成という理想をめざすものであり、その理想はたとえ現実的に完全に達成されなくとも、その理想をめざす高潔な生き方こそが、最高の意味で価値がある生き方なのである、と捉えている、ということである。第三に、フッサールの実存的現象学の核心的《かくしんてき》主題である生《せい》の有意義性《ゆういぎせい》は、理性に基づく世界と生《せい》の一体化という理想をめざす生《せい》の努力である、ということである。第四に、フッサールは、理性に基づく世界と生《せい》の一体化という理想をめざす生《せい》は、自己を取り巻く環境世界を可能な限り最良の環境世界へ改造しようと努力する倫理的生なのである、と捉《とら》えている、ということである。第五に、フッサールは、完全な世界という理想のうちには理性反逆的運命《りせいはんぎゃくてきうんめい》が必然的に属するのであり、人間的生《にんげんてきせい》の幸福へ向かう一切《いっさい》の形態において理性反逆的運命を肯定的《こうていてき》な実り豊かなものにするという理性的倫理的規制《きせい》が必然的に属するのである、と捉えている、ということである。第六に、フッサールは、倫理的志操《しそう》が流布《るふ》され有効《ゆうこう》なものになりうる世界つまり人間性の倫理化《りんりか》という無限の課題が立てられ進歩的に実現されうる世界が、〈相対的《そうたいてき》に完全な世界〉として人間ないし人類によって肯定《こうてい》される世界なのである、と捉えている、ということである。

ここで、フッサールは、〈生《せい》の革新〉は同時に〈世界の革新〉であることを説いている。そして、〈世界と生《せい》の一体化〉は、〈理性〉に基づくのだ。人間的生は、自己を取り巻く世界を理性的に支配して世界を改造しようとするが、そこに人間の力の支配を超《こ》える非合理《ひごうり》的偶然性《てきぐうぜんせい》が立ちはだかる。しかし、非合理的偶然性を克服《こくふく》して理想をめざす〈高潔《こうけつ》な生《せい》〉こそが、人間に〈浄福《じょうふく》〉をもたらすのだ。真《しん》の学問としての哲学がその使命として人間に呈示《ていじ》しなければならない〈人間的生の有意義性《ゆういぎせい》〉とは、〈理性に基づく世界と生《せい》の一体化という理想をめざす人間的生の努力〉のことなのだ。悔《く》いの無《な》い幸福な人生を創造しようと努める〈実存的生〉は、自己を取り巻く環境世界を可能な限り最良の環境世界へ改造しようと努力する〈倫理的生〉である。〈実存的生〉は、理性反逆的運命《りせいはんぎゃくてきうんめい》を肯定的《こうていてき》に受容《じゅよう》し試練《しれん》の克服《こくふく》を糧《かて》として人生を実り多いものにして行かなければならない。
〈理性に基づく世界と生《せい》の一体化〉を考察したフッサールは、一九二〇年代半《なか》ば時点になると、世界と生《せい》の一体化を可能にする理性とは何かという問題を考察するようになる。そして、フッサールは、世界と生《せい》の一体化を可能にする理性の在処《ありか》を経験的実在的次元の根底で並行《へいこう》する先験的超越論的次元の超越論的主観性のうちに見出《みいだ》すのである。すなわち、フッサールは、普遍的な明証的絶対的当為の合理性を具備《ぐび》した超越論的主観性およびその合理性の延長線上に理論的に要請《ようせい》される神への理性的信仰を考察することになるのである。

したがって、一路《いちろ》のこの著作は、第六章「超越論的主観性の合理性と理性的信仰（一九二〇年代半ば）」において、一九二〇年代半ば時点のフッサールが理論的自我および実践的自我の自己保存・客観的価値と絶対的に主観的な価値・普遍的な明証的絶対的当為の合理性を具備した超越論的主観性・神への必然的な理性的信仰を主題化しそれをどのように考察しているのかを明らかにする。すなわち、第一に、フッサールは、存在の真理の明示《めいじ》としての世界の完全性へ向かう理論的自我も、価値の明示・可能性から現実性への変《へん》容《よう》としての実現する行動による可能な価値ある諸実存を実現する人格的実践的自我も、理性的合理性に基づく究極的妥当性《きゅうきょくてきだとうせい》をもつ確信の支《ささ》えによって自己保存しながら究極的には絶対的価値および絶対的当為《ぜったいてきとうい》へ向かい、自己の生《せい》の普遍性《ふへんせい》および共同体の生《せい》の普遍性に開眼《かいげん》して絶対的価値の実現における生《せい》の最大限の豊かさへ向かう、ということを析出《せきしゅつ》している、ということである。第二に、フッサールは、絶対的当為におけるきわめて深い中心つまり愛の中心をもつような個別的自我は、個々人《ここじん》の生《せい》の中核《ちゅうかく》となる〈実存的自我〉つまり〈本来的自己〉であり、きわめて内面的な呼び声《よごえ》は、本来的自己を貫《つらぬ》くように命《めい》じる〈実存的使命感〉であり、そして、新種《しんしゅ》の決心や新種の自己責任や自己正当化へ向けて規定されるようなきわめて深い内面性とは、通常の決心・自己責任・自己正当化の生《せい》とは次元を異《こと》にする生命を賭《か》けた〈実存的生〉である、ということを析出している、ということである。第三に、フッサールは、万人《ばんにん》がもつ人間であるという一般的使命こそ、超越論的人間性としての超越論的主観性に自覚される普遍的な明証的絶対的当為であり、人間が真《しん》の人間であろうとする倫理的志操《しそう》こそ、超越論的主観性に具備《ぐび》された合理性に他《ほか》ならず、そして、超越論的主観性に具備された合理性は、普遍的な真の理想的人間性であり、経験的次元の事実的な人間がそうした普遍的な真の理想的人間性に近づこうと努める時、個々人の充実化および向上が生起《せいき》するのであり、したがって、個々人の特殊な使命における真の自己実現は、超越論的主観性という万人《ばんにん》の普遍的根源に根差《ねざ》したものなのである、ということを析出《せきしゅつ》している、ということである。第四に、フッサールは、経験的次元というこの世《よ》の不完全な罪深《つみぶか》い人間は、神の絶対的完全性へ到達することはできないけれども、人間の能力に応じて理想を実現しようと努めることに意義があるのであり、そして、超越論的人格性としての超越論的主観性を源《みなもと》とする良心《りょうしん》の呼《よ》び声《ごえ》は、人間の不完全性を克服《こくふく》するために理論的に要請《ようせい》される神の呼び声によって必然的に支《ささ》えられねばならないのであり、したがって、超越論的人格性としての超越論的主観性の合理性は、神への必然的な理性的信仰によって支えられたものとなるのである、ということを析出している、ということである。

ここで、フッサールは、世界と生《せい》の一体化を可能にする理性の在処《ありか》を、経験的実在的次元の根底で並行《へいこう》する先験的超越論的次元の超越論的主観性のうちに見出《みいだ》している。そして、普遍的な明証的絶対的当為の合理性を具備《ぐび》した超越論的主観性およびその合理性の延長線上に理論的に要請される神への理性的信仰が、一切《いっさい》の根源に据《す》えられる。理論的自我も人格的実践的自我も、万人の根源である超越論的主観性の理性的合理性に根差すことによって、究極的妥当性《きゅうきょくてきだとうせい》をもつ確信に支えられて自己保存するのであり、実存的生および共同体的生の普遍性に開眼《かいげん》して絶対的価値および絶対的当為へ向かうのである。〈実存的生〉

は、万人の根源である超越論的主観性から響《ひび》いて来《く》る「本来的自己を貫《つらぬ》け！」という〈良心の呼《よ》び声《ごえ》〉を聴《き》き取《と》る時に〈実存的使命感〉を抱《いだ》くのだ。人間が真《しん》の人間であろうとする〈倫理的志操《しそう》〉こそ、超越論的主観性に具備《ぐび》された合理性に他《ほか》ならない。個々人《ここじん》の特殊な使命における真の自己実現は、超越論的主観性という万人の普遍的根源に根差《ねざ》したものであり、超越論的人格性としての超越論的主観性を源《みなもと》とする良心の呼び声は、人間の不完全性を克服《こくふく》するために理論的に要請《ようせい》される神への必然的な理性的信仰によって支えられる。〈超越論的主観性の合理性と理性的信仰〉を考察したフッサールは、一九二六／二七年時点になると、先験的超越論的次元の万人に普遍的に備《そな》わっている超越論的主観性が経験的実在的次元で多様な意識生《いしきせい》を貫《つらぬ》く際《さい》の〈具体的超越論的主観性〉を、本来的自己実現としての〈使命〉のうちに生きる自己同定的生《じこどうていてきせい》としての〈本来的自己〉とみなし、自己同定的に使命を果《は》たすように本来的自己を促《うなが》す〈絶対的当為〉を〈愛の指向《しこう》〉とみなすようになる。すなわち、フッサールは、理性反逆的《りせいはんぎゃくてき》な運命《うんめい》の下《もと》で〈理性の生《せい》〉ないし〈愛の生《せい》〉として自己の内的使命に基づいて呼び声（良心）に忠実に生き抜く不完全な人間の生き方を〈有意義《ゆういぎ》〉な生き方とみなすようになるのである。

　したがって、一路《いちろ》のこの著作は、第七章「〈理性の生《せい》〉ないし〈愛の生《せい》〉（一九二六／二七年）」において、一九二六／二七年時点のフッサールが人格的真正性《しんせいせい》における生《せい》・有《ゆう》意義《いぎ》な世界への信仰・〈理性の生《せい》〉ないし〈愛の生《せい》〉を主題化しそれをどのように考察しているのかを明らかにする。すなわち、第一に、フッサールは、先験的超越論的次元の万人に普遍的に備《そな》わっている超越論的主観性が、経験的実在的次元で〈具体的超越論的主観性〉として多様な意識生《いしきせい》を貫《つらぬ》く時、〈具体的超越論的主観性〉は、唯一無二《ゆいいつむに》の〈実存〉としての本来的自己であり、本来的自己を自覚し本来的自己実現としての〈使命〉のうちに生きる自己同定的生《じこどうていてきせい》こそが、真正《しんせい》な浄福《じょうふく》へ至りうるのであり、自己同定的に〈使命〉を果《は》たすように本来的自己を促《うなが》す〈愛の指向《しこう》〉としての〈絶対的当為〉こそが、実存としての生《せい》のバックボーン（背骨《せぼね》）となる本来的自己の生き方なのである、と捉《とら》えている、ということである。第二に、フッサールは、本来的自己が使命感を以《もっ》て遂行《すいこう》する有意義《ゆうぎ》な世界への信仰つまり本来的自己実現への信仰は、実存としての人間的生を貫く具体的超越論的主観性としての本来的自己が有意義な世界を指向する上で理神論的《りしんろんてき》に神を要請《ようせい》する自律的な実存的信仰なのであり、人間的生は、運命の非合理性の力から目を背《そむ》ければ世俗的《せぞくてき》な相《そう》対的生《たいてきせい》に留《とど》まるのであるが、運命を直視し本来的自己実現への信仰によって運命を克服《こくふく》しようとする時、自己および他者の運命の現実性および可能性つまり見通《みとお》せない事柄《ことがら》に基づいて生《せい》を肯定《こうてい》するような本来的自己となるのである、と捉えている、ということである。第三に、フッサールは、不完全な人間的生は、たとえ志半《こころざしなか》ばに終わろうとも、理性反《りせいはん》逆的《ぎゃくてき》な運命の顧慮《こりょ》の下《もと》で〈理性の生《せい》〉ないし〈愛の生《せい》〉として自己の内的使命に基づいて呼《よ》び声《ごえ》（良心《りょうしん》）に忠実に生き抜かなければならないのであり、幸《さいわ》いにも自己完結を成《な》し遂《と》げた人間的生は、浄福《じょうふく》を得《え》られようが、たとえそうでなくとも、〈理性の生《せい》〉ないし〈愛の生《せい》〉として自己同定的に生きる本来的生き方こそが、有意義で重要なのである、と捉《とら》えている、ということである。

ここで、フッサールは、先験的超越論的次元の万人に普遍的に備《そな》わっている超越論的主観性が経験的実在的次元で多様な意識生を貫く際《さい》の〈具体的超越論的主観性〉を、本来的自己実現としての〈使命〉のうちに生きる自己同定的生としての〈本来的自己〉とみなし、自己同定的に〈使命〉を果たすように本来的自己を促《うなが》す〈絶対的当為〉を、〈愛の指向《しこう》〉とみなしている。すなわち、フッサールは、理性反逆的《りせいはんぎゃくてき》な運命の下《もと》で〈理性の生《せい》〉ないし〈愛の生《せい》〉として自己の内的使命に基づいて良心《りょうしん》の呼《よ》び声《ごえ》に忠実に生き抜く不完全な人間の生き方を〈有意義な生き方〉とみなしている。〈具体的超越論的主観性〉として〈使命〉のうちに生きる自己同定的生こそが、真正《しんせい》な浄福へ至りうるし、自己同定的に〈使命〉を果たすように本来的自己を促す〈愛の指向〉としての〈絶対的当為〉こそが、実存としての生《せい》のバックボーン（背骨《せぼね》）となる本来的自己の生き方なのだ。本来的自己が使命感を以《もっ》て遂行《すいこう》する有意義な世界への信仰つまり本来的自己実現への信仰は、自律的な実存的信仰なのであり、人間的生は、運命を直視し本来的自己実現への信仰によって運命を克服しようとする時に自己を肯定《こうてい》する本来的自己となるのだ。不完全な人間的生は、理性反逆的《りせいはんぎゃくてき》な運命の顧慮《こりょ》の下《もと》で〈理性の生《せい》〉ないし〈愛の生《せい》〉として自己の内的使命に基づいて良心《りょうしん》の呼《よ》び声《ごえ》に忠実に生き抜かなければならないのであり、〈理性の生《せい》〉ないし〈愛の生《せい》〉として自己同定的に生きる本来的生き方こそが、有意義で重要なのだ。〈理性の生《せい》〉ないし〈愛の生《せい》〉について考察したフッサールは、一九三〇年夏時点になると、実存的生としての現存在《げんそんざい》は、合理的自律性によって〈非合理的有限性《ひごうりてきゆうげんせい》の生《せい》〉を克服《こくふく》して〈合理的無限性《ごうりてきむげんせい》の生《せい》〉としての〈真正《しんせい》な現存在〉へ至る、と考えるようになる。すなわち、フッサールは、理性的自律性に基礎づけられた〈普遍的目的論〉の立場を取り、理神《りしん》論的《ろんてき》立場から構築《こうちく》された実存的現象学としての〈実存的現象学的形而上学《けいじじょうがく》〉を展開するのである。

したがって、一路《いちろ》のこの著作は、第八章「理性的自律性に基づく普遍的目的論（一九三〇年夏）」において、一九三〇年夏時点のフッサールが実存的生の様式・真正な現存在・理性的人間性の自己構成の諸段階・理性的人間性の展開と理性的教育・普遍的目的論を主題化しそれをどのように考察しているのかを明らかにする。すなわち、第一に、フッサールは、自己保存を気遣《きづか》いながら生きる現存在としての実存的生の様式が善なる世界の形成へ向けて生きることを理想としていることを析出《せきしゅつ》している、ということである。第二に、フッサールは、実存的生としての現存在は、合理的自律性によって〈非合理的有限性の生《せい》〉を克服《こくふく》して〈合理的無限性の生《せい》〉としての〈真正《しんせい》な現存在〉へ至る、と捉《とら》えている、ということである。第三に、フッサールは、〈真正な現存在〉としての〈理性的人間性〉は、理性的合理化を通じて段階的に自己構成を遂《と》げて行き、究極的には現象学的に基礎づけられることになる、と捉えているのであり、その際《さい》のフッサール現象学は、認識主観としての自己が認識客観としての相手を見るさまを析出するかつての前期・中期の〈認識論的現象学〉ではなく、親身《しんみ》になって相手のうちに自分を見出《みいだ》して相手と一体化する愛としての真正な隣人愛《りんじんあい》および真正な自己愛《じこあい》を析出する〈実存的現象学〉である、ということである。第四に、フッサールは、理性的人間性の展開は、理性的人間を自律的なものの段階へ引き上げる理性的教育によって遂行《すいこう》される、と捉えている、ということである。第五に、理性的自律性に基礎づけられたフッサールの普遍的目的論は、理神論的《りしんろんてき》立場から構築された実存的現象学であり、〈実存的現象学的形而上学《けいじじょうがく》〉であると言える、ということである。

ここで、フッサールは、実存的生としての現存在を、合理的自律性によって〈非合理的有限性の生《せい》〉を克服して〈合理的無限性の生《せい》〉としての〈真正な現存在〉へ至るものと捉えている。すなわち、フッサールは、理性的自律性に基礎づけられた〈普遍的目的論〉の立場を取り、理神論的《りしんろんてき》立場から構築された実存的現象学としての〈実存的現象学的形而《けいじ》上学《じょうがく》〉を展開している。〈真正《しんせい》な現存在〉としての〈理性的人間性〉は、理性的合理化を通じて段階的に自己構成を遂《と》げて行き、親身《しんみ》になって相手のうちに自分を見出《みいだ》して相手と一体化する愛としての真正な隣人愛《りんじんあい》および真正な自己愛《じこあい》を抱《いだ》く人格へと成熟するのだ。そうした〈理性的人間性〉の展開は、理性的人間を自律的なものの段階へ引き上げる理性的教育によって遂行《すいこう》されるのだ。そこには、理神論的立場から構築された〈実存的現象学的形而上学〉に基づく〈普遍的目的論〉が貫《つらぬ》かれている。

〈理性的自律性に基づく普遍的目的論〉を考察したフッサールは、一九三一年時点になると、個人的価値関係としての真正な意味での愛を主題化するようになる。すなわち、フッサールは、〈真正な人間化可能性《にんげんかかのうせい》〉の中でも実存的にきわめて重要な意味をもつ〈個人的価値関係としての真正な意味での愛〉について具体的に究明し、純粋に他者を愛する献身《けんしん》の本質を〈他者と自己の一体化〉として析出《せきしゅつ》することになるのである。

したがって、一路《いちろ》のこの著作は、第九章「真正な意味での愛（一九三一年）」において、一九三一年時点のフッサールが生《せい》の懸念《けねん》の態度に基づく実存哲学・共同体的人格的現存在・実践的合理性に基づく普遍的な自律的目的論・〈真正な人間化可能性〉に基づく目的論の理神論的正当化・個人的価値関係としての真正な意味での愛を主題化しそれをどのように考察しているのかを明らかにする。すなわち、第一に、フッサールの実存的現象学は、生《せい》の懸念《けねん》に基づいて形成される実存哲学である、ということである。第二に、フッサールは、人間的現存在の本質に共に属する共同体的人格的現存在を分析し、万人の万人に対する責任および万人の万人に対する罪《つみ》を析出《せきしゅつ》している、ということである。第三に、フッサールの実存的現象学は、人間とそれを取り巻く世界の問題を主題化し、実践的合理性に基づく普遍的な自律的目的論を析出している、ということである。第四に、フッサールの実存的現象学は、人間の絶対的本質としての〈真正《しんせい》な人間化可能性〉に基づく目的論を理神論的に正当化するものである、ということである。第五に、フッサールの実存的現象学は、〈真正な人間化可能性〉の中でも実存的にきわめて重要な意味をもつ〈個人的価値関係としての真正な意味での愛〉について具体的に究明し、純粋に他者を愛する献身《けんしん》の本質を〈他者と自己の一体化〉として析出している、ということである。

ここで、フッサールは、個人的価値関係としての真正な意味での愛を主題化している。すなわち、フッサールは、〈真正な人間化可能性〉の中でも実存的にきわめて重要な意味をもつ〈個人的価値関係としての真正な意味での愛〉について究明し、純粋に他者を愛する献身の本質を〈他者と自己の一体化〉として捉《とら》えている。人間的現存在の中核《ちゅうかく》には絶えず〈生《せい》の懸念〉があり、共同体的人格的現存在のうちには〈万人の万人に対する責任〉および〈万人の万人に対する罪《つみ》〉が内包《ないほう》されている。そして、人間とそれを取り巻く世界の問題のうちには〈実践的合理性に基づく普遍的な自律的目的論〉が貫《つらぬ》かれている。さらに、人間の絶対的本質としての〈真正な人間化可能性〉に基づく目的論は、理神論的に正当化され、〈真正な人間化可能性〉の中でもきわめて重要な意味をもつものが、純粋に他者を愛する献身《けんしん》の本質としての〈他者と自己の一体化〉なのだ。

〈真正な意味での愛〉について考察したフッサールは、一九三三年時点になると、ナチス政権下《せいけんか》で過酷《かこく》な実存的状況に置かれ、そして、そうであるからこそ、フッサールの実存的現象学は、頂点に達することになる。すなわち、究極的な孤立化に屈《くっ》することなく超越論的主観性の開示《かいじ》を自己の使命と自覚し哲学者としての信念を貫くフッサールの実存的な生き方が鮮明になり、そして、フッサールは、実存（生《せい》）の基軸《きじく》を成《な》す希望や気遣《きづか》いが、活動性の様相化《ようそうか》に基づいて可能的失敗を予示《よじ》しその修正下での可能的成功を予見《よけん》しながら首尾《しゅび》よく行く能動的な諸獲得の一致をめざす通常の生《せい》（自己肯定性《じここうていせい》における生《せい》）の志向性《しこうせい》である、と析出《せきしゅつ》することになるのである。

したがって、一路《いちろ》のこの著作は、第十章「フッサールの実存と実存的現象学（一九三三年）」において、一九三三年時点の職業官吏再建法下《しょくぎょうかんりさいけんほうか》のフッサールの実存がどのようなものであり、また、一九三三年時点のフッサールの〈実存のあり方《かた》〉の現象学的分析がどのようなものであり、さらに、一九三三年時点のフッサールが実存的不安と実存的絶望を主題化しそれをどのように考察しているのかを明らかにする。すなわち、第一に、一九三三年時点のフッサールの幾《いく》つかの書簡に基づいて、職業官吏再建法下《しょくぎょうかんりさいけんほうか》のフッサールの実存的現在におけるリアルな生々《なまなま》しいフッサールの実存を浮《う》き彫《ぼ》りにし、究極的な孤立化に屈《くっ》することなく超越論的主観性の開示《かいじ》を自己の使命と自覚し哲学者としての信念を貫《つらぬ》くフッサールの実存的な生き方を明らかにする、ということである。第二に、一九三三年時点のフッサールの実存的現象学は、実存（生《せい》）の基軸《きじく》を成《な》す希望や気遣《きづか》いが、活動性の様相化《ようそうか》に基づいて可能的失敗を予示《よじ》しその修正下での可能的成功を予見《よけん》しながら首尾《しゅび》よく行く能動的な諸獲得の一致をめざす通常の生《せい》（自己肯定性《じここうていせい》における生《せい》）の志向性《しこうせい》である、と析《せき》出《しゅつ》していることを、そして、乞食《こじき》や囚人《しゅうじん》といった限界状況《げんかいじょうきょう》をどのように分析しているのかを明らかにする、ということである。第三に、一九三三年時点の実存的現象学におけるフッサールは、実存を生《せい》の肯定性《こうていせい》の全体性の措定《そてい》としての実存的不安として捉《とら》え、生全体《せいぜんたい》を生《せい》の意志の統一つまり生《せい》の目的の統一として捉えていることを、そして、生《せい》の意志を実存的不安や実存的絶望の克服《こくふく》たる改心的革新《かいしんてきかくしん》によって真正な絶対的意志方向をめざすものとして捉えていることを明らかにする、ということである。

ここで、ナチス政権下での究極的な孤立化に屈することなく超越論的主観性の開示を自己の使命と自覚し哲学者としての信念を貫《つらぬ》くフッサールの生き方が鮮明に描《えが》かれると共に、フッサールの実存的現象学が頂点に達することが理解される。実存的生の基軸《きじく》を成《な》す希望や気遣《きづか》いは、活動性の様相化に基づいて可能的失敗を予示《よじ》しその修正下での可能的成功を予見《よけん》しながら首尾《しゅび》よく行く能動的な諸獲得の一致をめざす通常の生《せい》（自己肯定性《じここうていせい》における生《せい》）の志向性《しこうせい》なのだ。そして、実存は、生《せい》の肯定性の全体性の措定《そてい》としての実存的不安であり、生全体《せいぜんたい》は、生《せい》の意志の統一つまり生《せい》の目的の統一であり、生《せい》の意志は、実存的不安や実存的絶望の克服《こくふく》たる改心的革新《かいしんてきかくしん》によって真正な絶対的意志方向をめざすものであると言えるのだ。

フッサールの実存的現象学が頂点に達した後《のち》、一九三四年〜一九三五年時点になると、フッサールは、人格的に高められた自我は、愛へと目覚《めざ》めさせられて愛の活動を行使《こうし》する自我であり、純粋な調和としての二者一体《にしゃいったい》への融合《ゆうごう》を体験する自我であり、浄福《じょうふく》へ至る自我である、と考えるようになる。すなわち、フッサールは、人格における愛は、理性と結合して愛する理想化という形で理想的規範《きはん》を掲《かか》げて現実の変革《へんかく》を促《うなが》すのである、と考えるようになるのである。

したがって、一路《いちろ》のこの著作は、第十一章「人格における愛と理性の結合（一九三四年〜一九三五年）」において、一九三四年〜一九三五年時点のフッサールが幸福の条件と自己肯定しうる生《せい》・調和的一致における愛の共同体・愛に目覚《めざ》め浄福《じょうふく》へ至る人格的自我・人格における愛と理性の結合を主題化しそれをどのように考察しているのかを明らかにする。すなわち、第一に、フッサールは、人間は、意志生《いしせい》の諸層《しょそう》の全体に或《あ》る一定の調和の様式が保証されるという幸福の条件を踏まえた上で、不幸の因子《いんし》を克服《こくふく》し自己肯定《じここうてい》しうる生《せい》を生き抜くように努めなければならない、と捉《とら》えている、ということである。第二に、フッサールは、愛の共同体としての共同体は、調和的一致における共同体として存《そん》続《ぞく》するのであり、利他主義的態度《りたしゅぎてきたいど》における他者との一体化は、愛の構成要素としての快《こころよ》さや喜びを生み出すのである、と捉えている、ということである。第三に、フッサールは、人格的に高められた自我は、愛へと目覚めさせられて愛の活動を行使《こうし》する自我であり、純粋な調和としての二者一体《にしゃいったい》への融合《ゆうごう》を体験する自我であり、浄福へ至る自我である、と捉えている、ということである。第四に、フッサールは、人格における愛は、理性と結合して愛する理想化という形で理想的規範《きはん》を掲《かか》げて現実の変革《へんかく》を促《うなが》すのである、と捉えている、ということである。

　ここで、フッサールは、人格的に高められた自我を、愛へと目覚めさせられて愛の活動を行使する自我・純粋な調和としての二者一体への融合を体験する自我・浄福へ至る自我として捉《とら》えている。すなわち、フッサールは、人格における愛を、理性と結合して愛する理想化という形で理想的規範を掲《かか》げて現実の変革を促《うなが》すものとして捉えているのである。人間の幸福の条件は、意志生《いしせい》の諸層の全体に或《あ》る一定の調和の様式が保証されることであり、自分の意志することが或る程度は達成されることである。だから、人間は、不幸の因《いん》子《し》を克服し自己肯定《じここうてい》しうる生《せい》を生き抜くように努めなければならない。しかし、人間は、共同体の中で他者との調和のうちに生きなければならないのだから、利他主義的態度《りたしゅぎてきたいど》における他者との一体化を心掛《こころが》けなければならない。ただし、他者との一体化の究極的なものは、二者一体《にしゃいったい》への融合《ゆうごう》としての他者への愛であり、そうした愛を体験する自我は、浄《じょう》福《ふく》へ至る。人格的に高められた自我は、そうした愛を体験するのであり、人格における愛は、理性と結合して愛する理想化という形で理想的規範を掲げて現実の変革を促すのだ。

一路《いちろ》のこの著作は、第一章から第十一章までの間《あいだ》に、一九一六年から一九三五年までの《フッサールの実存的現象学》の展開を具体的に体系的に究明したが、《フッサールの実存的現象学》の展開のうちには、〈歴史哲学〉・〈絶対的目的論〉・〈哲学的神学〉という三つの基軸《きじく》が貫《つらぬ》かれている。

したがって、一路のこの著作は、終章《しゅうしょう》「フッサールの実存的現象学の展開の基軸」において、《フッサールの実存的現象学》の展開を貫く三つの基軸としての〈フッサールの歴史哲学〉・〈フッサールの絶対的目的論〉・〈フッサールの哲学的神学〉がどのようなものであるのかを明らかにする。すなわち、第一に、後期フッサールの実存的現象学の展開の第一の基軸《きじく》を成《な》す〈フッサールの歴史哲学〉は、単なる歴史的事実性を超《こ》えて実在的宗教を退去《たいきょ》させてニヒリズムを克服《こくふく》する〈実存哲学という新たな土着性《どちゃくせい》〉を生み出し、自然科学的世界観を〈真正《しんせい》な実存からの離反《りはん》〉として無価値にするような後期フッサールの《実存的現象学的形而上学《けいじじょうがく》》の成立を、必然的なものとして証示《しょうじ》する、ということである。第二に、後期フッサールの実存的現象学の展開の第二の基軸を成す〈フッサールの絶対的目的論〉は、生《せい》や世界や神に先立《さきだ》ち、超越論的主観性に対してさえも先立つような、根本的原理ないし法則とも言える絶対的合理性としての〈絶対的なロゴス〉をバックボーン（背骨《せぼね》）とする後期フッサールの《実存的現象学的形而上学》の成立を、必然的なものとして証示する、ということである。第三に、後期フッサールの実存的現象学の展開の第三の基軸を成す〈フッサールの哲学的神学〉は、古代ギリシアのアリストテレス哲学を初めとして歴史的に展開される自律的哲学が究極的には必然的にそれへと至るような哲学的神学を包含《ほうがん》する後期フッサールの《実存的現象学的形而上学》の成立を、必然的なものとして証示する、ということである。

　ここで、フッサールの後期の実存哲学を貫く三つの基軸が、明示《めいじ》されている。つまり、第一に〈フッサールの絶対的目的論〉であり、第二に〈フッサールの歴史哲学〉に関して言えば、〈フッサールの歴史哲学〉は、古代ギリシアのソクラテス・プラトン・アリストテレスという三大哲人《さんだいてつじん》を〈初めて人間および世界を理論的・実践的に真《しん》に主題化した哲学者〉として評価し、近代の十七世紀のデカルトを〈経験的次元を脱却《だっきゃく》して超越論的次元へ入《はい》ろうとした哲学者〉として評価し、近代の十八世紀のカントを〈超越論的次元へ形式的に入《はい》った哲学者〉として評価し、現代の十九世紀のキルケゴールを〈ニヒリズムを克服《こくふく》する実存哲学を切り開いた哲学者〉として評価し、その延長線上にフッサールの現象学を〈超越論的次元を実質的に開示《かいじ》する哲学〉として位置づける。しかし、前期・中期のフッサール現象学は、超越論的主観性を認識論的に開示する哲学に留《とど》まる。それから、第一次世界大戦という悲痛な体験を経《へ》て、フッサールは、実存的に転回し、後期のフッサール現象学は、超越論的主観性を〈真《しん》の実存〉として実践論的に開示する《実存的現象学》となる。次《つぎ》に、第二の〈フッサールの絶対的目的論〉に関して言えば、〈フッサールの絶対的目的論〉は、生《せい》・世界・神そして超越論的主観性さえをも〈絶対的合理性〉としての〈絶対的なロゴス〉によって貫《つらぬ》き、一切《いっさい》の存在者をその真《しん》のあり方《かた》へ導こうとし、〈実存〉としての人間をもその真のあり方へ導こうとする。晴れたり曇《くも》ったり雨が降ったりする気《き》象《しょう》も、世代交代《せだいこうたい》を繰《く》り返《かえ》して行く植物や動物も、食事したり行動したり睡眠《すいみん》したりする人間の身体《しんたい》も、泣いたり笑ったり怒《いか》ったり喜んだり憎《にく》んだり羨《うらや》んだりする人間の精神も、合理的法則性に貫《つらぬ》かれているが、人間的生にとって出来《でき》ることは、超越論的主観性の絶対的合理性に源《みなもと》を発《はっ》する良心《りょうしん》の呼《よ》び声《ごえ》に耳を傾けて本来的自己実現に努めるという絶対的目的論を遂行《すいこう》することなのだ。さらに、第三の〈フッサールの哲学的神学〉に関して言えば、〈フッサールの哲学的神学〉は、古代ギリシア哲学以来歴史的に展開される自律的哲学が究極的には必然的にそれへと至るような哲学的神学を包含《ほうがん》する後期フッサールの《実存的現象学的形而上学《けいじじょうがく》》の成立を、必然的なものとして証示《しょうじ》し、そして、後期フッサールの《実存的現象学的形而上学》は、〈絶対的なロゴス〉の実現をめざす〈実存〉の努力を支《ささ》え励《はげ》ますべく理論的に要請《ようせい》される神を〈哲学的神《てつがくてきかみ》〉として〈絶対的目的論〉の終点に立てる。〈哲学的神〉は、困《こま》った時の神頼《かみだの》みというような他律的な盲目的人間の空虚な神なのではなく、不完全で有限な人間がその不完全性および有限性を理性的に自律的に克服《こくふく》して本来的自己実現を遂行しようと努める際《さい》にそうした実存哲学的生き方を支え励ますべく理神論的《りしんろんてき》に要請される神なのだ。

おわりに

この物語の主人公である日高一路《ひだかいちろ》は、物心《ものごころ》が付《つ》く六歳の頃からの六十年間を、〈哲学の申《もう》し子《ご》〉として思索《しさく》するように運命づけられて精一杯《せいいっぱい》に生き抜いて来た。一路は、六十年間の自分の人生行路を振り返れば、後悔は微塵《みじん》も無く浄福《じょうふく》な人生だったなと謙虚に感謝する思いである。

人間は、赤ん坊として生まれてこの世に投げ出されてから数年間は理性的には盲目的《もうもくてき》であり、親の庇護《ひご》の下《もと》で本能《ほんのう》や衝動《しょうどう》によって生命活動を営むしかない。しかし、本能や衝動は、生命活動を営むための〈自然《しぜん》の理《り》〉としての合理性によって貫《つらぬ》かれており、当人に自覚されないだけの〈潜在的理性《せんざいてきりせい》〉である。人間が経験や教育によって成熟して行く過程は、本能や衝動に限らず、当人には未知のありとあらゆる〈潜在的合理性《せんざいてきごうりせい》〉を理性の光に照らして〈顕在化《けんざいか》〉し自覚する過程である。人間は、自己のうちに理性が発現《はつげん》して来たならば、自己がこの世に投げ出された受動的な状態（被投性《ひとうせい》）から翻《ひるがえ》って、理性に基づいて自己を未来の世界へ投げ入れる能動的な状態（投企性《とうきせい》）へ転換しなければならない。人間が知恵を身《み》に付《つ》けて人格を形成して行く過程は、〈顕在的合理性《けんざいてきごうりせい》〉として自覚される世界を拡張して行く過程なのだ。そして、その〈顕在的合理性〉を理解する理性は、学問（科学）的な方法的合理性ではなく、〈人間的生《せい》に根差《ねざ》した理性〉でなければならないし、〈人間的生《せい》をより一層生かす理性〉でなければならない。

人間哲学ないし人生哲学としての〈実存哲学〉は、〈人間的生《せい》に根差した理性〉によって構築されなければならない。真《しん》の実存哲学は、真の人格としての〈本来的自己〉の実現に寄与《きよ》しなければならない。そして、実存哲学的人間は、人生行路の各局面でそのつど真《しん》摯《し》に自己に問い掛《か》けて理性的に自律的に決断しなければならないのだ。それこそが、悔《く》いの無い幸福な人生へ繋《つな》がるのだ。

人間にとって、最も見えないものは、自分自身である。だから、人間は、自分で自分に対面して自分を反省しなければならない。ありのままの自分を客観的に中立的に見つめてその本質を把握《はあく》するためには、ありのままの自分の経験的内容を範例として空想的に創造し空想カプセルの中に詰《つ》め込《こ》んで遮断《しゃだん》し、空想カプセルの外側から客観的に中立的にその本質を観取《かんしゅ》しなければならない。そうした哲学的方法が、まさにフッサールの〈現象学《げんしょうがく》的還元《てきかんげん》〉なのだ。

地球内に居《い》たのでは、地球が水色の球体であることは分からないのであり、それが分かるためには、宇宙船に乗って地球を脱出して暗黒の宇宙へ行かなければならない。それと同様に、日常生活が営まれている具体的経験的な自然的次元《しぜんてきじげん》（地上一階）に立っていたのでは、その上《うえ》の抽象的理念的な学問的次元《がくもんてきじげん》（地上二階）も、その下《した》の先験的本質的な超《ちょう》越論的次元《えつろんてきじげん》（地下）も、分からないのであり、そうした地下から地上二階までの三層構造が分かるためには、現象学的還元によって自然的次元の日常生活世界（現実世界）を脱出してその外側から改めて本質を観取するという〈脱現実化的現実化《だつげんじつかてきげんじつか》〉を遂行《すいこう》しなければならないのだ。

　現象学的還元によって、地上二階の学問的世界から地上一階の生活世界へ降りることもできるし、地上一階の生活世界から地下の超越論的世界へ降りることもできる。地上一階の生活世界から地下の超越論的世界へ降りることを〈超越論的現象学的還元〉という。超越論的現象学的還元によって開示《かいじ》される超越論的主観性が、理性的存在者としての万人の根源である絶対的合理性であり、絶対的当為の源《みなもと》である理想的人格性なのだ。

　具体的経験的な自然的次元の日常生活世界（現実世界）の人間が〈自己探究〉の際《さい》に真《しん》摯《し》に問い掛《か》けるのは、本来的自己としての超越論的主観性に対してであり、本来的自己実現を迫《せま》る〈良心《りょうしん》の呼《よ》び声《ごえ》〉の源は、超越論的主観性である。人間が理性的存在者として正常である限り、人間は、〈良心の呼び声〉に耳を傾け、その命じる当為《とうい》を愛し、実現するのだ。もしそれに逆《さか》らえば、当人は、〈良心《りょうしん》の呵責《かしゃく》〉に苦しむことになる。

人間は、人生行路の各局面でそのつど真摯《しんし》に本来的自己を探究し、本来的自己実現に努めなければならないが、その行《ゆ》く手《て》には天災や人災等々《とうとう》の非合理的偶然性が立ちはだかる。地震・洪水などの天災や病気・事故などの人災は、自然《しぜん》の理《り》としての合理的法則性に基づくものであるが、人間的生《せい》にとっては自己を脅《おびや》かす非合理的偶然性である。しかし、実存哲学的人間は、非合理的偶然性を運命として受容し、その克服《こくふく》を糧《かて》として人格的に深まるのだ。

日高一路《ひだかいちろ》の実存哲学物語を振り返れば、一路の実存哲学的人生行路は、六歳の一路の「実存哲学の方法としての反省」を以《もっ》て始まった。そして、そこには、「実存哲学の原点としての不安と恐怖」があった。七歳の一路は、「実存哲学の主題としての共同体」に目《め》覚《ざ》めた。八歳の一路は、「努力と忍耐と喜び」を学んだ。九歳の一路は、「慎重・尊厳・勇気・自信」を学んだ。そして、「限界状況と本来的自己実現」を経験した。十歳の一路は、「日高式勉強法――学問の本質」を見極《みきわ》めた。十一歳の一路は、「児童会選挙――信頼と自律」を経験した。十二歳の一路は、「団体の結束力――連帯感と一体化」を経験した。そして、「決闘――恐怖と正義感」も経験した。十三歳の一路は、「勉強の意義――人格形成と幸福」を見極《みきわ》めた。十四歳の一路は、「集団のリーダーとしての思慮深《しりょぶか》さ」を学んだ。十五歳の一路《いちろ》は、「文学の限界」を知った。十六歳の一路は、「文学少女の異性——敬愛」を経験した。十七歳の一路は、「哲学との出会い」を得た。十八歳の一路は、「大学受験——哲学の道への転換点」を経験した。十九歳の一路は、「大学入学——哲学の恩師との出会い」を得た。二十歳の一路は、「哲学徒の羽ばたき」を遂《と》げた。二十一歳の一路は、「実存哲学——恋と虚しさ」を経験した。二十二歳の一路は、「フッサール現象学」を学んだ。そして、「実存的決断——結婚」を遂《と》げた。二十三歳〜二十四歳の一路は、「大学院修士課程」を修めた。二十五歳〜二十八歳の一路は、「軍資金の蓄財」に励んだ。二十九歳〜三十三歳の一路は、「大学院博士課程」を修めた。三十四歳〜三十八歳の一路は、「翻訳書出版とドイツ留学」に挑《いど》んだ。三十九歳〜五十歳の一路は、「学位取得と著書出版」に挑《いど》んだ。五十一歳〜六十一歳の一路は、「フッサールの後期思想の解明」を成就《じょうじゅ》した。六十一歳以降の一路は、「フッサールの実存哲学」を究明した。このように、日高一路《ひだかいちろ》は、物心《ものごころ》が付《つ》く六歳の頃からの六十年間ずっと〈哲学の申《もう》し子《ご》〉として思索《しさく》するように運命づけられ、〈実存哲学徒《じつぞんてつがくと》としての本来的自己《ほんらいてきじこ》〉を実現したのだ。

　日高一路の実存哲学的人生行路は、六歳時点からの六十年間、首尾一貫して〈日高一路の本来的自己〉によって貫《つらぬ》かれている。日高一路に言わせれば、「生《せい》（人間、実存）とは、〈歴史的にこの地上に出現して一回限りの掛《か》け替《が》えの無い人生において理性的自律的志操《りせいてきじりつてきしそう》を以《もっ》て悔《く》いの無いように自己実現する存在者〉なのである。個々《ここ》の生《せい》は、掛《か》け替《が》えの無い〈固有の使命〉を担《にな》っており、〈固有の志《こころざし》〉を理性的自律的に上手《じょうず》に操縦《そうじゅう》しながらできるだけ実現できるように最善の努力を尽《つ》くすことが、〈浄福《じょうふく》な生《せい》〉への道なのである。」

著者は、後世《こうせい》の人々が〈いかに生きるべきか？〉を考える際《さい》の参考になればと思い、〈人生の道案内《みちあんない》〉の役割を担う〈一路《いちろ》の生き方〉を後世の人々への遺言《ゆいごん》として残しておこうと思い、これまで〈一路の生き方〉について長々《ながなが》と物語《ものがた》って来た。ここで、最後に、著者から後世の人々へ向けて言葉を贈《おく》りたい。「人間が理性によって支配しうる領域では全力で理性的に努力し、人間の支配力を超《こ》える運命や偶然性の領域では懸命《けんめい》に試練に耐《た》えよ！　そして、〈悔《く》いの無い生《せい》〉を生き抜け！　なぜなら、生《せい》の本質は、〈本来的自己《ほんらいてきじこ》〉をめざす志向性《しこうせい》〉なのだから。」

付記

この物語に登場する日高一路の四冊の著書に関する内容は、著者の四冊の著書つまり『フッサールの現象学的還元――一八九〇年代から「イデーンI」まで――』（晃洋書房、二〇一三年）・『フッサールの脱現実化的現実化』（晃洋書房、二〇〇六年）・『フッサールの後期還元思想――『危機書』への集束』（晃洋書房、二〇一七年）・『フッサールの実存的現象学』（晃洋書房、二〇二二年）からの引用であることをお断りしておきます。そして、この物語に登場する日高一路の一冊の翻訳書に関する内容は、著者の翻訳書『生きられる哲学――生活世界の現象学と批判理論の思考形式』（フェルディナント・フェルマン著、法政大学出版局、一九九七年）からの引用であることをお断りしておきます。

また、哲学史上の事項に関しては、『立体　哲学』（朝日出版社、第九版、一九七六年）および『倫理用語集』（山川出版社、第一版、二〇一六年）から部分的に引用させて頂いた箇所があることをここに記すと共に、謝意を表したいと思います。

著者

堀　栄造（ほり　えいぞう）

1956年熊本県阿蘇市生まれ、筑波大学大学院博士課程哲学・思想研究科哲学専攻満了、博士（文学）〔筑波大学〕、大分工業高等専門学校名誉教授。
【著書】『フッサールの実存的現象学』（晃洋書房、2022年）、『フッサールの後期還元思想 ──『危機書』への集束』（晃洋書房、2017年）、『フッサールの脱現実化的現実化』（晃洋書房、2006年）、『フッサールの現象学的還元 ─ 1890年代から「イデーンⅠ」まで ─』（晃洋書房、2003年）
【訳書】『生きられる哲学 ── 生活世界の現象学と批判理論の思考形式』（フェルディナント・フェルマン著、法政大学出版局、1997年）

実存哲学物語 ― 人生の道標 ―

2024年３月25日　初版第１刷発行

著　者　堀　栄造
発行者　中田典昭
発行所　東京図書出版
発行発売　株式会社 リフレ出版
〒112-0001　東京都文京区白山 5-4-1-2F
電話 (03)6772-7906　FAX 0120-41-8080
印　刷　株式会社 ブレイン

ISBN978-4-86641-737-0 C3010
Printed in Japan 2024